Peter R. Neumann

DIE NEUEN DSCHIHADISTEN

Peter R. Neumann

DIE NEUEN DSCHIHADISTEN

IS, EUROPA UND DIE NÄCHSTE WELLE DES TERRORISMUS

Econ

Econ ist ein Verlag der

Ullstein Buchverlage GmbH

ISBN: 978-3-430-20203-9

Redaktionsschluss: 28.08.2015

© der deutschsprachigen Ausgabe

Ullstein Buchverlage GmbH, Berlin 2015

© Karte vordere Innenklappe: Peter Palm

© Karte hintere Innenklappe: Internationale Sicherheitskonferenz München

Alle Rechte vorbehalten

Gesetzt aus der Minion Pro

Satz: L42 Media Solutions, Berlin

Druck und Bindearbeiten: CPI books GmbH, Leck

Printed in Germany

Meinen Eltern

INHALT

Einleitung

An den 1. Mai 2011 kann ich mich gut erinnern. An jenem Tag, einem Sonntag, war ich in Nashville, Tennessee, der Hauptstadt der Countrymusik, wo ich einen Tag später vor Polizeibeamten aus ganz Amerika einen Vortrag zum Thema Radikalisierung halten sollte. Die Konferenz fand in einem riesigen Hotelkomplex statt, dem Gaylord Opryland, und ich hatte mich gerade in meinem Zimmer eingerichtet, als die amerikanischen Nachrichtensender ihr Programm unterbrachen. Präsident Barack Obama werde um 22 Uhr eine Erklärung abgeben, hieß es. Das Timing war ungewöhnlich, und keiner der sonst so gut informierten Korrespondenten wusste, was los war. Viele meiner Facebook-Freunde glaubten, dass es um den libyschen Diktator Muammar al-Gaddafi (1942–2011) ging, gegen den der Westen damals Krieg führte. Doch Obama hatte einen anderen Bösewicht im Sinn. Zwei Stunden später trat der Präsident vor die Kamera und gab bekannt, dass amerikanische Spezialeinheiten Osama Bin Laden, den Anführer al-Qaidas und Drahtzieher der Anschläge vom 11. September 2001, getötet hatten.

Noch während der Ansprache klingelte bei mir das Telefon. Doch die Ersten, die meine Einschätzung zu hören bekamen, waren die etwa 200 Polizeibeamten, vor denen ich am darauffolgenden Tag meinen Vortrag hielt. In einem mit Gitarren, Cowboyhüten und goldenen Schallplatten dekorierten Konferenzsaal erklärte ich, dass die Operation gegen Bin Laden vor allem von symbolischer Bedeutung sei. Bin Laden habe in den letzten Jahren kaum eine praktische Rolle gespielt. Sein Tod werde nicht zu einer dauerhaften Schwächung der dschihadistischen Kampagne führen. Panikmache und Weltuntergangsszenarien – so wie in den Monaten nach dem 11. September 2001 – seien fehl am Platz, aber vom Terrorismus, speziell dem dschihadistischen, gehe nach wie vor eine Gefahr aus. Die Bedrohung sei »ernst, aber nicht existentiell«– eine Formulierung meines Kollegen David Schanzer von der Duke-Universität, die ich bei Vorträgen häufig verwendete.[1]

Mit meiner vorsichtigen Beurteilung stand ich im Frühjahr 2011 fast allein da. Auf beiden Seiten des Atlantiks hatte sich damals unter Politikern und Experten ein fester Konsens etabliert: Die Ära des dschihadistischen Terrorismus neigt sich dem Ende zu. Vor der Tötung Bin Ladens waren bereits 20 seiner engsten Mitstreiter durch Drohnenangriffe ums Leben gekommen. Und die friedlichen Demonstrationen während des Arabischen Frühlings – zuerst in Tunesien und Ägypten, dann in fast allen anderen Staaten der arabischen Welt – versprachen ein neues Zeitalter der Freiheit und Demokratie, in dem die dschihadistische Gewalt wie ein Anachronismus wirkte. Leon Panetta, der amerikanische Verteidigungsminister, sprach bereits von einer »strategischen Niederlage« al-Qaidas.[2] Ein Experte an einer Washingtoner Denkfabrik forderte Präsident Obama gar auf, er solle den »Krieg gegen den Terror« beenden und sich zum Sieger erklären.[3]

Vier Jahre später klingen solche Prognosen absurd. Es gibt heute mehr dschihadistische Gruppen als je zuvor. Der Forscher Seth Jones vom amerikanischen RAND-Institut kam nach einer im Jahr 2014 veröffentlichten Studie auf 49: von al-Qaida und seinen Filialen in Somalia, dem Jemen, Nordafrika und Syrien bis hin zu Nigerias Boko Haram, den pakistanischen Taliban und einer ganzen Reihe obskurer, im Westen fast völlig unbekannter Gruppen in Bangladesch, den Philippinen, dem russischen Nordkaukasus und anderswo. Seit dem Jahr 2010 sind Jones zufolge 19 Gruppen dazugekommen. Darunter auch der »Islamische Staat« (IS), dessen Anführer Mitte 2014 ein Kalifat ausrief, das sich mittlerweile über 900 Kilometer – vom syrischen Aleppo bis vor die Tore der irakischen Hauptstadt Bagdad – erstreckt und Kämpfer aus aller Welt rekrutiert. Die Zahl der Dschihadisten hat sich laut Jones im selben Zeitraum mehr als verdoppelt und beträgt aktuell zwischen 45 000 und 105 000 – die meisten davon aus Ländern des Arabischen Frühlings.[4]

Das Anwachsen der dschihadistischen Bewegung seit 2011 ist dramatisch, und obwohl die Mehrheit der Gruppen und Kämpfer derzeit im Nahen Osten aktiv ist, wird diese Entwicklung nicht ohne Konsequenzen für Europa bleiben. Meine These ist, dass die Anschläge in Paris und Kopenhagen Anfang 2015 keine Einzelfälle waren, sondern erste, sehr dramatische Hinweise darauf, was sich in den nächsten Jahren und Jahrzehnten auf den Straßen Europas abspielen wird. Europa, so mein Argument, steht am Beginn einer neuen Welle des Terrorismus, die uns noch eine Generation lang beschäftigen wird. Die Lage ist deshalb so gefährlich, weil die Anzahl der Dschihadisten viel höher ist als in der Vergangenheit; weil wir es mit neuen, zum Teil noch sehr jungen Rekruten zu tun haben; und weil sich innerhalb der dschihadistischen Bewegung ein Konkurrenzkampf entwickelt hat, der Anschläge im Westen begünstigt.

Der hieraus resultierende Terrorismus wird vielen Menschen in Europa das Leben kosten. Aber es gibt noch eine zweite, mindestens genauso große Gefahr: dass sich unsere Gesellschaften polarisieren; dass Parteien und militante Gruppen am rechten Rand an Zulauf gewinnen; und dass – in letzter Konsequenz – das Zusammenleben von Menschen unterschiedlichen Glaubens und unterschiedlicher Herkunft in Europa schwieriger wird. Die neue Welle des Terrorismus kostet nicht nur Menschenleben, sondern ist auch eine Bedrohung für Minderheiten wie europäische Juden und – nicht zuletzt – die Muslime, deren gesellschaftliche Integration, politischer Status und physische Sicherheit auf dem Spiel stehen. Die neuen Dschihadisten, die dieses Buch beschreibt, sind eine Herausforderung für die Sicherheitsorgane, aber – mehr noch – für unsere Demokratie und das europäische Gesellschaftsmodell.

Zu diesem Buch

Mein Buch besteht aus zwei Teilen. Im ersten versuche ich, das Phänomen historisch einzuordnen. Terrorismus gab es schon vor den Dschihadisten, und auch terroristische Wellen sind nicht unbekannt. Das Wellen-Konzept stammt von dem amerikanischen Historiker David Rapoport, der damit die Entwicklung des modernen Terrorismus zusammengefasst hat.[5] Nach Rapoport hat es seit dem späten 19. Jahrhundert vier Wellen gegeben, die er als »anarchistisch«, »antikolonialistisch«, »Neue Linke« und »religiös« beschreibt. Jede dieser Wellen begann in einem, führte aber zu Terrorismus in vielen anderen Ländern und dauerte ungefähr eine Generation, 25 bis 30 Jahre. Rapoports Konzept betrachtet den Terrorismus nicht isoliert von politischen Ideen, sondern als deren Ergebnis. So ist jede der vier Wellen untrennbar mit einer radikalen politischen Bewegung verbunden, die für einige ihrer Teilnehmer mit dem »Marsch durch die Institutionen« endete und für andere im Untergrund. Die neue Welle, von der dieses Buch handelt, fügt sich nahtlos in diesen Zyklus ein.

Treffend ist auch, dass sich Rapoport auf den revolutionären, nichtstaatlichen Terrorismus beschränkt. Als Professor, der einen Master-Kurs zum Thema Terrorismus leitet, ist mir bewusst, wie umstritten die Idee des Terrorismus ist und wie häufig der Begriff missbraucht wird, um politische Gegner oder radikale Bewegungen zu diskreditieren. Auch weiß ich, dass es keine international vereinbarte Definiticn des Terrorismus gibt und dass sich Staaten genauso terroristischer Methoden bedienen können wie nichtstaatliche Akteure.[6] Für die Dschihadisten im Nahen Osten ist der Terrorismus – der Einsatz schockierender, oft symbolischer Gewalt zur Durchsetzung politischer Ziele – nicht mehr die einzige Methode der Kriegsführung. Doch der kommende Konflikt in Europa wird auch weiterhin durch ihn geprägt sein.

Im zweiten Teil des Buches erkläre ich dann, woraus die neue Welle besteht. Ihr Entstehen ist untrennbar mit dem Arabischen Frühling und – ganz besonders – dem Konflikt in Syrien und dem Irak verbunden. Der Islamische Staat, der hier Wurzeln geschlagen hat, ist für die neuen Dschihadisten gleichermaßen Utopie, Inspiration und logistischer Dreh- und Angelpunkt. Er ist das Zentrum einer neuen, totalitären Bewegung, die Zehntausende junger Muslime davon überzeugt hat, ihre Heimat zu verlassen und in den Krieg zu ziehen. Darunter sind mindestens 4000 Westeuropäer, von denen einige nach ihrer Rückkehr zur Elite der neuen Dschihadisten gehören werden. Zu den Unterstützern der Auslandskämpfer zählen Tausende europäischer Salafisten, die der Islamische Staat in den vergangenen Jahren in seinen Bann gezogen hat. Ob als »einsame Wölfe« oder Teil festerer Strukturen, durch sie droht die Gefahr vergleichsweise einfacher, aber im hohen Maße schockierender Anschläge. Ein weiteres Element der neuen Welle sind die Überbleibsel der alten: die Netzwerke der al-Qaida, die mit dem Islamischen Staat konkurrieren und nun mit spektakulären Operationen im Westen beweisen müssen, dass es sie noch gibt.

Meine Prognose klingt deshalb bedrohlich, weil sie es ist. Doch Panikmache ist genauso wenig meine Absicht wie das

Schüren antiislamischer Stimmung. Im Gegenteil: Rapoports Wellen-Konzept zeigt, dass der Terrorismus nicht immer islamisch war und dass deshalb eine Religion, die seit 1400 Jahren existiert und mehr als anderthalb Milliarden Anhänger hat, nicht pauschal als gewalttätig verurteilt werden kann. Mein Argument ist nicht, dass die neuen Dschihadisten nichts mit dem Islam zu tun hätten, aber genauso falsch wäre es, deren extreme Interpretation als den einzigen, den wahren Islam hinzustellen, so wie es viele der sogenannten Islamkritiker tun. Wer das Buch bis zum Ende liest, wird verstehen, dass die Zielgruppe, aus denen sich die neuen Dschihadisten rekrutieren, nicht »die Muslime« sind, sondern eine schrille, aber zahlenmäßig sehr kleine Minderheit: die Salafisten. Der »Durschnitts-Muslim« ist für die Dschihadisten genauso wenig ansprechbar wie der »Durchschnitts-Deutsche« für gewaltbereite Neonazis.

Das bedeutet nicht, dass die Integration muslimischer Minderheiten konfliktfrei ist oder dass es unter europäischen Muslimen keine problematischen Ansichten gäbe. Die sozialen Spannungen und Konflikte, die aus ihnen resultieren, sind Begleitmusik für die Radikalisierung junger europäischer Muslime. Doch wer nach potentiellen Terroristen sucht, wird bei den Salafisten fündig – nicht bei »normalen Muslimen«.

Das letzte Kapitel beschäftigt sich mit Handlungsvorschlägen. Der wichtigste ist der Ausbau der Terrorismus-Prävention, die in wichtigen europäischen Ländern wie Deutschland noch immer ohne Enthusiasmus und strategischen Ansatz betrieben wird. Wir können nicht länger ignorieren, dass die jungen Männer, die in den Videos des Islamischen Staates auftreten und in akzentfreiem Deutsch, Englisch oder Französisch von den Vorzügen des Kalifats reden, Produkte unserer Gesellschaften sind. Ihre Radikalisierung begann nicht im syrischen Raqqa oder dem irakischen Mossul, sondern in

Dinslaken, Portsmouth und Nantes. Wer die nächste Welle des Terrorismus bekämpfen will, muss deshalb dort anfangen, wo ihre Wurzeln sind: hier in Europa.

TEIL 1

Die vier Wellen
des modernen Terrorismus

1
Anarchismus, Antikolonialismus und Neue Linke

Meine erste Begegnung mit David Rapoport war bei einem Symposium über Selbstmordattentäter im Januar 2006 im israelischen Haifa. Rapoport hielt sich während des ersten Konferenztages zurück, saß im Publikum und kratzte sich gelegentlich an seinem weißen Bart – ein sicheres Zeichen dafür, dass er mit den Äußerungen des Vortragenden nicht einverstanden war. Rapoport war der Star der Tagung. Jeder kannte ihn: Er war ein Urgestein der Terrorismusforschung, der bereits Bücher über Terrorismus geschrieben hatte, bevor viele von uns geboren waren, und dessen Werke wir alle in unseren Artikeln häufig zitierten.

Rapoports große Rede – seine *Keynote* – war am Abend, und die Universität Haifa, die die Konferenz organisiert hatte, lud eine Gruppe israelischer Offiziere ein, die etwas lernen sollte. Doch statt einem packenden Vortrag über die Wurzeln und Entwicklung des Terrorismus erzählte Rapoport fast eine Stunde lang über die mazedonische Unabhängigkeitsbewegung am Anfang des 20. Jahrhunderts – ein so obskures Thema, dass selbst meine Kollegen anfingen, ungeduldig auf ihre Uhren zu schauen (von den Offizieren ganz zu schweigen). Auch ich weiß nicht mehr genau, was Rapoport an jenem

Abend sagte. Doch sein enzyklopädisches Wissen und seine Leidenschaft für das Thema waren offensichtlich. Rapoport war nicht jemand, der sich für Terrorismus bloß interessierte – keiner, der sich im Fernsehen als Experte ausgab und am nächsten Tag zu einem anderen Thema sprach. Er hatte sein Leben dem Studium des Terrorismus gewidmet. Davor hatte ich großen Respekt.

Nach den Anschlägen vom 11. September 2001 formulierte Rapoport eine These, die auf einer Gesamtschau seiner mehr als drei Jahrzehnte Studium und Forschung basierte.[1] Die vier Wellen, die er postulierte, waren gleichzeitig eine kurze Geschichte des modernen Terrorismus. Sie beschrieben dessen historische Entwicklung und machten klar, dass auch der neue Terrorismus, der die Vereinigten Staaten am 11. September heimgesucht hatte, nicht aus dem Nichts gekommen war. Die terroristische Logik und Denkweise, ja selbst die Rechtfertigung extremer Brutalität gab es unter anderen, nichtislamischen Vorzeichen bereits vorher. Terroristische Gruppen, so Rapoport, waren immer das Produkt von viel breiter aufgestellten radikalen sozialen und politischen Bewegungen, und obwohl es vielen gelang, ihre Länder ins Chaos zu stürzen, konnten die allermeisten ihre politische Utopie nie verwirklichen. Terrorismus war laut Rapoport ein Generationenphänomen: Sobald die ursprüngliche Welle scheiterte, musste sich eine Bewegung entweder neu erfinden – oder wurde durch eine andere ersetzt.

Dieses Kapitel beschreibt diesen immer wiederkehrenden Zyklus des Aufstiegs und Scheiterns für die ersten drei der vier Wellen. Es schließt mit einer kurzen Betrachtung zum Rechtsterrorismus, den Rapoport – aus guten Gründen – nicht als eigenständige Welle begriff.

Anarchismus

Die erste von Rapoports Wellen war der Anarchismus. Zwischen den Jahren 1880 und 1905 ermordeten anarchistisch orientierte Terroristen die Kaiserin von Österreich, den König von Italien, französische und amerikanische Präsidenten sowie Dutzende von unbescholtenen Bürgern, die unter Verdacht standen, Teil der Bourgeoisie zu sein. Keine andere Bewegung hatte bei der Durchführung terroristischer Anschläge so viel Erfolg, doch erreichte so wenig. Die internationale Revolution, auf die sie gehofft hatten, gelang nirgendwo. Und dennoch waren die Anarchisten einflussreich. Sie formulierten Taktiken und eine Strategie, die noch Jahrzehnte später als Anleitung und Inspiration für Terroristen aus aller Welt dienen sollten.

Der Name dieser Strategie war »Propaganda der Tat«, und ihr Erfinder war Carlo Pisacane (1818–1857), ein verarmter Aristokrat aus Neapel, der sein Leben lang für ein vereinigtes und sozialistisches Italien gekämpft hatte. Pisacane war Teil der liberalen Revolutionen, die im Jahr 1848 überall in Europa ausgebrochen waren. Doch nach deren Niederschlagung verlor er Vertrauen in die Denker und Intellektuellen, die sie angestachelt hatten. »Ideen entspringen Taten und nicht umgekehrt«,[2] schrieb er in seinem *Politischen Testament (Testamento Politico)*, das im gleichen Jahr veröffentlicht wurde, in dem er starb. Sein intellektuelles Vermächtnis war, dass revolutionäres Handeln wichtiger sei als Philosophieren und dass revolutionäre Taten einen größeren Einfluss auf das Bewusstsein der eigenen Anhänger hätten als irgendein politischer Trakt. Ein Jahrzehnt später wurde Pisacanes Idee zuerst unter italienischen, dann unter allen europäischen Anarchisten akzeptierte Doktrin.[3]

Für Pisacane ging es bei der Propaganda der Tat nicht in erster Linie um Gewalt. Erst Pjotr Kropotkin (1842–1921), ein russischer Anarchist, verwandelte das Konzept in eine terroristische Strategie. Kropotkin, ein russischer Prinz, der bereits im Alter von zwölf Jahren zum Sozialismus konvertiert war, gehörte zu den damals einflussreichsten Anarchisten, dessen Artikel und Bücher in ganz Europa gelesen wurden. Er war davon überzeugt, dass die erhoffte Revolution mit Einzelaktionen – »Akte individuellen Heldentums« – beginne, die Gleichgesinnte von der Notwendigkeit und Dringlichkeit des Handelns überzeuge, sie zu weiteren Aktionen inspiriere und so zu einer Kettenreaktion führe. Dass solche Aktionen gewalttätig seien – und sein mussten –, daran bestand für ihn kein Zweifel. Der Akt des Zerstörens, so Kropotkin, »ist natürlich und gerecht ... und [für die beteiligten Revolutionäre] zutiefst befriedigend«.[4] Dass die Eliten auf solche Aktionen mit staatlicher Gewalt antworten würden, war Kropotkin ebenfalls klar. Doch statt die Rebellion niederzuschlagen, würde staatliche Repression der Revolution nur neue Anhänger in die Arme treiben.[5]

Die Ersten, die Kropotkins Strategie umsetzten, waren die russischen Revolutionäre der *Narodnaja Wolja* (»Wille des Volkes«). Ab dem Jahr 1878 verübten sie Anschläge auf prominente Aristokraten und wichtige Beamten des zaristischen Regimes. Die Hoffnung war, dass andere Revolutionäre und Anarchisten ihrem Beispiel folgen würden. Das wichtigste und gleichzeitig schwierigste Anschlagsziel war der Zar selbst. In den ersten drei Jahren unternahm die Gruppe insgesamt acht Versuche, Alexander II. (1855–1881) umzubringen, die alle scheiterten. Auch der neunte und letztlich erfolgreiche Versuch am 1. Mai 1881 ging beinahe schief. Vier Revolutionäre waren mit je vier Bomben ausgestattet, um die Kutsche des Zaren von jeder Richtung aus anzugreifen. Als der erste sein Ziel verfehlte, rief der Zar noch »Gott sei Dank, mir geht es gut!«, doch der zweite Angreifer kam näher an die Kutsche heran und sprengte sich selbst und den Zaren in die Luft.[6] Die Aktion war Narodnaja Woljas größter Erfolg, aber gleichzeitig der Anfang von ihrem Ende. Die zaristische Regierung mobilisierte den gesamten Staatsapparat, inklusive der gefürchteten Geheimpolizei, um die Gruppe zu vernichten. Das Resultat: Ein Jahr später war von Narodnaja Wolja praktisch nichts mehr übrig. Selbst Kropotkin, der die Situation in seiner Heimat intensiv verfolgt hatte, distanzierte sich von der Gruppe – und damit von der eigenen Strategie. Im Jahr 1891 schrieb er:

Revolutionen beruhen nicht auf den Heldentaten einzelner. Revolutionen sind Volksbewegungen. Das war der Fehler der Anarchisten im Jahr 1881 ... Als die russischen Revolutionäre den Zar umbrachten ..., dachten die europäischen Anarchisten, dass ein paar Leute, ausgestattet mit Bomben, genug seien, um eine soziale Revolution auszulösen ... Aber eine Machtstruktur, die sich über Jahrhunderte etabliert hat, lässt sich nicht einfach mit ein paar Kilo Dynamit zu Fall bringen.[7]

Der vielleicht wichtigste Deutsche unter den gewalttätigen Anarchisten war Johann Most (1846–1906), ein in Augsburg geborener Buchbinder. Bereits in jungen Jahren war Most ein aktiver Sozialist, organisierte Streiks und wurde im Alter von 28 Jahren in den Reichstag gewählt. Doch mit parlamentarischer Demokratie hatte er schon damals nichts am Hut. Gleich mehrere Male wurde er wegen Aufrufen zur Gewalt verhaftet, und im Jahr 1878 drängte ihn Bismarcks Reichsregierung ins Exil – zunächst nach Frankreich, dann nach London. Als ihn die Briten zuerst ins Gefängnis sperrten und schließlich des Landes verwiesen, blieb nur noch der Weg über den Atlantik.

Und auch in Amerika etablierte sich Most schnell als eine zentrale Figur in der anarchistischen Szene. Seine wichtigste Rolle bestand nach wie vor im Werben für die Propaganda der Tat. Im Jahr 1885 veröffentlichte Most ein Heft mit dem umständlichen Titel *Revolutionäre Kriegswissenschaft. Ein Handbüchlein zur Anleitung betreffend Gebrauches und Herstellung von Nitroglycerin, Dynamit, Schießbaumwolle, Knallquecksilber, Bomben, Brandsätzen, Giften usw., usw.*[8] Die Broschüre war eine Anleitung für »einsame Wölfe«, die nicht Teil organisierter Strukturen waren, aber trotzdem für die anarchistische Sache kämpfen wollten. Mosts Ansatz war identisch mit dem des jemenitischen al-Qaida-Predigers Anwar al-Awlaki, der hundert Jahre später im Internet das al-Qaida-Magazin *Inspire* veröffentlichte. Doch im Gegensatz zu Awlaki, der auf das Internet und hausgemachten Sprengstoff setzte, druckte Most sein *Handbüchlein* auf Papier und war ein enthusiastischer Anhänger des Dynamits, das zwei Jahrzehnte vorher von Alfred Nobel erfunden worden war:

Dynamit ... ist eine formidable Waffe gegen jede Art von Miliz, Polizei oder Detektive, die den Schrei nach Gerechtigkeit unterdrücken. Es kann gegen Menschen und Sachen verwendet werden. Der Einsatz gegen Personen ist besser als der gegen Ziegel und Mauerwerk ... Ein Pfund von diesem Zeug schlägt ein ganzes Bündel Stimmzettel.[9]

Und trotzdem war Most kein Massenmörder. Er hatte ein zwar gewaltorientiertes, aber dennoch strategisches Verständnis der Propaganda der Tat. Gewalt war kein Selbstzweck, sondern musste der Sache dienen. Und so sprach er sich konsequent gegen Anschläge auf einfache Bürger aus: »Je höhergestellt das Opfer des Anschlags und je gezielter die Operation, desto größer die Propaganda-Wirkung.«[10]

BILD 1: Veröffentlichte ein »Handbüchlein« für »einsame Wölfe«:
der deutsche Anarchist Johann Most

Eskalation

Nicht alle Anarchisten waren so diszipliniert. In Frankreich
kam es in den Jahren von 1892 bis 1894 zu den brutalsten Anschlägen während der anarchistischen Welle. Ihr Auslöser war
die Hinrichtung von François-Claudius Koënigstein (1859–
1892), einem arbeitslosen Musiker, der als Ravachol bekannt
wurde. Ravachol hatte nach einer Maikundgebung, bei der
neun Demonstranten von der Polizei erschossen wurden, eine
Serie von Anschlägen gegen Polizei und Justiz verübt. Aus
Sicht der Anarchisten war Ravachol ein charismatischer Held,
doch die Presse hatte ihn systematisch dämonisiert. Nachdem
er gefasst und hingerichtet worden war, richtete sich die Wut
der gewaltbereiten Anarchisten gegen das gesamte System –
nicht mehr nur gegen dessen oberste Repräsentanten.[11]
   Ravachols Schicksal inspirierte eine Reihe »einsamer Wölfe«,

die zwar dem anarchistischen Milieu zugehörten, aber nicht Teil einer bestimmten Gruppe waren. Dazu zählte Léon-Jules Léauthier (1874–1894), der im November 1893 in ein teures Pariser Restaurant spazierte und die ersten fünf Mitglieder der Bourgeoisie ermorden wollte, denen er begegnete. (Am Ende erstach er einen serbischen Diplomaten, der sich ebenfalls dort aufhielt.) Weniger als einen Monat später stürmte Auguste Vaillant (1861–1894), ein Mitstreiter Léauthiers, das französische Parlament und warf eine Bombe ins Plenum. »Je tauber sie sind«, so Vaillant später vor Gericht, »desto lauter muss deine Stimme donnern.«[12]

Émile Henry (1872–1894), ein gerade mal 21-jähriger Anarchist aus aristokratischem Elternhaus, führte den vielleicht dramatischsten Anschlag aus. Am Abend des 12. Februar 1894 betrat er das Café *Terminus* in Paris und warf eine selbstgemachte Bombe auf eine Kapelle, die gerade für die Gäste musizierte. Obwohl das Restaurant fast voll besetzt war, kam nur eine Person ums Leben. Und dennoch verursachte der Anschlag mehr Panik als die vorhergehenden, denn das *Terminus* war kein Nobelrestaurant, sondern auch bei einfachen Angestellten und der Mittelschicht beliebt. Beim darauffolgenden Prozess rechtfertigte Henry seine Tat mit den Worten: »Es gibt keine Unschuldigen!« Für ihn waren alle Mitglieder der Bourgeoisie Teil des Systems und hatten somit Schuld an der Unterdrückung der Arbeiterklasse und derer, die für sie kämpfte. Es gebe keinen Unterschied, so Henry, zwischen Regierung, Polizei und Bourgeoisie, »und deshalb suchte ich mir meine Opfer per Zufall aus«.[13] Sein Schlussplädoyer war eine ebenso dramatische wie eloquente Zusammenfassung der Propaganda der Tat, die so – oder ähnlich – auch von Terroristen in den drauffolgenden Wellen hätte formuliert werden können:

In diesem Krieg, den wir der Bourgeoisie erklärt haben, bitten wir nicht um Gnade. Wir bringen Tod, und wir wissen, dass wir ihn selbst erleiden werden. Ihr Urteil erwarte ich deshalb mit Gleichgültigkeit. Mir ist bewusst, dass mein Kopf nicht der letzte ist, der rollen wird. Aber ich weiß ebenso, dass die Hungernden jetzt die Wege zu Euren großen Cafés und Restaurants kennen ... Und dass ihre Namen die nächsten auf der blutigen Liste unserer Toten sein werden.[14]

In fast allen europäischen Ländern und in den Vereinigten Staaten forderte die anarchistische Welle Opfer. Italienische Anarchisten ermordeten in den Jahren von 1894 bis 1900 den französischen Präsidenten, den spanischen Premierminister, die österreichische Kaiserin und den italienischen König. In Spanien verursachte ein Bombenanschlag auf das Opernhaus in Barcelona im November 1893 zwanzig Tote. Und in Amerika ermordete ein Anarchist im Jahr 1901 den Präsidenten William McKinley.

Zwischen den Aktivisten aus verschiedenen Ländern gab es vielfältige Kontakte. Man traf sich bei Konferenzen, und Flüchtlinge wie Most sorgten dafür, dass sich nationale Gruppen gegenseitig befruchteten. Doch ein transnationales Terrornetzwerk wie al-Qaida waren die Anarchisten nicht. Die Kommunikation über Landesgrenzen hinweg war nach wie vor mühsam, und trotz einer gemeinsamen internationalistischen Ideologie gab es so gut wie keine grenzübergreifenden Operationen. Der anarchistische Terrorismus war nach wie vor die Summe vieler nationaler Kampagnen.

Und natürlich ging auch die anarchistische Welle zu Ende. Nach Meinung vieler Historiker waren der Grund harsche Gesetze, die die gefährlichsten Aktivisten aus dem Verkehr zogen. Andere argumentieren, dass die Sozialreformen, die um die Jahrhundertwende in vielen europäischen Staaten durchgeführt wurden, den Anarchisten ihren sozialen und politischen Nährboden entzogen.[15] Wie häufig steckt in beiden Erklärungen ein Stück der Wahrheit. Genauso richtig ist allerdings, dass die anarchistische Kampagne zu Beginn des 20. Jahrhunderts überall an Fahrt verloren hatte. Die Generation, die bereits in den 1880ern für den Einsatz terroristischer Gewalt agitierte, war in die Jahre gekommen, und ihren Nachfolgern fehlte der (häufig naive) Enthusiasmus ihrer Vorgänger. Die erste Welle hatte ihren Zyklus durchlaufen.

Antikolonialismus

Verglichen mit der anarchistischen Welle war die antikolonialistische Welle, die in den 1930er Jahren begann und in den 1950ern ihren Höhepunkt erreichte, effektiver und von größerer politischer Konsequenz. Die gewalttätigen Gruppen, die zu ihr gehörten, waren meist besser in der Bevölkerung verankert als die Anarchisten und deshalb weniger stark auf die Propaganda der Tat, »einsame Wölfe« und Einzeltäter angewiesen. Aber sie waren nicht immer erfolgreich. Ihr Ziel war, eine Situation herbeizuführen, in der für Kolonialmächte wie Großbritannien und Frankreich die »gefühlten« Kosten einer Kolonie höher waren als ihre Vorteile. Doch die Strategie funktionierte nur, solange es tatsächlich um den Kampf gegen Fremdherrschaft ging.

Der Kolonialismus war seit Ende des Ersten Weltkriegs zum Auslaufmodell geworden. In allen Teilen der Welt waren in den Jahrzehnten zuvor nationalistische Bewegungen entstanden, die gegen Fremdherrschaft und für eine Rückbesinnung auf die eigene Kultur, Sprache und Tradition eintraten. Der amerikanische Präsident Woodrow Wilson (1856–1924) machte das sogenannte Selbstbestimmungsrecht der Völker, das viele dieser Bewegungen einforderten, im Februar 1918 zum Leitprinzip der internationalen Politik. Es war laut Wilson »keine hohle Phrase«, sondern ein »zwingendes Handlungsprinzip, das Staatsmänner nur noch auf eigene Gefahr ignorieren können«.[16] Was genau ein Volk sei und wie das Prinzip umgesetzt werden solle, ließ Wilson offen. Und trotzdem schafften es die Amerikaner, auch die Briten, die als größte Kolonialmacht am meisten zu verlieren hatten, von der Idee zu überzeugen. In der Atlantik-Charta, die der britische Premierminister Winston Churchill (1874–1965) im August 1941 unterschrieb, war das »Recht aller Völker, sich selbst zu bestimmen« eines von acht Prinzipien, die das internationale System nach einem Sieg gegen Nazideutschland bestimmen sollte.[17]

Für Churchill und Wilson mag es vor allem um die Völker gegangen sein, die von Deutschland und seinen Alliierten während der zwei Weltkriege besetzt worden waren. Doch musste beiden klar gewesen sein, dass auch Nationen, die eigentlich noch gar keine waren, das Prinzip für sich in Anspruch nehmen würden. Fast alle Unabhängigkeitsbewegungen machten Selbstbestimmung zu ihrem Slogan, und viele legitimierten damit auch den gewaltsamen Kampf.

Am weitesten ging dabei der aus Martinique stammende französische Psychiater Frantz Fanon (1925–1961), dessen radikale Interpretation des Befreiungskampfs für viele Gruppen zur ideologischen Grundlage wurde. Fanon verstand den Kolonialismus als rassistisches System, das die »Eingeborenen« dazu bringe, ihre eigene Unterdrückung als rechtens und sich selbst als minderwertig zu begreifen. Bei der Befreiung, so Fanon, gehe es nicht um die Lösung eines politischen Konflikts, sondern um die erfolgreiche Bearbeitung eines mentalen Traumas. Die tatsächliche, psychische Befreiung vom Kolonialismus verlange deshalb nach dem Einsatz von Gewalt. In seinem einflussreichsten Buch, *Die Verdammten dieser Erde* (1961), schrieb er:

Auf der individuellen Ebene wirkt die Gewalt entgiftend. Sie befreit den Kolonisierten von seinem Minderwertigkeitskomplex, von seinen kontemplativen und verzweifelten Handlungen.[18]

Fanons Gleichsetzung von Kolonialismus und Rassismus machte ihn nicht nur bei Nationalisten, sondern auch bei den Linken und der wachsenden Studentenbewegung in Westeuropa und Nordamerika populär. Bereits während der zweiten Welle gab es deshalb einen Brückenschlag mit westlichen Linken, die sich fortan für Freiheitsbewegungen in der Dritten Welt starkmachten und mit Fanons Ideen wenige Jahre später ihren eigenen Terrorismus rechtfertigten.

Algerien

Als Fanon *Die Verdammten dieser Erde* schrieb, waren die Briten bereits in verlustreiche Kriege in Malaysia, Kenia und Zypern verwickelt und hatten wenige Jahre zuvor ihr Mandat in Palästina verloren. Der wohl bedeutendste Konflikt der Welle spielte sich in Algerien ab, wo die Kolonialmacht Frankreich von 1954 bis 1962 gegen die Nationale Befreiungsfront (FLN) kämpfte. Algerien stand seit dem Jahr 1830 unter französischer Herrschaft und galt seit Mitte des 19. Jahrhunderts als integraler Bestandteil der französischen Republik. Sichtbarstes Zeichen waren die französischen Siedler, die zu Beginn des Konflikts ein Zehntel der Bevölkerung ausmachten. Anfangs hatte die FLN allerdings wenig Erfolg. Basierend auf der Guerilla-Doktrin, mit der Mao Zedong (1893–1976) die Macht in China ergriffen hatte, wollte man sich vom bergigen Hinterland aus in die Städte vorarbeiten. Doch bereits in den Bergen stießen die selbsternannten Freiheitskämpfer auf Widerstand und konnten von den Franzosen mit wenig Aufwand in Schach gehalten werden.[19]

Abane Ramdane (1920–1957), ein einflussreicher Kommandeur, der aus den Bergen stammte und sich früh der FLN angeschlossen hatte, schlug deshalb Anfang 1956 eine völlig neue Strategie vor. Statt Guerillakrieg forderte er Terrorismus, und der sollte nicht im Hinterland stattfinden, sondern mitten in der algerischen Hauptstadt Algier. Ramdane verstand genau, worum es beim Terrorismus ging: nicht die direkte Konfrontation mit dem Gegner, sondern die psychologische Manipulation seiner Wahrnehmung und Interessen. Durch dramatische Anschläge auf französische Kolonialisten, Siedler und einheimische Kollaborateure sollte die terroristische Kampagne der FLN Aufmerksamkeit erregen, die algerische Gesellschaft polarisieren, Siedler verunsichern, eine französische Überreaktion provozieren und damit die Regierung in Paris zum Rückzug zwingen.[20] Fanon, der Anfang der 1950er als Psychiater nach Algerien gegangen war und sich bereits im Jahr 1955 der FLN angeschlossen hatte, war einer von Ramdanes enthusiastischsten Unterstützern.[21]

Die von Ramdane organisierte Kampagne war brutal: Sie zielte auf einfache Algerier in Cafés und auf Marktplätzen; sogar Frauen und Kinder wurden Opfer von FLN-Anschlägen. Aber genauso brutal war die französische Reaktion. Während der sogenannten Schlacht um Algier folgte die französische Armee dem Prinzip, dass Terroristen nur dann besiegt werden könnten, wenn man sich ihrer Methoden bediene. Französische Fallschirmjäger verwandelten die Altstadt von Algier in eine Art Gefangenencamp, wo Folter und Exekutionen sowie das »Verschwinden« von Verdächtigen an der Tagesordnung waren. Zuerst schien die französische Initiative erfolgreich: Im Oktober 1957 war die Schlacht um Algier zu Ende, die FLN besiegt und die meisten ihrer Kommandeure entweder tot oder im Gefängnis. Doch längerfristig erreichten die Franzosen das Gegenteil. Vor die Wahl gestellt, welche Art von

»Terrorismus« sie bevorzugten – den französischen oder den algerischen –, entschieden sich mehr und mehr Algerier für den letzteren. Und die französische Öffentlichkeit reagierte ähnlich. Die Exzesse des eigenen Militärs lösten eine heftige Debatte über den Nutzen und die Legitimität der französischen Präsenz aus. Viele Franzosen waren nicht bereit, einen derart hohen moralischen, politischen und finanziellen Preis für das Verbleiben Algeriens im französischen Kolonialreich zu bezahlen.[22]

Kurzum: Ramdanes Strategie funktionierte genau nach Plan. Trotz militärischer Unterlegenheit hatte die FLN eine Situation herbeigeführt, in der Frankreich politisch und psychologisch nicht mehr willens war, an Algerien festzuhalten. Weniger als fünf Jahre nach der Schlacht um Algier entließ Präsident Charles de Gaulle (1890–1970) das Land in die Unabhängigkeit.

Palästina und Irland

Der Erfolg der FLN wurde für Unabhängigkeitsbewegungen auf der ganzen Welt zum Modell. Jassir Arafat (1929–2004), der Anführer der Palästinensischen Befreiungsorganisation (PLO), flog bereits 1963 – ein Jahr nach der Unabhängigkeit – nach Algier, um die FLN-Strategie zu studieren.[23] Seine Mitstreiter hatten sich bis dahin an die Guerilla-Strategie gehalten, doch ab den späten 1960ern setzten auch sie auf Terrorismus. Im Vordergrund standen zunächst Flugzeugentführungen, die meist wenige Opfer forderten, aber weltweit Schlagzeilen machten. Die erste fand im Juli 1968 statt, als ein palästinensisches Kommando ein Flugzeug der israelischen Airline El Al, das eigentlich in Tel Aviv landen sollte, nach Algier entführte und von dort fast sechs Wochen lang über die Freilassung palästinensischer Gefangener verhandelte. Drei Jahre (und ein halbes Dutzend Entführungen) später die spektakulärste Operation: die Geiselnahme von elf israelischen Athleten während der Olympischen Spiele 1972 in München, bei der alle Israelis ums Leben kamen.

Spätestens jetzt wusste man überall vom palästinensischen Unabhängigkeitskampf, aber eine effektive Strategie waren solche Aktionen deshalb nicht. Die PLO hatte keine genaue Vorstellung davon, wie Aufmerksamkeit für die palästinensische Sache zur »Zerstörung« Israels führen sollte, die man bis 1974 offiziell anstrebte. Denn im Gegensatz zu Algerien war Israel keine Kolonie – keine entbehrliche Besitzung, an der eine fremde Macht nur Interesse hatte, solange sie Nutzen brachte. Für die Israelis stand die eigene Existenz auf dem Spiel, und deshalb war die Schmerzgrenze weit höher als bei Frankreich und Algerien.

Genauso problematisch war die Anwendung der FLN-Doktrin bei Konflikten zwischen verschiedenen Volksgruppen. Glaubte man den Strategen der Irisch-Republikanischen Armee (IRA), so ging es beim Nordirlandkonflikt um die Befreiung von der britischen Kolonialherrschaft. Ab dem Jahr 1969 kämpfte die Gruppe nach algerischem Muster gegen die britischen »Besatzer« und ihre lokalen Handlanger, die protestantischen Unionisten, die in Verwaltung und Polizei stark überrepräsentiert waren. Doch in Wirklichkeit war Nordirland nicht in erster Linie ein Kolonialkonflikt. Das Selbstbestimmungsrecht der katholischen Minderheit, von denen viele die Vereinigung mit dem Rest Irlands wollten, stand gegen das Selbstbestimmungsrecht der protestantischen Mehrheit, die bei Großbritannien bleiben wollten. Die britische Regierung hatte schon lange den Glauben an den strategischen oder ökonomischen Nutzen Nordirlands aufgegeben und hielt nur deshalb an der Provinz fest, weil man sich vor den Konsequenzen eines Bürgerkriegs fürchtete.[24] Es dauerte zwei Jahrzehnte, bis auch die IRA erkannte, dass ihre Interpretation des Konflikts falsch war. »Es kann nicht sein, dass wir versuchen, der anderen Seite unsere Nationalität aufzuzwingen«, so der republikanische Chefunterhändler Gerry Adams (*1948) Anfang der 1990er Jahre: »Wir sind eine geteilte Gesellschaft.«[25]

Trotz aller Probleme mobilisierten antikolonialistische Gruppen eine breite Anhängerschaft. Das lag daran, dass sie auf Ideen – und Identitäten – zurückgreifen konnten, die bei ihren Unterstützern tief verwurzelt waren und keiner zusätzlichen Rechtfertigung bedurften: Vaterlandsliebe und das Recht auf Selbstbestimmung waren nicht abstrakte Werte, für die erst ein revolutionäres Bewusstsein geschaffen werden musste.[26] Das bedeutete jedoch nicht, dass solche Gruppen immer siegreich waren. Ihren größten Erfolg hatten die Antikolonialisten während der eigentlichen Entkolonialisierung, als es relativ einfach war, die Kosten-Nutzen-Abwägungen der großen Kolonialmächte durch terroristische Anschläge zu beeinflussen. Später jedoch war der Terrorismus zu schwach, um selbst (relativ) populären Bewegungen wie der PLO oder der IRA zum Sieg zu verhelfen.

Neue Linke

Anders als die nationalistischen und antikolonialistischen Gruppen der zweiten Welle, die ihre Mitglieder häufig direkt aus dem Volk rekrutierten, bestand die Neue Linke fast ausschließlich aus Angehörigen der gehobenen Mittelschicht. Intellektuell und personell wurzelten die Terrorgruppen dieser Welle in der Studentenbewegung, die sich überall in Westeuropa und Nordamerika während der 1960er Jahre gebildet hatte. Innerhalb dieser Milieus genossen die Terrorgruppen zum Teil Sympathie, doch in der weiteren Gesellschaft hatten sie praktisch keinen Rückhalt – am allerwenigsten bei den Arbeitern, deren Interessen sie vorgaben zu vertreten. Und obwohl sie in Italien und Deutschland zu einer ernsthaften Herausforderung für den Rechtsstaat wurden, waren sie vom Erreichen ihrer Ziele meilenweit entfernt. Spätestens in den 1990ern hatten sich die meisten Gruppen aufgelöst.

Der Ursprung der Studentenbewegung lag in den »muffigen« 1950er Jahren und einer neuen Generation, die sich radikal gegen althergebrachte Zwänge, Konventionen und Hierarchien wandte. Wie bei jeder Gegenkultur ging es bei vielen anfangs nicht um Politik, sondern um Kleidung, Musik, das Experimentieren mit neuen Lebensstilen und die Auflehnung gegen alles, was als autoritär empfunden wurde. »Sex, Drogen und Rock'n'Roll« waren die oberflächlichen Erkennungszeichen, die später kommerzialisiert wurden, doch jedes für sich repräsentierte einen Tabubruch – eine bewusste Provokation. Intellektuell unterfüttert wurde die Bewegung von französischen Existentialisten wie Jean-Paul Sartre (1905–1980) und Mitgliedern der sogenannten Frankfurter Schule, allen voran Herbert Marcuse (1898–1979) und Theodor W. Adorno (1903–1969). Sie beeinflussten auch die schrittweise Politisierung. Unter den Anhängern der Studentenbewegung gab es Anarchisten, Libertäre, Maoisten, mehr oder weniger traditionelle Marxisten und natürlich eine ganze Menge Leute, die an ideologischen Debatten gar kein Interesse hatten.

Und dennoch bildete sich im Laufe der Jahre eine Art politischer Grundkonsens. Man wandte sich gegen den Kapitalismus und vermeintlichen Imperialismus des Westens, aber meist auch gegen den autoritären Sozialismus, wie ihn die Länder des Ostblocks praktizierten. Das Ziel war eine neue, sozial gerechte und antiautoritäre Gesellschaft, die zwar auf sozialistischen Prinzipien beruhte, sich aber vom real existierenden Sozialismus distanzierte. Als politische Bewegung erreichte die

Neue Linke ihren Höhepunkt im Jahr 1968, als überall in Westeuropa und Nordamerika Millionen auf die Straßen gingen. Doch der erhoffte Systemwechsel blieb aus, und während sich die Mehrheit in den darauffolgenden Jahren mit dem System arrangierte, entschied sich eine Minderheit für den bewaffneten Kampf.

Die Inspiration für die Terrorgruppen der Neuen Linken kam neben Algerien vor allem aus Lateinamerika. Dort hatte Fidel Castro (*1926) mit seiner Revolution in Kuba in den späten 1950er Jahren den Anfang gemacht und viele Nachahmer gefunden. Zu ihnen gehörte Carlos Marighella (1911–1969), der Anführer der Kommunistischen Partei Brasiliens, der sein ganzes Leben lang kommunistischer Aktivist war und viele Male verhaftet und gefoltert wurde. Marighella hatte großes Interesse an Revolutionsstrategien und studierte systematisch die Kampagnen anderer Gruppen und Bewegungen, um aus deren Erfolgen und Fehlern zu lernen. In seiner wichtigsten Veröffentlichung, dem *Minihandbuch des Stadtguerilleros* (1970), formulierte er eine Strategie, die auch kleine Bewegungen – wie zum Beispiel seine eigene – zum Sieg führen sollten.[27] Nur wenige Monate nachdem er begonnen hatte, sie umzusetzen, erschoss ihn das Militär. Doch seine Ideen überlebten ihn und wurden innerhalb kürzester Zeit in Dutzende Sprachen übersetzt. Für die militanten Neulinken in Westeuropa und Nordamerika wurde Marighellas *Minihandbuch* zur Pflichtlektüre.

Im Gegensatz zu Castro und Che Guevara (1928–1967), den Architekten der Kubanischen Revolution, war Marighella davon überzeugt, dass der Umsturz nicht auf dem Land, sondern in den Städten zu beginnen habe. Das Ziel der Aufständischen sei es, durch spektakuläre Angriffe auf die Regierung und andere Repräsentanten des »Systems« eine Überreaktion zu provozieren. Wenn der Staat dann mit Ausgangssperren,

Todesschwadronen, Straßensperren und Erschießungen re-
agiere, werde der faschistische Charakter des kapitalistischen
Systems für jedermann offensichtlich. Die staatliche Repression wäre so massiv, und die Fratze des Systems so hässlich,
dass die Leute nicht den Aufständischen, sondern dem Staat
die Schuld geben würden. Genauso wie in Algerien strebte
Marighella eine Militarisierung des Konflikts an:

Die politische Situation des Landes verwandelt sich in eine
militärische, in der die Gorillas [die staatlichen Sicherheits-
organe] sich immer mehr als die Verantwortlichen für die
Fehlschläge und die Anwendung von Gewalt herauskris-
tallisieren, während gleichzeitig die Verschlechterung der
Lebensbedingungen des Volkes katastrophale Ausmaße an-
nimmt.[28]

Davon, so Marighella, würden vor allem die Aufständischen
profitieren: Am Ende seien die Rebellen so stark und populär,
dass selbst eine diktatorische Regierung keine Chance mehr
habe.

Weathermen und RAF

Ein gutes Beispiel für die Denkweise und Strategie der Terroristen der Neuen Linken sind die amerikanischen Weathermen, die in den frühen 1970er Jahren eine Reihe von Anschlägen auf Justiz, Parlament und Regierung verübten. Ideologisch
und politisch unterschieden sich die Weathermen kaum von
der Studentenbewegung, aus der sie kamen. Ihre Themen waren der Vietnamkrieg, die Benachteiligung der Schwarzen,
Ungleichheit und Imperialismus. Doch traditioneller Akti-
vismus war ihnen ab spätestens 1968 nicht mehr genug. Bill
Ayers (*1944), einer der Anführer der Gruppe, der damals

an der Universität von Michigan studierte und sich seit 1965 an Protesten gegen den Vietnamkrieg beteiligt hatte, drängte seine Kommilitonen zu direkteren und härteren Aktionen. Er gab ihnen die Bücher von Fanon, Marighella und erzählte von der Propaganda der Tat. Und er machte deutlich, dass jetzt die Zeit zum Handeln gekommen sei:

> Alles war dringend, alles wurde schneller – das Tempo, aber auch das Bewusstsein dafür, welche Konsequenzen alles haben würde. Verrückte waren am Steuer, die Welt stand in Flammen, und unsere zukünftige Existenz stand auf dem Spiel. Es lag an uns, die Welt zu retten.[29]

Die Vorstellung, dass das Schicksal der ganzen Welt vom Handeln einiger Dutzend amerikanischer Studenten abhing, mag auf den ersten Blick lächerlich – wenn nicht sogar anmaßend – klingen. Doch solche Äußerungen waren typisch für die revolutionäre Ekstase, die das Denken der Neulinken in den späten 1960ern bestimmte. Sie erklären auch, weshalb man so überzeugt davon war, dass ein paar Anschläge auf symbolische Ziele den Staat in die Knie zwingen würden.

Ayers nahm an insgesamt drei gewaltsamen Aktionen teil, wovon sich eine gegen das US-Verteidigungsministerium richtete. Der Anschlag im Mai 1972 beschädigte drei Büros und verursachte einige Zehntausend Dollar Sachschaden. Und trotzdem glaubte Ayers daran, dass er einen wichtigen Beitrag zum Zusammenbruch des imperialistischen Systems geleistet hatte:

> Natürlich machte ich mir keine Illusionen: Wir kämpften mit 125 Pfund Dynamit gegen das gesamte US-Militär, aber ich war noch nie gut in Mathe, und ich dachte, dass jede unserer Bomben vielleicht zu weiteren Bomben führt. Unsere Bot-

schaft war, dass wenn ihr Bastarde weiter Krieg [in Vietnam] führt, dann gehen wir an Orte ... wie das Pentagon, und wir schlagen zurück, und wer weiß, vielleicht verliert ihr irgendwann die Kontrolle.[30]

In Wahrheit inspirierten die Anschläge der Weathermen in Amerika niemanden. Genauso wie bei den Anarchisten fast hundert Jahre zuvor hatten die vermeintlich Unterdrückten auch jetzt kein Interesse daran, befreit zu werden, und selbst große Teile der Studentenbewegung distanzierten sich. Der Staat reagierte zwar über – die Bundespolizei FBI schuf ein massives Überwachungsprogramm, das viele, auch friedliche, Aktivisten mit ungesetzlichen Mitteln beobachtete –: doch die Unterstützung der Massen gewannen die Neulinken dadurch nicht. Immerhin Ayers profitierte: Weil das FBI die Beweismittel, die im Prozess gegen ihn verwendet wurden, illegal erworben hatte, wurde er freigesprochen und arbeitete die nächsten Jahrzehnte unbehelligt als Pädagogik-Professor in Chicago.[31]

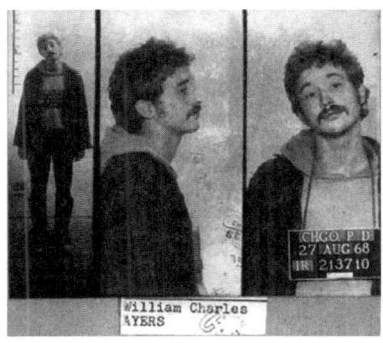

BILD 2: Amerikanischer Revolutionär: der amerikanische Weatherman und spätere Pädagogik-Professor Bill Ayers

Ganz ähnlich erging es der Roten Armee Fraktion (RAF) in Deutschland. Genauso wie die Weathermen bestand die RAF aus den Söhnen und Töchtern der gehobenen Mittelschicht, kam aus der 68er-Studentenbewegung und hatte nur ein paar Dutzend Mitglieder – die aber genauso davon überzeugt waren, sie könnten ein gefestigtes und bei der Bevölkerung akzeptiertes politisches System mit ein paar Anschlägen zum Zusammenbruch bringen. Wie bei den Weathermen basierte die Überzeugung auf der scheinbar zwingenden Logik von Marighellas Provokationsstrategie, die laut Kriegsforscher Herfried Münkler als »Handlungsanleitung« benutzt wurde.[32] Doch ebenso wie die Weathermen scheiterte die RAF an der Ablehnung durch die eigene Bevölkerung: Die Gruppe genoss zwar Sympathien innerhalb der linken Szene, doch zu keinem Zeitpunkt wandte sich der Rest der Bevölkerung vom Staat oder System ab.

Der Unterschied zu den Weathermen war die Länge der RAF-Kampagne und ihr Einfluss auf Politik und Gesellschaft. Der Terrorismus der Weathermen war im Jahr 1975 mehr oder weniger vorbei, und die Einzigen, die durch sie zu Tode gekommen waren, waren drei Terroristen, die sich beim Bauen einer Bombe im März 1970 in New York selbst in die Luft gesprengt hatten. Auch die sogenannte erste Generation der RAF – vor allem Andreas Baader (1943–1977), Ulrike Meinhof (1934–1976) und Gudrun Ensslin (1940–1977) – saß 1975 bereits im Gefängnis. Die meisten Gewaltakte – 17 von insgesamt 34 Morden – wurden jedoch nicht von ihnen verübt, sondern von einer zweiten Generation, die es sich auf die Fahnen geschrieben hatte, die erste Generation aus der Haft zu befreien. Es war diese zweite Generation, die den Arbeitgeberpräsidenten Hanns Martin Schleyer kidnappte und damit die dramatischen Ereignisse im Herbst 1977 auslöste: die Entführung der Lufthansa-Maschine *Landshut*, die Befreiung der

Geiseln durch Spezialeinheiten der GSG 9 in Mogadischu und der anschließende Selbstmord der ersten RAF-Generation im Hochsicherheitsgefängnis in Stuttgart-Stammheim. Der zweiten folgte eine dritte Generation ab Mitte der 1980er, doch es waren die zweite Generation und der sogenannte »Deutsche Herbst«, die die junge (und in vielerlei Hinsicht unschuldige) deutsche Demokratie auf bisher unbekannte Weise herausforderten. Im Gegensatz dazu waren die Weathermen nicht mehr als eine Fußnote.[33]

Ähnliches spielte sich zur selben Zeit in Italien ab, wo die Roten Brigaden sowohl eine harte Reaktion des Staates als auch Rechtsterrorismus provozierten und damit den Staat ins Wanken brachten. Doch weder in Italien noch irgendwo sonst konnten die Neulinken ihr Ziel auch nur annähernd erreichen. Marighellas Strategie war effektiv, wenn es darum ging, Chaos zu stiften, doch das »falsche Bewusstsein« der Massen, das die Neulinken besonders bei der Arbeiterklasse in westlichen Ländern immer beklagten, war hartnäckiger, als es sich die jungen Revolutionäre vorgestellt hatten.

Und die Rechten?

Eine Kritik an Rapoports Theorie ist das Fehlen einer »rechten« Welle. Doch der Rechtsterrorismus lässt sich nicht auf eine historische Periode reduzieren. Er war in vielen Fällen eine Reaktion auf das Entstehen anderer – meist linker oder antikolonialistischer – Bewegungen und deshalb eine ständige, nicht auf einen bestimmten Zeitraum beschränkte Erscheinung. Hinzu kommt, dass sich hinter dem Label ganz unterschiedliche, zum Teil widersprüchliche Ideen versteckten. Rechter Terrorismus konnte faschistisch und revolutionär sein, aber auch reaktionär und konservativ. Viele Gruppen waren nationalistisch, andere explizit rassistisch, und manche beides. Es gab nicht *die eine* Bewegung, aus der sich der rechte Terrorismus speiste, und deshalb nicht *die eine* Welle, in die er mündete.

Der klassische Faschismus ist die einzige Periode, in der der rechte Terrorismus mit einer ideologisch konkreten Bewegung zusammenhing. Faschistische Gruppen während der 1920er und 1930er Jahre sahen sich als Massenbewegungen, und die allermeisten beteiligten sich an Wahlen. Dass sie auch terroristische Mittel einsetzten – und zwar häufig und sehr gezielt –, wird dabei leicht vergessen. Ähnlich wie Linke und Antikolonialisten nach ihm hatte Benito Mussolini (1883–1945), der Begründer des modernen Faschismus und Anführer der italienischen Faschisten, bereits in jungen Jahren über die »befreiende Wirkung« der Gewalt philosophiert und den Terrorismus zum festen Bestandteil seiner Strategie gemacht. Sein Verständnis davon, wie Gewalt am effektivsten für politische Ziele zu nutzen sei, war hoch entwickelt. Zweck der Gewalt, so Mussolini, sei es, den politischen Gegner einzuschüchtern und die Öffentlichkeit zu polarisieren, besonders »in Zeiten der Krise«. Alles andere sei »dumme, reaktionäre Gewalt«, die der Bewegung mehr schade als helfe.[34]

Überall in Europa hatten die Faschisten damals paramilitärische Gruppen gebildet, die eine Mischung aus ehemaligen Soldaten und jungen Hitzköpfen anzogen. Ihre offizielle Aufgabe bestand darin, bei Veranstaltungen und Demonstrationen für die Sicherheit der Parteikader zu sorgen. Doch in Wirklichkeit dienten sie zum Einschüchtern des politischen Gegners und dem Ausführen gezielter, auch terroristischer Gewaltakte. In den frühen 1920er Jahren fackelten Mussolinis Schwarzhemden reihenweise die Büros, Geschäfte und Restaurants ihrer kommunistischen Gegner ab und verübten Dutzende von Anschlägen auf ethnische Minderheiten, die später als Vergeltung für den Tod italienischer Soldaten hingestellt wurden.[35] Das Ergebnis war ein Teufelskreis der Gewalt, von dem vor allem die Faschisten profitierten. Genauso wie Adolf Hitlers Braunhemden präsentierten sich Mussolini und seine Schwarzhemden als Verteidiger der Nation und Hersteller von Recht und Ordnung. Dass das Chaos, aus dem sie ihre Landsleute retten wollten, von ihnen selbst produziert worden war, hatten viele bereits vergessen: Die Mitgliederzahl der Schwarzhemden stieg innerhalb von zwei Jahren von wenigen Hundert auf über 200 000.[36] Anders als bei der Neuen Linken hatte hier die Logik der Provokation funktioniert.

Doch nicht alle Rechtsterroristen waren Faschisten. Der Soziologe Steve Bruce kategorisiert viele Terrorgruppen aus dem rechten Spektrum als »prostaatlich«. Auch solche Gruppen hätten laut Bruce eine autoritäre Weltanschauung, aber ihr Ziel sei nicht die Schaffung einer neuen Ordnung, sondern die Rückkehr zur alten.[37] Das von ihm am häufigsten zitierte Beispiel sind die nordirischen Loyalisten. Ihre Terrorkampagne richtete sich vor allem gegen katholische Zivilisten, von denen die Loyalisten annahmen, sie seien Unterstützer der IRA. Die Anschläge der Loyalisten waren meist wahllos, und im Gegensatz zur IRA gab es nur selten den Versuch, sich für sie zu rechtfertigen. Während des gesamten Konflikts versuchten englische Faschisten, die Loyalisten als Partner zu gewinnen. Doch am Faschismus hatten die Loyalisten – trotz aller Brutalität – kein Interesse. Sie sahen sich als rücksichtslose Verteidiger der protestantischen Bevölkerung und als Gegengewicht zur IRA. Begriffe wie »Aufstand« und »nationale Revolution« widersprachen ihrem Ethos. Ihr Ziel war die Wiederherstellung der staatlichen Ordnung – nicht deren Umsturz.[38]

Anders Breivik (*1979), der norwegische Terrorist, der am 22. Juli 2011 zuerst ein Regierungsgebäude in Oslo in die Luft sprengte und anschließend fast 70 Teenager auf einer Ferieninsel totschoss, repräsentiert einen weiteren Typus. Auch Breivik war kein klassischer Faschist. Stattdessen verstand er sich als Verteidiger des »westlichen Abendlandes« gegen eine Verschwörung aus »multikulturellen Eliten« und muslimischen Immigranten, die laut Breivik dazu entschlossen waren, die europäische Zivilisation zu zerstören. Diese Theorie, die er in einem 1500-seitigen Manifest erklärte, war nicht seine Erfindung. Sie war identisch mit den Ideen der sogenannten Islamkritiker, deren Blogs und Webseiten er seit Jahren konsumiert hatte. Von ihnen hatte er gelernt, dass die muslimische Bevölkerung so stark wachse, dass die »echten«, kulturell christlichen Europäer bald in der Minderheit seien; dass die Muslime das europäische durch islamisches Recht ersetzen wollten; und dass Europa ein Bürgerkrieg bevorstehe, dessen Ausgang ungewiss sei. Hieraus folgte die Logik seines Anschlags. Er wollte den (seiner Meinung nach unvermeidlichen) Bürgerkrieg in Gang setzen, solange die »patriotischen Europäer« noch im Vorteil seien. Und ganz im Sinne der Propaganda der Tat hoffte er, dass seine Tat Anleitung und Inspiration für andere sei. »Besiegt eure Angst«, schrieb er an seine Gesinnungsgenossen, »… [nur] dann können wir Europa aus dem Griff der illoyalen, korrupten und selbstmörderischen … multikulturellen Eliten befreien.«[39]

Das Fehlen des rechten Terrorismus in Rapoports Theorie macht deutlich, dass die vier Wellen keine vollständige Abbildung aller Facetten und Spielarten des modernen Terrorismus sind. Aber sie geben einen guten Überblick über die wichtigsten Trends, Unterschiede und Gemeinsamkeiten und schaffen so ein Maß an historischer Perspektive, das notwendig ist, um die aktuellen Entwicklungen richtig einzuordnen. Wer sich mit Rapoports Wellen beschäftigt, weiß, dass Terrorismus nichts Neues ist, sondern die Entwicklung moderner Gesellschaften kontinuierlich begleitet hat; dass Terrorismus nicht immer religiös motiviert war und lange Zeit nur selten islamisch; und dass extreme Brutalität und die Enthumanisierung des Gegners nicht notwendigerweise einer religiösen Rechtfertigung bedürfen. Das nächste Kapitel zeigt, wie diese Prinzipien und Methoden ab den 1970er Jahren auch von religiösen Akteuren entdeckt und für ihre Zwecke verwendet wurden.

2

Die religiöse Welle

Paul Hill (1954–2003) war ein großer, schlanker Mann mit drei Kindern und einem freundlichen Gesicht. Als ihn der amerikanische Kabelsender HBO für einen Dokumentarfilm interviewte, sprach er ruhig und überlegt, mit einer tiefen Stimme, die seinen Worten zusätzliche Bedeutung verlieh. Er schilderte ausführlich, wie er sich auf das Attentat vorbereitete, das zu seiner Festnahme, Verurteilung und Hinrichtung führen sollte. Hill hatte am 29. Juli 1994 in Pensacola im Bundesstaat Florida einen Arzt an einer Abtreibungsklinik und dessen Bodyguard erschossen. Seine Mitstreiter in der *Army of God*, einem Netzwerk gewaltbereiter, christlich-fundamentalistischer Abtreibungsgegner, hatten seit Jahren zu solchen Aktionen aufgerufen. Und auch Hill bereute nichts: »Die Aussicht darauf, im Dienste unseres Herrn Jesus Christus zu sterben, war für mich ein großer Antrieb«, sagte er gegenüber HBO.[1] In einem späteren Statement sprach er von der »großen Belohnung«, die ihn im Himmel erwarte.[2] Hill begriff sich als Soldat Gottes, und er – wie auch viele seiner Gesinnungsgenossen – hätten an der Bezeichnung »religiös motivierter Terrorist« nichts auszusetzen gehabt.

Wer Hill als Verrückten darstellt, macht es sich zu einfach. Die Ideologie der *Army of God* unterscheidet sich kaum von den Argumenten, die man auch bei nichtgewalttätigen christlichen Abtreibungsgegnern hört. Abtreibung sei Mord, heißt es da, und das hunderttausendfache Töten wehrloser Babys ein staatlich sanktionierter Holocaust. Abtreibungskliniken seien Konzentrationslager und die Ärzte, die für sie arbeiten, Kriegsverbrecher. Paul Hill war für die *Army of God* ein Widerstandskämpfer, der ungeborenes Leben verteidigte und für dessen Familie bei der jährlich stattfindenden Benefizveranstaltung – dem »White Rose Banquet«, benannt nach den antifaschistischen Widerstandskämpfern der Weißen Rose – Geld gesammelt wurde. Mehr noch: Seine Tat hatte einen strategischen Sinn. Jeder Anschlag auf einen Abtreibungsdoktor schrecke hundert weitere davon ab, für solche Kliniken zu arbeiten. Die insgesamt acht Morde, 41 Explosionen und 173 Brandanschläge, für die die gewalttätigen Abtreibungsgegner in den 1980er und 1990er Jahren verantwortlich waren,[3] zwangen Hunderte von Kliniken zur Schließung. Aus Sicht der *Army of God* hatten Hill und die anderen Attentäter damit Tausenden ungeborener Babys das Leben gerettet.

Doch Hill und der *Army of God* ging es nicht allein um das Thema Abtreibung. In einem Interview mit meinem Kollegen Mark Juergensmeyer erklärte der spirituelle Anführer der Gruppe, der Pastor Michael Bray, dass sich die amerikanische Gesellschaft in einem Zustand der »geistigen Verrottung« befinde und die Durchsetzung einer »neuen moralischen Ordnung notwendig« sei, die auf »biblischen, nicht säkularen Prinzipien« beruhe.[4] Brays Worte hätten – so oder ähnlich – auch von einem ägyptischen Islamisten stammen können, denn das Argumentationsmuster religiöser Fundamentalisten ist fast überall gleich. Sie alle diagnostizieren einen moralischen Niedergang, dessen Ursache die Abkehr von religiösen Prinzipien sei und der nur dadurch gestoppt werden könne, indem man zu diesen Prinzipien zurückkehre. Hieraus ergeben sich verschiedene Handlungsoptionen. Für einige besteht die Lösung darin, sich von der Gesellschaft abzuschotten und die Utopie einer perfekten Gesellschaft in isolierter Kleingemeinschaft umzusetzen. Das sind diejenigen, die in die Wälder ziehen, Camps eröffnen und ihre Kinder zu Hause unterrichten. Andere gehen den umgekehrten Weg: Sie suchen die aktive Auseinandersetzung mit der Gesellschaft und wollen sie zur Annahme ihrer Ideen bekehren – sei es durch individuelle Missionierung oder Teilnahme am demokratischen Prozess. Wieder andere entscheiden sich für die Gewalt, den religiös motivierten Terrorismus. Für Pastor Bray und die *Army of God* gab es hierzu keine Alternative. Amerika stehe am Abgrund, so ein Mitstreiter Brays, ein Bürgerkrieg sei unvermeidbar: »Wenn erst mal Blut fließt, dann werden die Amerikaner schon verstehen, dass es sich nicht lohnt, für Abtreibungsärzte und Homosexuelle zu sterben.«[5]

Die *Army of God* zählte zur vierten, der religiösen Welle, dessen Beginn Rapoport auf das Jahr 1979 datiert. Es dauerte jedoch mehr als eine Dekade, bis das Phänomen von Forschern entdeckt und als solches beschrieben wurde. Einer der Pioniere war der amerikanische Historiker Bruce Hoffman, der bei einer Konferenz des US-Verteidigungsministeriums im Jahr 1993 ein Papier mit dem Titel »Heiliger Terror« präsentierte. Im Jahr 1968, so stellte Hoffman fest, sei keine der damals aktiven Terrorgruppen religiös motiviert gewesen. Fünfundzwanzig Jahre später liege deren Anteil bei 20 Prozent.[6] Viele der nationalistischen und linken Gruppen, die es bereits in den 1970ern gegeben habe, hätten ihre Kampagnen fortgesetzt, doch fast alle Neugründungen seien religiös motiviert.

Hoffmans Konzept des »Heiligen Terror« beschränkte sich dabei nicht auf islamistische Gruppen wie die palästinensische Hamas und die libanesische Hisbollah, die damals bereits Schlagzeilen machten. Und auch bei Rapoports religiöser Welle geht es nicht ausschließlich um den Islam. Zu den von Rapoport genannten Beispielen zählen radikale Sikhs, die während der 1980er für einen Gottesstaat im indischen Punjab kämpften; jüdische Extremisten, die zur selben Zeit die Jerusalemer Al-Aksa-Moschee in die Luft jagen wollten; und Mitglieder der buddhistisch angehauchten Endzeitsekte *Aum Shinrikyo* (»Höchste Wahrheit«), die zehn Jahre später Nervengas in der Tokioter U-Bahn versprühten.[7] Doch weder Hoffman noch Rapoport konnten die Dominanz von Gruppen aus dem islamistischen Spektrum verneinen. Islamistische Terroristen hätten laut Rapoport die »wichtigsten und tödlichsten« Anschläge durchgeführt und seien außerdem international am besten vernetzt. Der Islam sei deshalb »die wichtigste Religion in dieser Welle«. Doch warum war das so? Woher kam der islamistische Terror und weshalb wurde al-Qaida zu seinem prominentesten Vertreter?

Wurzeln

Die Geschichte des Islamismus ist nicht identisch mit der Geschichte des Islams. Der Islam ist mehr als 1400 Jahre alt, doch das Phänomen, das heutzutage als Islamismus bezeichnet wird, gibt es erst seit einem Jahrhundert. Nach Meinung vieler Historiker ist der Islamismus aus der Begegnung des Islams mit der Moderne – speziell der Moderne westlicher Prägung – entstanden. Für viele Muslime, besonders in der arabischen Welt, war die Kolonialzeit demnach eine harte und demütigende Erfahrung, die viele Fragen nach der eigenen Identität aufwarf. Trotz der eigenen, vermeintlich so stolzen Geschichte – mit Kalifaten und Imperien, die die halbe Welt regierten – war es für die Muslime seit dem 17. Jahrhundert bergab gegangen. Große Teile der mehrheitlich islamischen

Welt wurden vom Westen beherrscht, der seine imperialen Interessen durchsetzte und vielerorts jahrhundertealte soziale und kulturelle Normen über den Haufen warf. Möglich war das nur – so die Meinung vieler, die später zu Islamisten wurden –, weil die Muslime ihre islamische Identität vernachlässigt hätten und stattdessen zu zweitklassigen Kopien ihrer westlichen Kolonialherren geworden seien.[8]

Was Bernard Lewis stark vereinfachend als die »Krise des Islams« beschrieb,[9] wurde so natürlich nicht von allen Muslimen empfunden. Die koloniale Erfahrung war an verschiedenen Orten ganz unterschiedlich und brachte eine ganze Reihe, manchmal widersprüchlicher Phänomene hervor – vom Widerstand bis hin zur totalen Anpassung. Eine der ersten Reaktionen war nicht, wie man vermuten könnte, der Aufstand gegen den Kolonialismus, sondern der Versuch, die Essenz der eigenen Identität wiederzuentdecken. Besonders in der zweiten Hälfte des 19. Jahrhunderts entstanden deshalb in verschiedenen Teilen der mehrheitlich muslimischen Welt religiös-fundamentalistische Bewegungen, die einen scheinbar reinen, nicht korrumpierten und vor allem an den religiösen Texten orientierten Islam predigten. Im von Großbritannien beherrschten Indien waren das die sogenannten Deobandis, deren Religionsschulen die Muslime vor westlichen Einflüssen schützen und zu einem strengen, puristischen Islam bekehren sollten. In Ägypten formierte sich eine Gruppe junger Gelehrter an der berühmten Kairoer al-Azhar-Universität und propagierte eine ganz ähnliche Idee: die Rückbesinnung auf einen Islam, wie er angeblich zur Zeit des Propheten Mohammed und seiner unmittelbaren Nachfolger – der sogenannten »frommen Vorfahren« *(salaf)* – existiert hatte. Beide Bewegungen – Deobandis und Salafisten – waren aus der Begegnung mit dem Westen und dem Kolonialismus entstanden, doch explizit politisch oder gar revolutionär waren sie anfangs nur wenig.[10]

Das änderte sich in der ersten Hälfte des 20. Jahrhunderts, speziell mit dem Entstehen der wohl bedeutendsten islamistischen Organisation, der Muslimbruderschaft, im Jahr 1928. Ihr Gründer war Hassan al-Banna (1906–1949), ein Lehrer aus der ägyptischen Kanalzone, wo die Vorherrschaft Großbritanniens am deutlichsten zu spüren war. Al-Banna kam aus einer frommen Familie und empfand den Einfluss westlicher Ideen von jungen Jahren an als destruktiv. In seiner Autobiographie schrieb er: »Nach dem Ersten Weltkrieg und während meiner Studentenzeit in Kairo überflutete eine Welle des Atheismus und der Wollust Ägypten. Im Namen der individuellen und intellektuellen Freiheit wurden Moralität und Religion zerstört. Nichts schien in der Lage, diesen Sturm aufzuhalten.«[11] Als Antwort hierauf gründete al-Banna islamische Schulen, Wohlfahrtsvereine, Krankenhäuser und Berufsverbände – jeder Aspekt des gesellschaftlichen Lebens sollte vom Islam geleitet und durchdrungen sein. Die zentrale Idee und Botschaft – »Islam ist die Antwort« – fiel auf fruchtbaren Boden: Ein Jahrzehnt nach ihrer Gründung hatte die Organisation in Ägypten eine halbe Million Mitglieder. Ein weiteres Jahrzehnt später gab es Anhänger und Filialen in allen Ländern der arabischen Welt.[12] Das ultimative Ziel war nicht allein das Ende des Kolonialismus, sondern die Abschaffung säkularer Rechtssysteme und die Einführung der Scharia, des religiösen islamischen Rechts. Und das bedeutete, dass die Aktivitäten der Muslimbruderschaft – sosehr das rein Spirituelle zunächst im Vordergrund stand – letztlich auf einen politischen Konflikt hinausliefen.

Sayyid Qutb

Zur großen Konfrontation kam es in den 1950er Jahren, als sich in Ägypten Oberst Gamal Abdel Nasser (1918–1970) und die sogenannten Freien Offiziere an die Macht putschten. Der

Antikolonialismus Nassers war vielen Muslimbrüdern zunächst sympathisch, doch schnell wurde klar, dass Nasser die Islamisten nicht brauchte und ihren religiösen Ideen feindlich gegenüberstand. Unter den vielen islamistischen Intellektuellen, die zu dieser Zeit im Gefängnis landeten, war Sayyid Qutb (1906–1966) – genauso wie al-Banna ein Lehrer –, der den relativ pragmatischen Islamismus der Muslimbrüder in eine gewaltsame, revolutionäre Ideologie uminterpretierte. Aus Qutbs Sicht waren moderne muslimische Staaten vergleichbar mit den heidnischen, »ignoranten« *(jahili)* Gesellschaften der vormuslimischen Zeit. »Unsere ganze Umgebung, die Ideen und Überzeugungen der Leute, ihre Traditionen und Kunst, ihre Regeln und Gesetze – sie alle sind *jahili*«, schrieb er.[13] Nur wer die »Souveränität« Gottes absolut, hundertprozentig und ohne Vorbehalte akzeptiere, könne sich als Muslim bezeichnen. Die kleine Vorhut der wahren Muslime befinde sich im Konflikt mit der ganzen Gesellschaft – und dieser Konflikt müsse mit allen Mitteln ausgetragen werden. Dschihad, so die Meinung Qutbs, bedeute vor allem bewaffneter Kampf, und der sei ein notwendiges Instrument, um die Herrschaft Gottes durchzusetzen.[14]

Qutb wurde im Jahr 1966 gehenkt, doch seine im Gefängnis geschriebenen Bücher gelten bis heute als Klassiker dessen, was heute als Dschihadismus bezeichnet wird. Viele der von Nasser verfolgten Anhänger Qutbs fanden Unterschlupf in Saudi-Arabien, wo sich in den nachfolgenden Jahren seine Ideen und die dort dominante Religionsdoktrin gegenseitig befruchteten. Der saudische Wahhabismus, benannt nach seinem Begründer Mohammed ibn 'Abd al-Wahhab (1703–1792), ist eine besonders harsche Spielart des Salafismus. Den Wahhabisten geht es nicht allein um eine Rückbesinnung auf den Islam der »frommen Vorfahren«, sondern um die Feindschaft gegenüber jeder Form des Unglaubens, des Polytheismus und der religiösen Innovation. Dazu gehört aus wahhabistischer Sicht die kompromisslose Trennung zwischen Gläubigen und Ungläubigen *(kufr)* und das Zerstören jeglicher Hinweise auf andere Religionen.[15] Viele Aspekte des Wahhabismus passten gut zu Qutbs Vorstellung von der »Souveränität« Gottes und der vermeintlichen »Ignoranz« muslimischer Gesellschaften. Mehr noch: Sie lieferten Qutbs Anhängern – darunter sein Bruder Mohammed (1919–2014), der an der Universität von Medina lehrte[16] – ein politisches und religiöses Programm: die Vision einer aus ihrer Sicht perfekten Gesellschaft, die es nach der Revolution durchzusetzen galt. Der Dschihadismus – genauer gesagt: der dschihadistische Salafismus – ist, so gesehen, eine Kombination aus Qutbs gewaltbereiter Revolutionstheorie und wahhabistischer Religionsdoktrin.

BILD 3: Machte Islamismus zur revolutionären Ideologie: der ägyptische Lehrer und Schulaufseher Sayyid Qutb

Strömungen

Diese kurze Ideengeschichte zeigt die Vielfalt der Strömungen innerhalb des islamistischen Spektrums. Der dschihadistische Salafismus, um den es in diesem Buch geht, ist nur eine von vielen Varianten. Es gibt auch Salafisten, die ihren weltlichen Herrschern die Treue schwören und sich auf die friedliche Missionierung *(dawa)* beschränken; und neuerdings sogar solche, die politische Parteien gründen und sich am demokratischen Prozess beteiligen. Ihnen allen geht es mittel- und langfristig um die Schaffung eines Gottesstaates wahhabistischer Prägung, doch die Mittel zu seiner Durchsetzung könnten unterschiedlicher nicht sein. Hinzu kommen die Muslimbrüder, die zwar ebenfalls religiös konservativ sind, aber den religiösen Eifer und Purismus der Wahhabisten ablehnen. Auch hier gibt es Pragmatiker, die das gemeinsame Ziel eines religiös verfassten Staates vor allem durch Basisarbeit (»Islamisierung von unten«) oder Beteiligung an Wahlen erreichen wollen; und solche, die auch Gewalt und Terror einsetzen (wie zum Beispiel die palästinensische Gruppe Hamas). Zwischen all diesen unterschiedlichen Strömungen gibt es Kooperation, aber genauso häufig Feindschaft und gewaltsamen Konflikt.

Auch außerhalb Ägyptens und Saudi-Arabiens breitete sich der Islamismus in seinen verschiedenen Spielarten rasch aus. In Syrien zum Beispiel war die Muslimbruderschaft zunächst sehr pragmatisch. Ihr Gründer, ein Prediger namens Mustafa al-Siba'i (1915–1964), hatte in den 1930er Jahren in Kairo studiert und dabei die Bekanntschaft al-Bannas gemacht. Unter seiner Führung beteiligte sich die Organisation an Wahlen, koalierte mit säkularen Parteien und stellte während der späten 1950er den Verteidigungsminister, Parlamentssprecher und zweimal sogar für kurze Zeit den Premierminister. Zur gleichen Zeit entstand eine zweite Fraktion, die aggressiver war, jegliche Beteiligung am demokratischen Prozess ablehnte und gelegentlich gewaltsame Mittel einsetzte.[17] Eine dritte Gruppe war direkt von Sayyid Qutb inspiriert. Genauso wie Qutb betrachtete ihr Anführer die Gesellschaft als ungläubig und predigte den gewaltsamen Umsturz. Genauso wie Qutb starb er im Gefängnis, und genauso wie bei Qutb formierte sich nach seinem Tod eine terroristische Gruppe, die den gewaltsamen Umsturz betrieb.[18] Doch die Kampagne der »Kämpfenden Vorhut« – wie auch die aller anderen militant-islamistischen Gruppen – blieb zunächst auf das eigene Land beschränkt. Zur Internationalisierung und globalen Vernetzung der dschihadistischen Bewegung – und damit dem eigentlichen Beginn der vierten Welle – kam es erst ab 1979.

Globalisierung

Die Islamische Revolution, nach der sich Qutb und seine Anhänger sehnten, ereignete sich im Februar 1979 zuerst in einem Land, für das die Dschihadisten eigentlich wenig übrighatten: dem Iran. Revolutionsführer Ruhollah Khomeini (1902–1989) und seine Mitstreiter gehörten der schiitischen Konfession an, die von den (sunnitischen) Salafisten abgelehnt wurde. Die Schiiten waren aus Sicht der Salafisten Ketzer und Abtrünnige – schlimmer noch als Christen und Juden. Doch Khomeini hatte geschafft, woran die Dschihadisten in Ägypten und Syrien bislang gescheitert waren: den Sturz eines säkularen Regimes, das noch wenige Jahre zuvor vom Westen als Hort der Stabilität und des Fortschritts gefeiert wurde. Khomeinis Erfolg, so der Islamwissenschaftler Guido Steinberg, »beflügelte nicht nur Schiiten, sondern sunnitische Islamisten in der ganzen Welt«.[19] Für die Salafisten lautete die Frage jetzt nicht mehr, ob eine Islamische Revolution möglich sei, sondern nur noch wie und wann. Und in der Tat: Noch im selben Jahr kam es zu einem Umsturzversuch in Saudi-Arabien. Eine Gruppe von Dschihadisten, die sich an der Universität von Medina kennengelernt hatten, stürmte die Große Moschee in Mekka und hielt sie fast zwei Wochen lang besetzt. Die saudische Regierung konnte den Aufstand nur mit Mühe (und Unterstützung französischer Spezialeinheiten) niederschlagen. Die revolutionäre Welle, so schien es, wurde selbst für Saudi-Arabien – dem religiös konservativsten aller muslimischen Länder – zur Gefahr.

Zu einer wirklich globalen Bewegung wurde der Dschihadismus allerdings erst durch den Afghanistankonflikt in den 1980er Jahren. Weniger als zwei Wochen nach dem Ende des Aufstands in Mekka marschierte die Sowjetunion in Afghanistan ein und installierte einen ihr freundlich gesinnten Herrscher. Die Islamisten waren außer sich. Die Invasion und Besetzung eines muslimischen Landes durch Atheisten galt ihnen als Kriegserklärung, und gewaltsamer Dschihad war deshalb nicht nur legitim, sondern notwendig. Unterstützung bekamen sie diesmal von einer mächtigen Koalition, die aus den Vereinigten Staaten, Saudi-Arabien und Pakistan bestand. Die Amerikaner wollten den Sowjets inmitten des Kalten Krieges eine blutige Nase verpassen. Für die Saudis bot es die Gelegenheit, sich als Champions der islamischen Sache zu profilieren, und für Pakistan war es das Streben nach einer regionalen Einflusssphäre. Trotz unterschiedlicher Interessen war man sich schnell einig: Die Amerikaner und Saudis sollten zahlen, während die Pakistanis die Verteilung von Waffen und Geld organisierten. Die pakistanische Grenzstadt Peschawar wurde innerhalb weniger Monate zum Nervenzentrum des afghanischen Widerstands, in dem es von Kämpfern, Waffen und Geheimagenten nur so wimmelte.[20]

Abdullah Azzam

Die Internationalisierung des Afghanistan-Konflikts war das Lebenswerk des palästinensischen Islamgelehrten Abdullah Azzam (1941–1989), dem Begründer und »Paten« des globalen Dschihad. Azzam trat bereits in jungen Jahren der Muslimbruderschaft bei und kämpfte 1967 im Sechs-Tage-Krieg gegen Israel. Doch seine Aufmerksamkeit galt zunächst der Wissenschaft: In Damaskus studierte er islamisches Recht und promovierte danach an der al-Azhar-Universität in Kairo. Als Professor lehrte er in Jordanien, wo er wegen seiner islamistischen Ansichten gefeuert wurde, dann in Saudi-Arabien und ab 1980 in Pakistan.[21] Azzams Präsenz in Pakistan war kein Zufall. Er sah den afghanischen Dschihad als persönliche Berufung und argumentierte, der Konflikt sei noch dringender als der in Palästina.[22] Sein Charisma, gepaart mit Fleiß, organisatorischem Können und theologischer Glaubwürdigkeit, machten ihn für die Auslandskämpfer in Peschawar zur zentralen Figur.

Im Jahr 1984 gründete Azzam das Dienste-Büro, durch das der Transfer ausländischer Dschihadisten nach Afghanistan organisiert wurde. Auf unzähligen Reisen in arabische Länder – und mehrfach sogar in die Vereinigten Staaten – versuchte er, junge Araber vom Dschihad in Afghanistan zu überzeugen. Er erzählte dabei vom Leiden der Afghanen, den »weinenden Müttern und schreienden Jungfrauen«,[23] die den Angriffen der Kommunisten hilflos ausgesetzt waren. Sein wichtigstes Argument war ein religiöses: Er argumentierte, dass es die Pflicht eines jeden Muslims sei, islamisches Territorium zu verteidigen. Wer dieser Verpflichtung – der »wichtigsten aller persönlichen Pflichten«[24] – nicht folge und darauf warte, dass andere zu Hilfe kämen, begehe eine schwere Sünde und werde im Jenseits dafür bezahlen. Azzam sprach häufig vom Jenseits – dem fast sicheren Tod, der die Kämpfer in Afghanistan erwarte –, aber auch vom »himmlischen Lohn« für diejenigen, die ihr Leben im Dienste Gottes opferten. Er gilt deshalb als Erfinder des »Märtyrerkults«, der zum Markenzeichen der dschihadistischen Bewegung wurde.[25]

Azzams Bemühungen zahlten sich aus. Zwischen 1980 und 1992 machten sich nach Schätzung des Islamwissenschaftlers Thomas Hegghammer bis zu 20 000 Dschihadisten auf den Weg nach Afghanistan, die meisten davon nach 1984, als Azzam das Dienste-Büro gegründet hatte.[26] Die Motivationen waren ganz unterschiedlich. Viele überzeugte Azzams Rhetorik: Sie hatten die Bilder aus Afghanistan im Fernsehen gesehen und wollten ihre Glaubensbrüder – und damit den Islam insgesamt – verteidigen. Dabei ihre religiöse Pflicht zu tun und zum Märtyrer zu werden war für sie nicht Belastung, sondern Anreiz. Andere waren seit Jahren in der dschihadistischen Szene unterwegs und wollten durch Afghanistan der Verfolgung in ihren Heimatländern entkommen. (Viele arabische Staaten ließen behördenbekannte Dschihadisten be-

BILD 4: Architekt des »afghanischen Dschihad« in den 1980er Jahren: Abdullah Azzam

wusst ziehen und entzogen ihnen anschließend die Pässe.) Für Rekruten aus ärmeren arabischen Ländern wie Ägypten und Algerien spielte auch die Bezahlung eine Rolle. Und natürlich gab es Abenteuerlustige und – wie in jedem Krieg – ein paar Kriminelle und Psychopathen.[27] Einer der wichtigsten Rekruten war Osama Bin Laden (1957–2011), der wohlhabende Sohn eines saudischen Baulöwen mit besten Verbindungen ins Königshaus. Laut dem amerikanischen Journalisten Lawrence Wright war Bin Laden bereits seit Anfang des Konflikts immer wieder nach Pakistan geflogen, doch die Bekanntschaft Azzams machte er erst bei der Wallfahrt nach Mekka im Jahr 1984.[28] Die beiden passten zueinander wie die Faust aufs Auge. Azzam wurde für Bin Laden zum Ziehvater und bekam im Gegenzug Bin Ladens Geld und Kontakte, die ihm dabei halfen, sein Dienste-Büro zu finanzieren.

Zwei Jahre nach ihrem ersten Treffen brachte Bin Laden seine Familie nach Peschawar und eröffnete nahe der pakistanischen Grenze ein Trainingscamp. Die militärischen Erfolge hielten sich in Grenzen, doch im Frühjahr 1987 kam es zu einem dreiwöchigen Gefecht mit sowjetischen Spezialeinheiten, aus dem Bin Ladens Truppe als Sieger hervorging. Die Verteidigung der »Höhle des Löwen« – so der Name des Trainingscamps – wurde unter den Auslandskämpfern zur Legende und begründete Bin Ladens Ausstrahlung und Reputation. Noch Jahre später zeigte sich Bin Laden in Videobotschaften mit einem Kalaschnikow-Gewehr, das er Wrights Recherchen zufolge einem toten russischen Offizier abgenommen hatte.[29]

Mythos Afghanistan

Insgesamt jedoch war der Beitrag der Auslandskämpfer zum Sieg der afghanischen Opposition über die Sowjets gering. Das lag zum einen daran, dass die meisten Kämpfer erst nach Ende des eigentlichen Konflikts nach Afghanistan kamen. Vor dem sowjetischen Rückzug im Frühjahr 1989 hatten es höchstens 4000 Ausländer nach Peschawar geschafft, von denen wiederum nur eine Minderheit tatsächlich in Afghanistan kämpfte.[30] Kommunikationsprobleme verhinderten ihre Einbindung in afghanische Einheiten, da nur die allerwenigsten Araber Paschtu oder Dari sprachen. Viele der afghanischen Kommandeure hielten die Araber außerdem für feige und verwöhnt und behandelten sie wie Touristen.[31] Kriegsentscheidend waren die Auslandskämpfer nach Meinung der meisten Experten nirgendwo, und auch Bin Ladens vermeintlicher Triumph in der »Höhle des Löwen« war in Wirklichkeit ein relativ unbedeutendes Gefecht, das nur deshalb so viel Aufmerksamkeit erhielt, weil Azzams Leute so wenig andere Erfolge vorzuweisen hatten.

Davon wollten Azzam und Bin Laden natürlich nichts wissen. Sie waren fest davon überzeugt, dass sie und ihre Mitstreiter die Sowjetunion besiegt und damit eine Supermacht in die Knie gezwungen hatten: Die Verteidigung der »Höhle des Löwen« habe zum Sieg in Afghanistan geführt, und der Sieg in Afghanistan zum Kollaps der Sowjetunion. Das war die Botschaft, die Azzam tausendfach in Reden, auf Kassetten und in seinem Magazin *al-Jihad* verbreitete. Die Begeisterung war groß, und so kamen auch nach dem Ende des Konflikts noch Tausende junger Männer nach Afghanistan, um sich der scheinbar so mächtigen und erfolgreichen Dschihad-Bewegung anzuschließen. Dass die Sowjets längst besiegt waren, spielte keine Rolle. Die Afghanistan-Krieger hatten ihren eigenen Mythos geschaffen.

Doch wie sollte es weitergehen? Azzams Vorstellung war eine Art mobile Einsatztruppe, die überall dort kämpfen sollte, wo islamisches Territorium besetzt worden war. Für ihn ging es um den externen Feind. Er wollte gegen »ungläubige« Soldaten kämpfen, nicht gegen Zivilisten – schon gar nicht muslimische Zivilisten. Anderer Meinung war Ayman al-Zawahiri (*1951), ein ägyptischer Arzt, der 1986 nach Pakistan gekommen war und in den 1990ern Bin Ladens Stellvertreter als Chef von al-Qaida wurde. Seine damalige Gruppe, al-Dschihad, hatte Anfang des Jahrzehnts den ägyptischen Präsidenten Anwar al-Sadat (1918–1981) bei einer Militärparade erschossen. Al-Zawahiris Ziel war eine Islamische Revolution im Sinne Qutbs: ein gewaltsamer Aufstand gegen säkulare Herrscher und der Kampf gegen die ungläubige, »ignorante« Gesellschaft – wenn notwendig auch mit Terror gegen Zivilisten.

Zur Klärung kam es nie. Als Azzam und zwei seiner Söhne am 24. November 1989 auf dem Weg zum Freitagsgebet in Peschawar waren, jagte sie eine Sprengbombe in die Luft. Alle drei waren sofort tot. Bis heute ist nicht bekannt, wer hinter dem Anschlag steckte. Zu den Hauptverdächtigen zählen al-Zawahiri und seine ägyptischen Kampfgenossen, aber auch arabische und westliche Geheimdienste, für die Azzam nicht mehr nützlich – vielleicht sogar gefährlich – wurde, nachdem er seine Aufgabe in Afghanistan erfüllt hatte.[32] Keiner kann deshalb mit Sicherheit sagen, wohin Azzam seine Kämpfer als Nächstes geführt hätte. Doch sein Vermächtnis ist unbestritten. Hegghammer, der weltweit führende Azzam-Experte, zitiert eine dschihadistische Webseite, nach der es »heute keinen einzigen Dschihad und nicht einen Mudschahed [gibt], die nicht von Abdullah Azzams Leben, Lehre und seinen Werken inspiriert worden sind«.[33] Und in der Tat: Azzam war auch fast zwanzig Jahre nach seinem Tod einer der am meisten gelesenen und zitierten dschihadistischen Ideologen.[34] Er brachte Tausende Kämpfer aus aller Welt nach Afghanistan, wo sie miteinander trainierten, kämpften und beteten. Er schuf den Siegesmythos, der ihnen das Selbstbewusstsein gab, dass kein Gegner zu stark, keine Herausforderung zu schwer sei. Nicht zuletzt: Er hinterließ seinem vermeintlichen Kronprinzen Bin Laden, dem bekanntesten der arabischen Auslandskämpfer,[35] ein Register mit den Namen Hunderter Kämpfer. Der Titel war »Die Basis« – auf Arabisch »al-Qaida«.[36]

Aufstieg

Die Geschichte des Dschihadismus in den 1990er und 2000er Jahren wird meist als Geschichte Bin Ladens erzählt. Das ist zum einen verständlich, weil die von Bin Laden organisierten Anschläge vom 11. September 2001 ein so zentrales Ereignis in der Geschichte der Bewegung waren. Doch in Wirklichkeit war es lange Zeit nicht klar, ob sich Bin Laden und seine Strategie durchsetzen würden. Wie die allerneueste Forschung zeigt, war Bin Laden in den 1990ern eine zwar wichtige Figur, aber keine so überragende wie Azzam während der 1980er.[37] Und auch in den 2000ern, als Bin Laden die dschihadistische Bewegung kurzzeitig dominierte, waren er und seine Gruppe – al-Qaida – zu schwach, um die Bewegung ideologisch und strategisch zusammenzuhalten. Als sich mit dem Arabischen Frühling die bisher größte Chance für die Dschihadisten auftat, war Bin Ladens Nachfolger al-Zawahiri überrascht und überfordert. Die Afghanistan-Generation konnte ihren mythischen Ruf nicht einlösen.

Viele Konflikte und terroristische Anschläge, an denen Afghanistan-Veteranen beteiligt waren, wurden nach dem 11.

September 2001 Bin Laden und al-Qaida zugerechnet. Doch besonders in den frühen 1990ern war die dschihadistische Bewegung noch relativ amorph. Sicher war Bin Laden, der für viele Trainingslager bezahlte, bekannt und einflussreich, aber mit den Konflikten in Algerien und Ägypten hatte er anfangs genauso wenig zu tun wie mit dem Bürgerkrieg in Somalia. In Algerien hatte die dortige Filiale der Muslimbruderschaft – die Islamische Heilsfront – im Dezember 1991 die erste Runde der Parlamentswahlen gewonnen, woraufhin die Regierung den zweiten Wahlgang absagte und damit die wahrscheinliche Machtübernahme der Islamisten verhinderte. Aus dieser Situation heraus entstand die Bewaffnete Islamische Gruppe (GIA), die sich im Konflikt mit dem Staat radikalisierte und am Ende einen Krieg gegen große Teile der algerischen Gesellschaft führte. Unter den Anführern waren viele Afghanistan-Veteranen, was aber nicht bedeutete, dass Bin Laden sie – oder die GIA insgesamt – steuerte. Das Gleiche galt für Ägypten, wo sich die Dschihadisten ein weiteres Mal am Sturz des Regimes versuchten. Auch hier spielten vormalige Afghanistan-Kämpfer – allen voran der Anführer der Ägyptischen Islamischen Gruppe – eine wichtige Rolle, doch Bin Laden hatte keinen direkten Einfluss.[38] Ein weiteres Beispiel ist »Black Hawk Down«, der Abschuss zweier amerikanischer Hubschrauber im somalischen Mogadischu im Oktober 1993, bei dem 18 US-Soldaten ums Leben kamen: Die amerikanische Regierung machte hierfür später al-Qaida verantwortlich,[39] aber wieder ging es in Wahrheit nur um Afghanistan-Veteranen, die zu Bin Laden keine unmittelbare Beziehung hatten.[40]

Der Konflikt, der Azzams Idee einer mobilen Eingreiftruppe am nächsten kam, war der Krieg in Bosnien. Genauso wie in Afghanistan ging es um eine Auseinandersetzung zwischen Muslimen und einem externen Feind: den christlich-orthodoxen Serben. Zwischen 1992 und 1996 mobilisierte der Krieg bis zu 2000 Auslandskämpfer, von denen viele direkt aus den Trainingslagern in Afghanistan auf den Balkan gekommen waren.[41] Bin Laden half, wie an anderen Orten auch, bei der Finanzierung, doch die Kämpfer unterstanden nicht ihm, sondern einem rotbärtigen Saudi, der den Spitznamen »Barbarossa« trug. Für kurze Zeit waren die Kämpfer sogar Teil der bosnischen Armee und gehorchten damit – zumindest theoretisch – deren Befehl.[42]

Zum ersten Mal kam es in Bosnien auch zu einer bedeutenden Mobilisierung europäischer Muslime, die vom Schicksal ihrer bosnischen Glaubensbrüder und dem Nichtstun ihrer europäischen Heimatländer schockiert waren. Zu den mindestens zweihundert Briten[43] gehörte auch Omar Said Sheikh (*1973), ein damals 20-jähriger Statistik-Student an der bekannten London School of Economics. Sheikh hatte an seiner Universität einen Dokumentarfilm über das Leiden der bosnischen Muslime gesehen und meldete sich spontan zur Teilnahme an einem Hilfskonvoi. In Bosnien angekommen, radikalisierte sich Sheikh und landete in einem Trainingslager nahe Zenica. Kurz nach den Anschlägen vom 11. September 2001 entführte er dann in Pakistan den amerikanischen Journalisten Daniel Pearl (1963–2002) und war an seiner Enthauptung beteiligt. Gefragt, wie er mit der Brutalität fertig werde, sagte Sheikh einem Journalisten: »Wann immer ich Zweifel habe, rufe ich mir die Bilder aus Bosnien in Erinnerung.«[44]

Die Jahre des Bosnienkriegs verbrachten Bin Laden und seine engsten Mitstreiter im Sudan, wo ihnen das dortige Regime ab 1992 Unterschlupf gewährte. Was genau Bin Laden dort trieb, ist nach wie vor umstritten. Gegenüber westlichen Reportern gab er sich gern als »Ingenieur und Landwirt«, doch Bin Laden war nicht plötzlich zum Entwicklungshelfer geworden.[45] In Wirklichkeit bastelte er an Allianzen und einer neuen Strategie. Er war hin- und hergerissen zwischen seiner Feindschaft zum saudischen Königshaus, das er seit der Koalition mit den Vereinigten Staaten von Amerika im Golfkrieg 1990 für abtrünnig hielt, und einer anderen Idee: dem Kampf gegen die Vereinigten Staaten, die nach seiner Meinung die korrupten Diktaturen in der arabischen Welt stützten, um die islamische Welt zu spalten und auszubeuten.

Bin Laden veröffentlichte zwei Kriegserklärungen: Bei der ersten aus dem Jahr 1996 ging es um das saudische Königshaus, doch zwei Jahre später – nach seiner Rückkehr in das mittlerweile von den Taliban regierte Afghanistan – stand der Westen im Vordergrund.[46] Und seinen Worten folgten Taten. Fünf Monate nach Veröffentlichung der zweiten Erklärung, im August 1998, verübten Bin Ladens Anhänger Anschläge auf die amerikanischen Botschaften in Kenia und Tansania, bei denen mehr als 200 Menschen ums Leben kamen. Auf einmal war Bin Laden nicht mehr nur Finanzier, sondern meistgesuchter Terrorist der Welt und unangefochtener Anführer der dschihadistischen Bewegung. Statt hoffnungsloser Bürgerkriege und Qutb'scher Umsturzversuche setzte er auf Terror gegen den Westen, besonders die USA, mit spektakulären, mehrfachen Anschlägen auf symbolische Ziele. Die neue Strategie wurde zum Markenzeichen al-Qaidas.

Niederlage

Die Anschläge vom 11. September 2001 markierten den Höhepunkt von Bin Ladens dschihadistischer »Karriere«. Statt als Verbrecher galt Bin Laden vielen Muslimen jetzt als eine Art islamischer Robin Hood, der den »arroganten Amerikanern« eins ausgewischt hatte.[47] Die Zeitungen waren voll mit Berichten über Schläferzellen und Selbstmordattentäter, die angeblich nur darauf warteten, ihren Befehl zu bekommen. Und die USA reagierten mit einem »globalen Krieg gegen den Terror«, der Bin

Laden zum neuen Erzfeind stilisierte und ihn damit wichtiger machte, als er tatsächlich war. Denn in Wahrheit war Bin Ladens Einfluss noch immer begrenzt. Er hatte zwar ein Netzwerk, aber keine Armee, und die dschihadistische Bewegung folgte ihm nur, solange sein globaler Status für sie von Vorteil war.

Trotz der Anschläge in Madrid 2004, London 2005 und einer langen Liste ambitionierter Anschlagspläne, die von den Sicherheitsbehörden im letzten Moment verhindert wurden,[48] brachte Bin Laden keinen weiteren Anschlag wie den vom 11. September 2001 zustande. Stattdessen kämpfte er damit, die Bewegung – von der die ganze Welt glaubte, sie folge seinem Befehl – unter Kontrolle zu bringen. Das extremste Beispiel war die Gruppe des Jordaniers Abu Musab al-Zarqawi (1966–2006), aus der später der Islamische Staat hervorging (siehe nächstes Kapitel). Als die Amerikaner im Jahr 2003 in den Irak einmarschierten, war Zarqawi der Einzige, der bereits im Land war und den dschihadistischen Widerstand gegen die ausländischen Besatzer organisieren konnte. Im Oktober 2004 leistete er den Treueeid auf Bin Laden, weigerte sich aber konsequent, dessen Anweisungen Folge zu leisten. Gegen den Willen der al-Qaida-Führung zettelte Zarqawi einen Bürgerkrieg mit den irakischen Schiiten an, dessen Brutalität selbst viele Dschihadisten erschreckte und al-Zawahiri dazu bewegte, Zarqawi zur Ordnung zu rufen. Doch mehr als Briefe schreiben konnte die al-Qaida-Führung nicht.[49]

Hinzu kam, dass auch loyalere al-Qaida-Ableger – etwa al-Qaida im Islamischem Maghreb (AQIM) oder al-Qaida auf der Arabischen Halbinsel (AQAP) – mit ihren lokalen Kampagnen die Strategie der Mutterorganisation durchkreuzten. Selbst wenn sich Anschläge, wie von Bin Laden gewünscht, auf internationale Institutionen, Botschaften oder westliche Firmen richteten, waren die Opfer häufig einheimische Muslime. Und je weniger al-Qaida auf internationaler Ebene zustande brachte, desto mehr richtete sich das Augenmerk auf die Verstrickung regionaler Ableger in Bürgerkriege, innermuslimische Konflikte und das Töten von Muslimen. Selbst bei Unterstützern, die den Kampf gegen »ungläubige Regime« im Prinzip guthießen, waren viele dieser Anschläge unbeliebt. Bin Laden und al-Zawahiri mussten sich ständig für Aktionen rechtfertigen, von denen sie nichts gewusst hatten und die – noch dazu – ihrer eigenen Strategie widersprachen. »Entschuldigen Sie mal, Herr Zawahiri«, fragte beispielsweise ein al-Qaida-Sympathisant in einem extremistischen Internetforum, »wer tötet denn die Zivilisten in Bagdad, Marokko und Algerien? Gilt das Töten von Frauen und Kindern neuerdings als Dschihad?«[50]

Neue Möglichkeiten ergaben sich durch das Internet. Trotz der scheinbar rückwärtsgewandten Ideologie standen die Dschihadisten neuen Technologien immer aufgeschlossen gegenüber. Internetforen waren seit dem Irakkrieg zum wichtigen Ort für Debatten geworden, und die professionell produzierten Videoclips aus Afghanistan, dem Irak und anderswo überzeugten viele Unterstützer davon, dass sie Teil einer mächtigen und erfolgreichen Bewegung seien. Ab ungefähr 2008 rief al-Qaida außerdem per Internet zu Anschlägen auf. Die Botschaften richteten sich vor allem an Unterstützer aus dem Westen, die auf eigene Faust – als sogenannte »einsame Wölfe« – losschlagen sollten. Selbst kleinste Aktionen seien schockierend und deshalb wirksam, so Anwar al-Awlaki (1971–2011), ein jemenitischer Prediger, der in Amerika geboren war und fließend Englisch sprach. Unter al-Awlakis Regie veröffentlichte AQAP ab 2010 das englischsprachige Online-Magazin *Inspire*, das wie eine Illustrierte aufgemacht war und neben Leserbriefen und bunten Berichten über den Dschihad auch Bombenbauanleitungen enthielt.

Verglichen mit Bin Ladens ehrgeizigen – aber fast durchweg erfolglosen – Plots war al-Awlakis Strategie effektiv: Fast alle der im Westen durchgeführten Anschläge während dieser Zeit gingen auf sein Konto – darunter auch das Attentat auf den Marathonlauf in Boston im April 2013, der auf einer Anleitung aus *Inspire* basierte.[51] Aber das Tempo solcher Anschläge war gering, und mit den katastrophalen, fast apokalyptischen Ereignissen vom 11. September 2001 hatte diese Art von Terrorismus nur noch wenig zu tun.

Während al-Awlaki per YouTube zum Dschihad im Westen aufrief, machte Bin Laden und seinen Mitstreitern die amerikanische Drohnenkampagne zu schaffen, die sich besonders gegen die Führung al-Qaidas in den pakistanischen Stammesgebieten richtete. Ein Getreuer Bin Ladens schilderte die Situation so: »Sie kreisen ständig über uns, die ganze Zeit.« Nur bei schlechtem Wetter könne man sein Haus noch verlassen, »doch sobald der Himmel klart, sind sie wieder zurück«.[52] Die unmittelbare Konsequenz war, dass jegliche Form von Kommunikation zwischen Mitgliedern der al-Qaida-Führung – sowie zwischen al-Qaida-Führung und den regionalen Ablegern – schwieriger wurde. Wichtiger noch: Zwei Jahre nach Beginn der Kampagne waren zwanzig der engsten Gefährten Bin Ladens getötet worden, und Bin Laden selbst, der sich in Abbottabad – weit entfernt von den Stammesgebieten – versteckt hielt, wurde im Mai 2011 Opfer einer amerikanischen Kommandoaktion.[53] Al-Zawahiri hatte überlebt und wurde Bin Ladens Nachfolger, doch das al-Qaida-Modell – seit Jahren in der Krise – war mit Bin Laden gestorben.

Arabischer Frühling

Die Schwäche und Hilflosigkeit der dschihadistischen Führung wurde besonders während der friedlichen Revolutionen klar, die ab Anfang 2011 in einer Reihe arabischer Länder stattfanden. Al-Qaida und die Dschihadisten hatten mit dieser

Bewegung nichts zu tun: Die große Mehrheit Demonstranten auf den Straßen von Tunis und Kairo waren keine Islamisten, und die meiste Gewalt, zu der es im Laufe der Proteste kam, ging vom Staat aus. Und dennoch versuchten al-Qaidas Anführer, die Lorbeeren für sich zu beanspruchen. Noch im Frühjahr veröffentlichte al-Zawahiri eine Videoserie, in der er argumentierte, die Anschläge vom 11. September 2001 seien Voraussetzung für den Erfolg des Arabischen Frühlings gewesen. Sie hätten den Arabern Selbstbewusstsein eingeflößt und ihnen die Gewissheit gegeben, dass ein Umsturz erfolgreich sein könne. Mehr noch: Nur wegen der »gesegneten Anschläge von New York, Washington und Pennsylvania« habe Amerika seine Nahostpolitik geändert und sei bereit gewesen, säkulare Diktatoren wie den ägyptischen Präsidenten Husni Mubarak (1981-2011) fallenzulassen.[54]

Doch al-Zawahiris Argumente stießen auf taube Ohren. In Tunesien und Ägypten übernahmen pragmatischere Islamisten die Macht, die mit al-Qaida und der dschihadistischen Bewegung nichts zu tun haben wollten. Und in Libyen waren es die Luftschläge der (ganz und gar undschihadistischen) NATO, die der Opposition zum Sieg verhalfen. Einige Anführer al-Qaidas versuchten deshalb, sich mit der Muslimbruderschaft – die von den Dschihadisten seit Jahrzehnten heftig kritisiert wurde – gutzustellen. So zum Beispiel ein libyscher al-Qaida-Ideologe, der noch im Jahr zuvor alle Nichtdschihadisten exkommunizieren wollte und jetzt »die Einheit der Muslime« beschwor und an »die Güte und Toleranz« seiner islamistischen Glaubensbrüder appellierte.[55]

Ein realistischerer Ansatz kam von al-Awlaki, dem jemenitischen Prediger, der wenige Monate später bei einem amerikanischen Drohnenangriff ums Leben kam. Er schrieb:»Egal, ob die neuen Regierungen nun säkular oder islamisch sind, unsere Brüder ... können zum ersten Mal seit Jahrzehnten wieder atmen.« Die dschihadistische Bewegung müsse die neue Freiheit nutzen und geduldig sein. Langfristig, so al-Awlaki, sei das derzeitige Chaos von »großem Nutzen« für die sogenannten Mudschahedin – die Kämpfer der Bewegung.[56] Anders als al-Zawahiri und viele seiner Mitstreiter hatte al-Awlaki verstanden, dass das al-Qaida-Modell und die Afghanistan-Generation, die es erfunden hatte, mit dem Arabischen Frühling erledigt war. Die Anschläge vom 11. September 2001 waren ein so dramatischer Erfolg gewesen, dass sie von den strukturellen und strategischen Defiziten der Bewegung abgelenkt hatten. Die Dschihadisten folgten Bin Laden, der aber von Anfang an zu schwach war, um aus einer so amorphen Bewegung eine schlagkräftige Organisation zu schaffen.

Doch das Scheitern al-Qaidas bedeutete nicht das Scheitern der Dschihadisten. Dass al-Qaida – und nicht zum Beispiel die *Army of God* – die vierte Welle des Terrorismus dominierte, hatte mit der Stärke der Bewegung und ihrer Ideen zu tun. Und es war die Bewegung, nicht al-Qaida, die sich mit dem Arabischen Frühling neu erfand, eine neue Generation begeisterte und die nächste Welle des Terrorismus inspirierte. Hiervon handelt der zweite Teil dieses Buches.

TEIL 2

Die Nächste Welle

1

Islamischer Staat

Abdullah Anas (*1953) ist definitiv ein »alter« Dschihadist. Der großgewachsene, kräftige Algerier ist mittlerweile in seinen späten Fünfzigern, hat fünf Söhne und betreibt in London einen islamistischen Satellitenkanal, der die Botschaft der algerischen Muslimbrüder zurück in seine Heimat transportiert. Während der frühen 1980er war er einer der Ersten, die dem Ruf Abdullah Azzams folgten. Er kam nach Afghanistan, um den Märtyrertod zu sterben, doch stattdessen machte er bei den arabischen Afghanen Karriere, lernte Osama Bin Laden kennen und gewann Abdullah Azzam als seinen Mentor. So eng wurde das Verhältnis zwischen den beiden, dass er dessen Tochter heiratete. In dschihadistischen Kreisen gehört er damit zum Hochadel.

Ich treffe Anas in London am Trafalgar Square Wir kennen uns seit 2008 und haben seitdem ein halbes Dutzend Mal miteinander Tee getrunken. Wenn mir eine Frage unter den Nägeln brennt, schreibe ich ihm auf Facebook – und bekomme meist innerhalb weniger Minuten eine Antwort. Bei unserem Treffen geht es um die Institution des Kalifats. Was bedeutet es ihm? Und wie wichtig ist es für die Dschihadisten? Anas zögert keine Sekunde:

Jeder Muslim weiß um die Bedeutung des Kalifats. Es ist eine Vision – und gleichzeitig ein politisches Projekt. Das Ziel ist, dass alle Muslime an einem Strang ziehen und mit einer Stimme sprechen. Dass es keine Grenzen gibt und wir einen Markt, eine Währung, eine Stimme, eine Verfassung und eine Regierung haben. Dass wir auf gleicher Augenhöhe sind mit Amerika, Europa, Russland und China.[1]

Später wird deutlich, dass ihm die genaue Struktur des Staates, seine Funktionen und die Person des Kalifen gar nicht so wichtig sind: Wenn Anas vom Kalifat spricht, meint er damit Stärke und das Streben nach Einigkeit. Das Kalifat, das im Juni 2014 vom Islamischen Staat ausgerufen wurde, lehnt er ab:

> Das Kalifat von [Abu Bakr] al-Baghdadi ist bloß ein Slogan. Worum es gehen sollte, ist Bildung, Wissen, Freiheit und Gerechtigkeit – dann entsteht das Kalifat von ganz allein. Wer sich Kalif nennt, ohne die Grundlage dafür geschaffen zu haben, macht sich lächerlich. Al-Baghdadi verwendet Worte, die keine praktische Bedeutung haben.

Doch selbst er muss eingestehen, dass al-Baghdadi geschafft hat, wovon seine Kameraden nur träumen konnten: ein erfolgreicher und expandierender salafistischer Staat im Herzen des Nahen Ostens; ein Magnet für Auslandskämpfer; und ein Orientierungspunkt für Dschihadisten in der ganzen Welt. Selbst Bin Laden war hiervon meilenweit entfernt.

Weder Anas noch irgendjemand sonst hatte den rasanten Aufstieg des Islamischen Staates vorausgesagt. Vier Jahre zuvor galt sein Vorgänger, der Islamische Staat im Irak, als besiegt. Ein Jahr später wurde die gesamte dschihadistische Bewegung totgesagt. Selbst im Frühjahr 2014 sprach niemand von einem Kalifat.[2] Dschihadismus und dschihadistische Terrorgruppen gab es bereits vorher, und auch die Konflikte und Spaltungen im Nahen Osten, die sich der Islamische Staat zunutze macht, sind nichts Neues. Aber niemals zuvor war hieraus ein so ambitioniertes Staatsbildungsprojekt entstanden.[3] Der Islamische Staat ist ein Möchtegern-Weltreich, das die ganze Welt zum Feind erklärt und – gleichzeitig – überall auf der Welt Unterstützer findet. Selbst die Iranische Revolution hatte keine solche Strahlkraft und kein derart ambitioniertes Programm.

Natürlich kam der Islamische Staat nicht aus dem Nichts. Er ist ein Produkt des Arabischen Frühlings und – wichtiger noch – der dschihadistischen Bewegung, die von Azzam, Bin Laden und Anas in Afghanistan in den 1980er Jahren in Gang gesetzt wurde. Er wurzelt in der vierten, der religiösen Welle des Terrorismus, die im letzten Kapitel behandelt wurde. Aber gleichzeitig ist er Ausdruck und Ausgangspunkt einer neuen Welle. Wie in allen anderen Wellen kulminierten im Islamischen Staat eine Reihe von Bewegungen und Entwicklungen, die sich seit Jahrzehnten angedeutet hatten. Doch gleichzeitig hat die neue Welle ihren eigenen Charakter. Die Bewegung erfand sich neu: Sie mobilisiert eine jüngere Generation, verfolgt ähnliche, aber viel weitreichendere ideologische Ziele, schafft neue Institutionen und verwendet noch extremere Methoden.

Die folgenden vier Kapitel erklären, woraus die neue Welle des Terrorismus besteht. Im nächsten beschreibe ich die Auslandskämpfer, die aus Westeuropa in den Islamischen Staat gezogen sind, um Teil des Kalifats zu werden. Das hierauf folgende beschäftigt sich mit den (zu Hause gebliebenen) Unterstützern, und ein weiteres analysiert die »alten« Dschihadisten, die mit den »neuen« Dschihadisten des Islamischen Staates konkurrieren. Dieses Kapitel widmet sich dem Islamischen Staat selbst – seinem Ursprung, Charakter und Modus Operandi – sowie den Stärken, Schwächen und Widersprüchen, die über seine Zukunft entscheiden werden.

Anfänge

Was sich heute Islamischer Staat nennt, ist das politische, militärische und persönliche Vermächtnis des Dschihadisten
Abu Musab al-Zarqawi. Nach dem Irakkrieg im Jahr 2003 war
seine Gruppe einige Jahre lang die wichtigste innerhalb der
dschihadistischen Bewegung, scheiterte jedoch in der zweiten Hälfte des Jahrzehnts an der Ablehnung durch die sunnitische Bevölkerung und den Rest der Aufstandsbewegung.
Was Zarqawis Scheitern bedeutete und welche Schlüsse daraus
zu ziehen waren, bestimmte die Entwicklung in den darauffolgenden Jahren. Der Syrer Abu Mohammed al-Dschaulani
(ca. *1975) baute in Syrien eine Gruppe auf, die pragmatischer
und weniger doktrinär zu sein schien als ihr irakischer Vorgänger, während Abu Bakr al-Baghdadi (*1971), der jetzige
Anführer des Islamischen Staates, auf eine noch konsequen-
tere und brutalere Durchsetzung von Zarqawis Modell setzte.
Obwohl beide vom Chaos und den politischen Zerwürfnissen
seit dem Ausbruch des Arabischen Frühlings profitierten, ist
es al-Baghdadis – und damit letztlich Zarqawis – Vision, die
sich bisher durchgesetzt hat.

Abu Musab al-Zarqawi

Die Geschichte des Islamischen Staates beginnt mit Zarqawis Ankunft im Irak im September 2002. Der Jordanier hatte zuvor ein Trainingslager in Afghanistan geleitet und wollte
sich im bevorstehenden Konflikt zwischen den USA und Iraks
Diktator Saddam Hussein (1937–2006) einen Namen machen.
Verglichen mit der privilegierten Herkunft von Bin Laden

und al-Zawahiri hatte Zarqawi einen ungewöhnlichen Lebenslauf. Er war eines von neun Kindern, konnte kaum Lesen und Schreiben und war bereits als Teenager polizeibekannt. In seinen frühen Zwanzigern landete er wegen Drogenhandels im Gefängnis und konvertierte zum Salafismus. Sein Mentor wurde ein wichtiger dschihadistischer Ideologe, der Palästinenser Abu Mohammed al-Maqdisi (*1959), mit dem er in den 1990ern eine Terrorgruppe gründete, die ihn zum zweiten Mal ins Gefängnis brachte. Als er im Jahr 1999 durch eine Amnestie freikam, machte er sich umgehend auf den Weg nach Afghanistan. Sein Ehrgeiz war grenzenlos, und sein Dschihadismus schien härter, aggressiver und kompromissloser als der von Bin Laden. Sein Hass richtete sich vor allem gegen den »nahen« Feind: das jordanische Königshaus, Juden, Israel und die Schiiten, die er allesamt für Ketzer und Abtrünnige hielt.[4] Der Konflikt im Irak nutzte seinen Ambitionen, war aber nicht das ultimative Ziel. Sein Idol war ein Türke namens Nur ad-Din, der im 12. Jahrhundert über »Groß-Syrien« herrschte,[5] und das Ziel ein Kalifat, das sich vom Libanon über Syrien und Jordanien erstreckte und Israel miteinschloss. »Unsere Augen richten sich auf Jerusalem«, so der Leitspruch in vielen seiner Reden.[6]

Zarqawis Hoffnung, dass die Vereinigten Staaten gegen Saddam Krieg führen und den Irak besetzen würden, bewahrheitete sich im Frühjahr 2003. Das Land, das von Saddam mit extremer Brutalität zusammengehalten worden war, zerbrach innerhalb kürzester Zeit in seine innerislamisch-konfessionellen Bestandteile. Auf sunnitischer Seite bildeten sich bewaffnete Milizen, von denen viele nationalistisch, konfessionell und einige religiös motiviert waren. Die extremste war Zarqawis Gruppe, die in den folgenden Jahren Tausende von Anschlägen durchführte, darunter 200 Selbstmordattentate und Dutzende von Geiselnahmen, die häufig mit der Enthauptung der Geiseln endeten. Zu Zarqawis Opfern gehörten nicht nur

Amerikaner und ihre Verbündeten, sondern auch sunnitische Kollaborateure und – vor allem – schiitische Zivilisten, denen er im September 2005 den »totalen Krieg« erklärte.[7] Sein Plan war ein Bürgerkrieg, der so chaotisch und brutal war, dass die Amerikaner das Land verlassen und die sunnitischen Landesteile sich abspalten würden. Zur Abspaltung kam es nicht, aber einen Bürgerkrieg gab es allemal: Während im Jahr 2004 durchschnittlich 30 Iraker *täglich* dem Konflikt zum Opfer fielen, waren es 2005 bereits 43 und im Jahr 2006 fast 80.[8]

Zarqawi schloss sich im Oktober 2004 al-Qaida an, doch harmonisch war sein Verhältnis mit Bin Laden und al-Zawahiri nie. Die al-Qaida-Führung fürchtete, dass potentielle Unterstützer durch Zarqawis Anschläge auf Schiiten abgeschreckt würden. Der Kampf gegen die amerikanischen Besatzer, so al-Zawahiri, habe Priorität und sei außerdem weniger kontrovers. Gleiches gelte für die Enthauptungen, deren Brutalität vom eigentlichen Ziel ablenke und der Bewegung ein schlechtes Image gebe: »Die Muslime werden es nicht akzeptieren, sosehr du auch versuchst, es ihnen zu erklären«, schrieb Bin Ladens Stellvertreter in seinem mittlerweile berühmten Brandbrief im Sommer 2005.[9] Doch Zarqawi ließ sich nicht beirren.

Gefährlicher wurde für ihn die Ablehnung durch die sun-

BILD 5: Vorkämpfer des Islamischen Staates: der jordanische Dschihadist Abu Musab al-Zarqawi

nitischen Stämme, die er mit seiner Arroganz und seinem religiösen Eifer vor den Kopf gestoßen hatte. Die strengen wahhabitischen Verhaltensregeln, die Zarqawi in den Gebieten unter seiner Kontrolle durchsetzte – keine Musik, keine Filme, Rauchverbot –, waren für sie genauso fremd wie ein großer Teil seiner Gruppe, die Kämpfer aus Syrien, Libyen, dem Golf und sogar einige Europäer angelockt hatte. Dreißig Stämme und eine Reihe sunnitischer Milizen schlossen sich (unter anderem) deshalb mit den Amerikanern zusammen. Sie mobilisierten insgesamt 90 000 Kämpfer.[10] Zarqawi hatte keine Chance: Im Juni 2006 wurde er bei einem amerikanischen Luftschlag getötet, und von seinen geschätzten 10 000 Anhängern im Jahr 2005 war fünf Jahre später höchstens ein Zehntel übrig.[11] Im Westen galt die Gruppe damals vielen als erledigt.

Abu Mohammed Al-Dschaulani

Der zweite Teil der Geschichte spielte sich in Syrien ab, wo im Frühjahr 2011 massenweise Demonstranten gegen die Diktatur von Baschar al-Assad (*1965) auf die Straße gingen. Die Proteste waren zunächst friedlich, doch das änderte sich nach und nach, als die Nachfolger von Zarqawi im Sommer eine achtköpfige Delegation über die Grenze schickten. Ihr Anführer war Mohammed al-Dschaulani, ein aus Damaskus stammender Syrer in seinen Mittdreißigern, der Jahre zuvor in die umgekehrte Richtung gereist war, um sich an Zarqawis Dschihad im Irak zu beteiligen. Sein Auftrag war die Gründung einer Gruppe in Syrien.[12] Dass er dabei nicht bei null anfangen musste, hatte er (ironischerweise) seinem Gegner zu verdanken. Denn Assad hatte während des Irakkriegs seine Grenzen geöffnet, um sich der eigenen Dschihadisten zu entledigen und die Kosten der amerikanischen Besatzung in die Höhe zu treiben. Unter den irakischen Auslandskämpfern stellten die Syrer zu Beginn des Aufstands das größte Kontingent, und überall in Syrien entwickelten sich Schleuserstrukturen, die von Dschihadisten aus aller Welt genutzt wurden. Einer amerikanischen Regierungsstudie zufolge waren 90 Prozent aller Selbstmordattentäter im Irak Ausländer, von denen wiederum 85 bis 90 Prozent über Syrien ins Land gekommen waren. Fast alle syrischen Kämpfer schlossen sich Zarqawis Gruppe an, und die vielen, die überlebt hatten, waren in der zweiten Hälfte des Jahrzehnts in ihr Heimatland zurückgekehrt.[13] Sie wurden jetzt von al-Dschaulani reaktiviert.

Al-Dschaulani hatte seinen eigenen Kopf und wollte um keinen Preis die Fehler Zarqawis wiederholen. Statt an Zarqawi orientierte er sich an Abu Mussab al-Suri (*1958), einem syrischen Dschihad-Veteranen, der sich bereits in den frühen 1980ern an einem Aufstand gegen Assads Vater beteiligt hatte und in den darauffolgenden Jahren zu einem der wichtigsten Strategen der Bewegung wurde. Al-Suri sprach sich für pragmatische Bündnisse mit anderen Aufstandsgruppen aus, stellte hohe Anforderungen an die eigenen Kämpfer und warnte davor, die Bevölkerung mit einer übereilten – und zu strengen – Einführung des wahhabitischen Gesellschaftsprogramms zu überfordern.[14] Al-Dschaulanis neue Gruppe, Dschabhat al-Nusra (»Unterstützerfront«), hatte mit dieser – scheinbar softeren – Strategie großen Erfolg. Ab Ende des Jahres 2011 war al-Nusra für die spektakulärsten Anschläge gegen das Assad-Regime verantwortlich, und al-Dschaulanis Kämpfer waren bei der sunnitischen Bevölkerung, speziell im Nordwesten Syriens, respektiert und populär – so populär, dass selbst die eigentlich konkurrierenden Aufstandsgruppen mit al-Nusra zusammenarbeiteten und sie gegenüber Angriffen aus dem Ausland verteidigten (siehe Teil 2, Kapitel 4).[15]

Abu Bakr al-Baghdadi

Für die dschihadistische Bewegung war al-Nusra eine Erfolgsstory, aber al-Dschaulanis Mitstreitern im Irak wurde die Gruppe langsam unheimlich. Am misstrauischsten war al-Baghdadi, der selbsternannte Kalif und aktuelle Anführer des Islamischen Staates, der Zarqawis Organisation im Mai 2010 übernommen hatte. Al-Baghdadi war damals 38 Jahre alt und selbst innerhalb dschihadistischer Kreise vielen unbekannt. Noch immer ranken sich viele Mythen um seine Herkunft, doch sein Werdegang ist mittlerweile relativ gut dokumentiert. Al-Baghdadis Geburtsort ist Samarra, eine mittelgroße Stadt nördlich von Bagdad, wo er mit Ach und Krach sein Abitur schaffte. An der Islamischen Universität von Bagdad studierte er anschließend Theologie und brachte es zum Doktor.[16] Nach der westlichen Invasion schloss er sich dem Aufstand an – wenn auch zunächst in einer relativ unbedeutenden Rolle[17] – und landete Anfang des Jahres 2004 im amerikanischen Gefangenenlager Bucca. Die knapp zehn Monate, die er dort verbrachte, waren entscheidend. Al-Baghdadi knüpfte Kontakte zu anderen Aufständischen und machte sich einen Namen als zurückhaltender, aber effektiver Vermittler. Seine heute engsten Mitstreiter und wichtigsten Vertrauten lernte er während dieser Zeit kennen.[18] Das Lager, so ein ehemaliger amerikanischer Offizier, der in Bucca diente, »war ein Rekrutierungszentrum und Schule für diejenigen, die wir heute als Terroristen bekämpfen«.[19] Als al-Baghdadi im Dezember 2004 freigelassen wurde, gründete er eine Miliz, die wenig später in Zarqawis Organisation – die sich jetzt Islamischer Staat im Irak (ISI) nannte – aufging. Ab 2006 gehörte er zur Führung des ISI und schaffte es vier Jahre später an dessen Spitze.

BILD 6: Chef des Islamischen Staates und selbsternannter Kalif: Abu Bakr al-Baghdadi in der al-Nouri-Moschee von Mossul, Juli 2014

Al-Baghdadi hatte die Expansion nach Syrien als Geheimprojekt betrieben. Doch je stärker al-Nusra wurde, desto selbstbewusster und eigensinniger agierte al-Dschaulani, dessen pragmatische Strategie al-Baghdadi von Anfang an suspekt gewesen war.[20] Am 8. April 2013 trat er die Flucht nach vorn an. Ohne al-Dschaulani konsultiert zu haben, verkündete er in einer Audio-Botschaft den Anschluss al-Nusras an den ISI. Und er ließ keinen Zweifel daran, wem al-Nusra ihren Erfolg zu verdanken hatte:

[Im Sommer 2011 schickten wir] al-Dschaulani und eine Gruppe unserer Söhne ... aus dem Irak nach Syrien ... Wir gaben ihnen Pläne vor und zeichneten ihnen eine Arbeitsweise [auf], und wir statteten sie monatlich mit der Hälfte unserer Einnahmen aus und versorgten sie mit Männern, die Erfahrungen auf den Schlachtfeldern des Dschihad gesammelt hatten. So [weitete sich] der Einfluss des Islamischen Staates ... auf Syrien aus. Aus Sicherheitsgründen riefen wir ihn aber nicht aus ... Nun jedoch ist die Zeit gekommen, um vor den Menschen von Syrien und der ganzen Welt zu erklären, dass die Nusra-Front nichts anderes ist als [ein] Ableger des ISI und ein Teil von ihm.[21]

Bei den Kämpfern von al-Nusra war die Verwirrung groß. Zu welcher Gruppe gehörten sie? Wessen Anweisungen sollten sie folgen? Viele Einheiten akzeptierten zunächst al-Baghdadis Statement und erklärter ihre Loyalität gegenüber der Organisation, die sich jetzt Islamischer Staat im Irak und Groß-Syrien (ISIS) nannte. Doch als sich al-Qaidas Chef al-Zawahiri zwei Monate später auf die Seite al-Nusras schlug und die Vereinigung der zwei Gruppen für ungültig erklärte, kehrten einige wieder zurück.[22] Kurzum: Die Bewegung war gespalten, und zum ersten Mal existierten zwei miteinander konkurrierende dschihadistische Gruppen, die beide Teil von al-Qaida waren, im selben Land.

Im Gegensatz zu al-Nusra kontrollierte ISIS Territorien auf beiden Seiten der syrisch-irakischen Grenze und profitierte in beiden Ländern davon, dass Sunniten von ihren Regierungen ausgegrenzt, angefeindet und – im Falle Syriens – mit Fassbomben und Chemiewaffen angegriffen wurden. Zum ersten Mal hatte eine dschihadistische Gruppe die Chance, ein großes, grenzübergreifendes und historisch bedeutsames Gebiet unter ihre Kontrolle zu bringen. Und obwohl al-Baghdadi seit spätestens Ende 2013 mit der Idee eines Kalifats gespielt hatte, kam es zur formellen Ausrufung erst im Juni 2014, als ISIS sein Territorium in Syrien konsolidiert und in zwei Provinzen im Nordwesten Iraks große Gebietsgewinne gemacht hatte.

Das »islamische Reich«, das al-Baghdadi bei einer Freitagspredigt in der al-Nouri-Moschee im irakischen Mossul proklamierte, übertraf alles, was Dschihadisten jemals erreicht hatten. Es erstreckte sich über 900 Kilometer, lag im Herzen der islamischen Welt, war einen Katzensprung von Mekka, Medina und Jerusalem, den heiligsten Stätten des Islams, entfernt und eliminierte – noch dazu – die verhasste Grenze von Sykes-Picot, die Millionen von Arabern als Symbol für koloniale Unterdrückung und Spaltung galt. Mit einem Schlag hatte al-Baghdadi den internen Konkurrenten al-Dschaulani, seine vormalige Gruppe al-Qaida, Bin Laden und sogar sein Vorbild Zarqawi in den Schatten gestellt.

Gegenwart

Dass al-Baghdadi tatsächlich das Kalifat ausgerufen hatte und jetzt der »Anführer aller Gläubigen« war, akzeptierten außerhalb der dschihadistischen Bewegung nur wenige. Dutzende von Gelehrten sprachen al-Baghdadi während des Sommers 2014 die Legitimität ab und erklärten seine Autorität für null und nichtig. An seinem Erfolg änderte das nichts, und auch die Kritiker mussten eingestehen, dass al-Baghdadi eine neue Realität geschaffen hatte und sein Staat – der sich jetzt nur noch »Islamischer Staat« nannte – nicht so einfach verschwinden würde.

Ein Jahr später, 2015, ist der Islamische Staat noch immer schwer zu greifen. Er lehnt das Staatensystem ab, verhält sich aber wie einer. Er hat einen globalen Anspruch, doch seine Führung besteht fast ausschließlich aus Irakern. Seine religiöse Doktrin ist so extrem, dass selbst andere Extremisten nichts mit ihm zu tun haben wollen, aber seine Methoden sind oft (erschreckend) rational. Wer versucht, den Islamischen Staat zu verstehen, stößt auf Ungereimtheiten und Widersprüche. Doch darin steckt auch Positives, denn der Islamische Staat ist nicht so einheitlich und geschlossen, wie er sich gern darstellt.

Philosophie

Der Unterschied zwischen al-Qaida und dem Islamischen Staat liegt nicht im Streben nach einem salafistisch geprägten Kalifat. Auch al-Qaida hatte stets die Absicht, in muslimischen Staaten die Macht zu übernehmen, und auch für al-Qaida war ein Kalifat das ultimative Ziel. Doch al-Qaida verfolgte eine andere Strategie. Al-Qaidas Theorie war, dass säkulare Diktatoren wie Husni Mubarak in Ägypten nur deshalb so stark seien, weil sie vom Westen unterstützt wurden. Für al-Qaida waren Anschläge auf Amerika und seine westlichen Verbündeten deshalb am wichtigsten. Darüber, was nach einem Rückzug des Westens passieren würde, machte man sich keine großen Gedanken. Genau umgekehrt war es bei Zarqawi und al-Baghdadi: Für sie stand der Staatsbildungsprozess nicht am Ende, sondern am Anfang. Die Priorität war, einen Staat zu gründen, der sich nach allen Richtungen ausbreiten, ständig neue Territorien erobern und immer stärker würde, bis er irgendwann die ganze Welt umspannte. Im Gegensatz zu al-Qaida musste sich der Islamische Staat deshalb von Anfang an damit beschäftigen, wie ein Krieg innerhalb der islamischen Welt zu führen und zu gewinnen sei. Das Ergebnis war eine Philosophie, die stärker als die von al-Qaida von Themen wie Konfessionalismus, extremer Gewalt und sogar von apokalyptischen Tendenzen geprägt war.

Entscheidenden Einfluss auf die Denkweise des Islamischen Staates hat ein mittelalterlicher Theologe namens Ibn Taimiya (1263–1328), der auch vielen anderen Salafisten und Dschihadisten als wichtige Autorität gilt. Taimiya verbrachte die meiste Zeit seines Lebens in Damaskus und erlebte Anfang des 14. Jahrhunderts den Einmarsch der Mongolen und deren kurze Schreckensherrschaft. Die Mongolen waren Muslime, keine Ungläubigen, und dennoch unterdrückten sie die einheimische Bevölkerung – ein für Taimiya unglaublicher Vorgang. Taimiya musste wegen seiner Auffassungen ins Gefängnis und formulierte daraufhin eine Reihe von Rechtsgutachten *(fatwas)*, mit denen er versuchte, zwischen »echten« und »falschen« Muslimen zu unterscheiden. »Falsche« Muslime – wie die Mongolen – waren nach Meinung Taimiyas noch gefährlicher als die Ungläubigen. Keine Strafe war für sie zu hoch: Sie gehörten exkommuniziert *(takfir)*, und selbst ihre Tötung war legitim.[23]

Zarqawi stützte sich auf Taimiya, um seinen Hass auf die Schiiten zu rechtfertigen. Sie waren für ihn »falsche« Muslime, und es kam ihm gelegen, dass Taimiya sie und ihre entfernten syrischen Verwandten, die Alawiten, bereits im 14. Jahrhundert als die »unehrlichste aller Sekten« bezeichnet hatte – »gefährlicher noch als die Christen und Juden«.[24] Ob er das wirklich glaubte, ist schwer zu sagen: In Zarqawis jordanischer Heimat gab es kaum Schiiten, konfessionelle Konflikte waren selten, und auch für die al-Qaida-Führung besaß der Kampf gegen die Schiiten keine Priorität. Doch Zarqawi musste erkannt haben, wie nützlich ihm die konfessionellen Spannungen im Irak sein konnten, und wie einfach es war, sie für seine Sache zu mobilisieren. Dasselbe galt für den Syrien-Konflikt, wo Taimiyas Schriften bei Dschihadisten und Islamisten eine Renaissance erlebten.

Genauso bedeutend ist Abu Bakr Naji (ca. *1961), ein ägyptischer Dschihadist, der im Jahr 2004 ein Buch mit dem Titel *The Management of Savagery* (»Management der Barbarei«) veröffentlichte.[25] Das Buch blieb in großen Teilen der dschihadistischen Bewegung völlig unbeachtet, doch Zarqawi und seine Organisation gehörten zu Najis ersten – und eifrigsten – Lesern.[26] Ähnlich wie der brasilianische Guerillastratege Marighella (siehe Teil 1, Kapitel 1) argumentierte Naji, die Rebellen müssten zunächst eine staatliche Überreaktion provozieren, um Chaos zu schaffen und sich anschließend als neue Ordnungsmacht zu präsentieren. Die Phase dazwischen – das heißt zwischen dem Zusammenbruch der alten und dem Aufbau der neuen Ordnung – war die Phase der Grausamkeit. Hier unterschied sich Naji von Marighella, denn nach Najis Auffassung war während dieser Phase praktisch jedes Mittel recht, um den Feind in Angst und Schrecken zu versetzen, seinen Willen zu brechen und ihn zur Aufgabe zu zwingen. Mehr noch: Je brutaler die Methoden während der Phase der Grausamkeit, desto schneller der Wechsel zur neuen Ordnung. Exzessive Gewalt war in Najis Augen nicht nur akzeptabel, sondern positiv und wünschenswert, denn sie beschleunigte den Übergang vom Chaos zur Stabilität.[27]

William McCants, der Leiter für Nahostpolitik am Washingtoner Brookings-Institut, übersetzte das Buch im Jahr 2006 ins Englische und machte es so einer westlichen Öffentlichkeit zugänglich. Für ihn steht fest, dass die groteske Gewalt des Islamischen Staates – die Enthauptungen, Exekutionen und das Verbrennen eines jordanischen Piloten bei lebendigem Leib – vor allem auf Najis Thesen zurückgeht. Als ich ihn im März 2015 in Washington traf, erzählte er mir von Berichten, wonach das Buch an alle Kommandeure des Islamischen Staates verteilt worden sei.[28] Al-Baghdadi benutze Najis Strategie mittlerweile als »Textbuch«, und dennoch, so McCants, werde seine Bedeutung im Westen weiterhin unterschätzt

Hier in Amerika fragt sich jeder: Woher kommt die Brutalität? Warum diese Art von Grausamkeit? Alle glauben, da sind Verrückte am Werk. Aber in Wirklichkeit folgt der Islamische Staat einem Plan – einer Strategie –, mit der selbst die absurdesten Gewaltakte als logisch und rational zu rechtfertigen sind.[29]

Was Naji forderte, war das Gegenteil dessen, was die al-Qaida-Führung seit Jahren ihren Mitgliedern gepredigt hatte. Im Gegensatz zu al-Suri und al-Dschaulanis Gruppe in Syrien hatten Naji und der Islamische Staat kein Interesse daran, die »Herzen« der Muslime zu erobern. Ihr Ziel war es, sie mit allen Mitteln einer neuen Ordnung zu unterwerfen.

Ein weiterer, wenn auch in seiner Bedeutung umstrittener[30] Einfluss sind apokalyptische Prophezeiungen. Hiervon gibt es Hunderte, doch bei der für den Islamischen Staat wichtigsten geht es um eine dramatische Schlacht, die laut *Hadith* – den überlieferten Handlungen und Aussprüchen des Propheten Mohammed – in dem Dorf Dabiq im Nordwesten Syriens stattfinden wird. Dort, so die Prophezeiung, werde die Armee des Erlösers auf die »Soldaten Roms« treffen, die Ungläubigen ein für alle Mal vertreiben und eine neue goldene Ära der islamischen Herrschaft einläuten. Schon Zarqawi wusste hiervon und verstand seine Gruppe als Nukleus der islamischen Armee, die die Schlacht in Dabiq für sich entscheiden werde. »Die Flamme, die wir im Irak entfacht haben«, so Zarqawi im September 2004, »wird größer und mächtiger, bis die Kreuzzügler in Dabiq an ihr verbrennen werden.«[31]

Für Bin Laden und die Anführer von al-Qaida waren die meisten dieser Prophezeiungen Hokuspokus,[32] doch Zarqawi machte sie zum Handlungsprinzip – und auch al-Baghdadi wird von ihnen beeinflusst.[33] Im Juli 2014 starteten Einheiten des Islamischen Staates eine Offensive in der Provinz Aleppo, deren einziges Ziel es war, Dabiq unter ihre Kontrolle zu bringen. Strategisch hatte der Angriff keinen Sinn, denn das Gebiet um Dabiq ist militärisch unwichtig und nur spärlich bewohnt. Die Kämpfe führten zu hohen Verlusten bei al-Nusra und der Islamischen Front, einer Koalition salafistischer Gruppen, die in Dabiq zuvor das Sagen hatten.[34] Für den Islamischen Staat war die Einnahme des Dorfes ein Triumph – viel wichtiger als vergleichbare Siege in strategisch bedeutenderen Teilen des Landes. Das Online-Magazin, das im selben Monat zum ersten Mal erschien, wurde *Dabiq* genannt. Und wenig später diente das Dorf als Kulisse für ein Enthauptungsvideo. Der britischstämmige Henker erklärt darin mit großem Pathos: »Heute begraben wir hier in Dabiq den ersten amerikanischen Kreuzzügler. Wir erwarten den Rest eurer Armeen mit Spannung.«[35]

Inwieweit solche Theorien und die Philosophie des Islamischen Staates insgesamt »islamisch« sind, lässt sich schwer beantworten, denn im sunnitischen Islam gibt es keinen Papst, keine absolute Autorität, die über Fragen des Glaubens richtet. Zu sagen, der Islamische Staat habe mit dem Islam nichts zu tun, ist gut gemeint, aber irreführend. Seine Mitglieder verstehen sich als Muslime und beziehen sich auf dieselben Quellen, die auch von der Mehrheit der (nichtextremistischen) Muslime herangezogen werden. Mehr noch: Seine Exegese religiöser Texte gilt einigen Beobachtern als beeindruckend.[36] Und dennoch ist es falsch, den Islam des Islamischen Staates und den Islam, wie er von Hunderten von Millionen zum Teil tiefgläubiger Muslime praktiziert wird, in einen Topf zu werfen. Nicht nur, weil es den einen, vermeintlich »richtigen« Islam gar nicht gibt, sondern weil die Interpretationsweise des Islamischen Staates selbst innerhalb des dschihadistischen Spektrums als extrem gilt. Wenn sogar al-Qaida den Islamischen Staat als apokalyptische Sekte brandmarkt, dann wird klar, wie weit außerhalb des theologischen Mainstreams die Gruppe operiert.

Das bedeutet nicht, dass der Islamische Staat ungefährlich ist oder nicht in der Lage dazu wäre, Anhänger im Namen des Islams zu mobilisieren. Dass er das tut, und zwar mit einigem Erfolg, ist offensichtlich. Aber Pauschalurteile über den Islam sind falsch und letztlich kontraproduktiv, denn Muslime – ganz besonders solche, die ihre Religion ernst nehmen –werden gebraucht, um den Islamischen Staat zu besiegen.

Gruppe

Als der deutsche Publizist und Expolitiker Jürgen Todenhöfer im Dezember 2014 von einer zweiwöchigen Reise in den Islamischen Staat zurückkehrte, sprach er auf allen Kanälen über dessen Stärke und Einheit. Der Islamische Staat, so Todenhöfer, sei eine »1-Prozent-Bewegung mit der Wirkung eines nuklearen Tsunamis« – »clever«, »gefährlich«, »mit einer fast rauschartigen Begeisterung und Siegeszuversicht«.[37] Was er berichtete, war genau die Botschaft, die der Islamische Staat der Öffentlichkeit im Westen vermitteln wollte. Todenhöfer hatte sich instrumentalisieren lassen. Denn in Wirklichkeit ist der Islamische Staat nicht so geeint und ideologisch geschlossen, wie er sich darstellt, und es gibt keinen Grund, weshalb die verschiedenen Bestandteile der Organisation – die irakische Führung, einheimische Fußsoldaten und Ausländer – nicht genauso schnell wieder auseinanderfallen könnten, wie sie sich zusammengefügt haben.

Bereits an der Größe der Gruppe scheiden sich die Geister. Aktuelle Schätzungen reichen von 20 000 bis 200 000 Kämpfer.[38] Welche Zahl stimmt, kommt darauf an, wie man rechnet. Die Kernorganisation – das heißt Vollmitglieder, die einen persönlichen Treueeid abgelegt haben und keiner anderen Organisation angehören – besteht aus vielleicht 30 000 bis 40 000 Personen. Dazu kommen sogenannte Helfer, die den Islamischen Staat vor Ort unterstützen und dessen Kennzeichen tragen, aber keinen Eid geleistet haben.[39] Gleiches gilt für Stammesmilizen und kleinere Gruppen, mit denen der Islamische Staat kooperiert. Im Ernstfall könnte der Islamische Staat also durchaus 200 000 Mann mobilisieren, was aber nicht bedeutet, dass alle auch Soldaten des Islamischen Staates sind und im gleichen Maße loyal und ideologisch entschlossen.

Die Struktur des Islamischen Staates ist ein Hybrid aus Aufstandsgruppe und Staat. Einerseits arbeiten al-Baghdadi mehrere Räte zu, so zum Beispiel der Scharia-Rat, der aus Gelehrten besteht und religiöse Richtlinien festlegt, und der 30-köpfige Schura-Rat, zu dem al-Baghdadis wichtigste Berater gehören. Andererseits gibt es ein »Regierungskabinett« mit Ministern für »Finanzen«, »Soziales«, »Sprengstoffe« und »Selbstmordattentäter«.[40] Bemerkenswert ist, dass die Organisation nach wie vor von Irakern dominiert wird. Als im Juni 2014 das Kalifat ausgerufen wurde, waren 19 der 20 wichtigsten Positionen in irakischen Händen, und auch ein Jahr später hat sich die Situation kaum geändert. Hinzu kommt: Die Hälfte des irakischen Führungspersonals besteht aus vormaligen Offizieren, die bereits unter Saddam gedient hatten.[41] Unter ihnen sind al-Baghdadis allerengste Vertraute, die er während seiner Zeit im amerikanischen Gefangenenlager Bucca im Jahr 2004 kennengelernt hatte.[42] Die brutalen Methoden, die der Islamische Staat einsetzt, sind insofern auch ein Vermächtnis von Jahrzehnten säkularer Diktatur.

Im Gegensatz zu ihren Anführern sind die lokalen syrischen und irakischen Fußsoldaten eine bunte Truppe. Natürlich gibt es auch hier »wahre Gläubige«, die sich für den Islamischen Staat entschieden haben, weil sie dessen politische und religiöse Doktrin für richtig halten. Doch ideologische Entschlossenheit ist nicht der einzige Grund. Michael Weiss und Hassan Hassan haben für ihr Buch *Inside* ISIS mit Dutzenden einfacher Rekruten gesprochen und dabei eine ganze Reihe weiterer Motivationen entdeckt. Ein Großteil der Fußsoldaten, so Weiss und Hassan, habe sich der Organisation aus »pragmatischen« Gründen angeschlossen. Viele waren vorher bei anderen islamistischen Gruppen, doch der Islamische Staat schien stärker, disziplinierter und war mancherorts die einzige Option. Ein weiterer Teil besteht aus Kämpfern, die eine konfessionelle Agenda haben. Sie treibt vor allem der Hass auf die schiitische Regierung in Bagdad und das von Minderheiten dominierte Regime in Damaskus. Eine dritte Gruppe sind »Opportunisten«, die sich mit der Präsenz des Islamischen Staates arrangiert haben, sie für dauerhaft halten und in ihr eine Chance für das persönliche Weiterkommen sehen. Hierzu zählen laut Weiss und Hassan Exkommandeure der Freien Syrischen Armee und von al-Nusra, die beim Islamischen Staat »angeheuert« und Karriere gemacht haben, genauso wie einfache Söldner.[43] »Die meisten lokalen Kämpfer haben keine ideologische Agenda«, meint auch Aziz al-Hamza, ein syrischer Oppositionsaktivist, der über ein Netzwerk lokaler Informanten verfügt: »Die machen mit, weil sie ein Gehalt und ihre Familien eine kostenlose Wohnung bekommen.«[44]

Weit problematischer sind die sogenannten *Muhadschirun* – die Auslandskämpfer, die mindestens 40 Prozent der Kernorganisation stellen, sie ideologisch dominieren und den transnationalen Anspruch der Gruppe repräsentieren. Eine Mehrheit von ihnen kommt aus dem Nahen Osten und Nordafrika, besonders aus Saudi-Arabien, Tunesien und Marokko. Ein Fünftel stammt aus Staaten der vormaligen Sowjetunion und weitere 20 Prozent sind aus dem Westen, speziell Westeuropa (siehe Teil 2, Kapitel 2).[45] Nicht nur haben sich die meisten von ihnen ganz bewusst dazu entschieden, am Konflikt teilzunehmen und für den Islamischen Staat zu kämpfen, sie waren – mit einigen Ausnahmen – bereits vor ihrer Ausreise in salafistischen Gruppen aktiv. Syrien oder der Irak sind nicht ihre Heimat: Sie kämpfen nicht für Familie, Freunde oder Dorf, sondern für die abstrakte Idee der *Umma* – einer weltweiten Gemeinschaft der Muslime. Wie auch in vergangenen Konflikten sind Auslandskämpfer deshalb schwerer von Kompromissen zu überzeugen,[46] und sie beteiligen sich häufiger an Akten extremer Gewalt.[47] Sie sind der gefährlichste Teil der Organisation.

Militär

Ein wichtiger Grund für die Attraktivität des Islamischen Staates ist seine militärische Schlagkraft. Der unbestritten größte Erfolg für die Gruppe war die Einnahme Mossuls im Juni 2014: Wie konnte eine Millionenstadt – die zweitgrößte Iraks – innerhalb von drei Tagen an eine so kleine Gruppe fallen? Warum gaben Zehntausende irakische Soldaten einfach auf? Viele Einzelheiten sind noch immer unklar, aber eine Verschwörung war es nicht. Von den angeblich 40 000 irakischen Soldaten existierte in Wirklichkeit nur ein Viertel, und zwei ihrer Kommandeure waren bereits 24 Stunden nach Anfang der Kämpfe aus der Stadt geflohen.[48] Auf Seite der Aufständischen kämpften nicht nur tausend Unterstützer des Islamischen Staates, sondern ein sunnitisches Bündnis, zu dem mehrere Tausend Saddam-Anhänger und die irakisch-dschihadistische Gruppe Ansar al-Sunna gehörten.[49] Hinzu kam die mehrheitlich sunnitische Bevölkerung, die seit Monaten von der schiitisch dominierten irakischen Armee gegängelt worden war. In ihren Augen waren die irakischen Soldaten nicht Beschützer, sondern Besatzer, von denen sie der Islamische Staat zu befreien versprach. Der britische Journalist Patrick Cockburn sprach von einem »sunnitischen Volksaufstand«.[50]

Genauso entscheidend war die innovative Kriegsführung, mit der der Islamische Staat in den Wochen zuvor ein Drittel des Landes überrannt hatte. Oft wird unterschätzt, mit welchem Aufwand die Gruppe die Übernahme neuer Gebiete vorbereitet. Das zeigen die von dem Journalisten Christoph Reuter im *Spiegel* veröffentlichten Dokumente des Militärstrategen Haji Bakr (1958/64–2014), der – wie viele seiner Kameraden – unter Saddam als Geheimdienstoffizier gedient hatte. Er beschreibt darin, wie der Islamische Staat eine neue Stadt zunächst »infiltriert«, Rekrutierungsbüros eröffnet, Anhänger gewinnt und sie zu »Schläfern« macht. In den ersten Monaten, so Haji Bakr, geht es vor allem darum, alles über den Ort und seine Bewohner in Erfahrung zu bringen: Welche Familien haben Macht und woher kommt ihr Geld? Welche anderen Rebellengruppen sind aktiv? Gibt es persönliche Verfehlungen, mit denen sich ihre Anführer erpressen lassen?[51]

Erst in der zweiten Phase beginnt die Destabilisierung. Gegner werden entführt oder erschossen, potentielle Verbündete ins Boot geholt oder erpresst. Mit Autobomben und Selbstmordanschlägen zermürbt die Gruppe die Sicherheitsbehörden. Mehr noch: Sie versetzt ihre Gegner in Angst und Schrecken. Wer viel zu verlieren hat – etwa Christen, Schiiten und andere Minderheiten –, packt jetzt bereits seine Sachen. Das Ergebnis ist Chaos, Terror – und ein Ort, dessen (verbleibende) Bevölkerung reif ist für die Übernahme. Wenn dann – in Phase drei – die Männer des Islamischen Staates plötzlich sichtbar werden und auf ihren Pick-ups in die Stadt rollen, gibt es oft nur noch Scharmützel. Im Idealfall erreicht der Islamische Staat seine militärischen Ziele so allein durch Erpressung, Manipulation und klassischen Terror.

Wo es zu echten Kämpfen kommt, haben sich die Kommandeure des Islamischen Staates monatelang vorbereitet. Zum Einsatz kommen altgediente Kämpfer aus dem Kaukasus und dem Irak, die schon seit Jahren in Aufständen kämpfen und zu den erfahrensten der Welt gehören. Der 29-jährige Georgier Abu Omar al-Schischani hat es zum Oberkommandeur in Nordsyrien gebracht – eine der wichtigsten militärischen Positionen, die sonst nur von Irakern besetzt sind.[52] Wenn Leute wie al-Schischani ihre Truppen in den Kampf schicken, dann meist als Teil von Konvois, die vor Beginn der amerikanischen Luftschläge vor allem aus Pick-ups bestanden und sich schnell von einer Position zur nächsten bewegten.[53] Die Elitetruppen des Islamischen Staates kommen so mit großer Geschwindigkeit dorthin, wo sie am dringendsten gebraucht werden.[54] Und das verwirrt die Gegner: Wer gegen den Islamischen Staat kämpft, so hatte bereits Haji Bakr geplant, weiß nicht, ob ihm 200, 500 oder sogar 1000 Mann gegenüberstehen.[55] Koalitionen mit anderen Gruppen gibt es nur dann, wenn es nicht anders geht. Und wie in Mossul existiert in solchen Fällen bereits ein Plan, wie die Bündnispartner nach dem Sieg zu kontrollieren sind.[56] Die Panzer, die bei Siegesparaden durch die Städte fahren, sind fast ausschließlich Dekoration. Der Islamische Staat ist noch immer eine Aufstandsgruppe, die unkonventionell kämpft und sich konventioneller Mittel nur dann bedient, wenn es der Sache nützt.

Unbesiegbar ist die Gruppe allerdings nicht. »Der Islamische Staat ist stark, wo die Gegner schwach sind«, schreibt Cockburn.[57] Und tatsächlich: Wann immer die Gruppe auf gut organisierten Widerstand trifft, zieht sie oft den Kürzeren. Bereits im Frühjahr 2014 war der Islamische Staat einer Koalition syrischer Rebellen, die ihn damals bekämpfte, in vielen Schlachten unterlegen. Und seitdem der Westen sie mit Training, Aufklärung und Luftschlägen unterstützt, sind auch die kurdischen Peschmerga – und gelegentlich auch die schiitischen Milizen und die Truppen der irakischen Armee – gegen den Islamischen Staat erfolgreich. Ihren bislang größten strategischen Fehler beging die Gruppe im nordsyrischen Kobane, wo sie während einer fünf Monate langen Großoffensive Hunderte Kämpfer opferte. Auf irakischer Seite hat die Gruppe zwar eine wichtige Stadt wie Ramadi wieder eingenommen, aber gleichzeitig viel von dem Territorium, das im Sommer 2014 erobert wurde, wieder eingebüßt. Sollte irgendwann selbst Mossul zurück an die irakische Regierung fallen, wäre das ein massiver Schlag, denn Mossul ist nicht nur die größte Stadt im Kalifat, sondern auch der Ort, an dem es ausgerufen wurde.

Einen schnellen und rein militärischen Sieg gegen den Islamischen Staat wird es dennoch nicht geben – dafür ist die Gruppe mittlerweile zu gut ausgerüstet und zu eng mit lokalen Strukturen verwoben –, aber der Mythos der Unbesiegbarkeit, den der Islamische Staat in vielen seiner Propagandavideos zelebriert, ist – trotz der Siege in Mossul und Ramadi – längst gebrochen.

Staat

Doch der Islamische Staat ist nicht bloß eine Armee. Er kontrolliert mehr Territorium und hat eine größere Bevölkerung als die Hälfte der Mitgliedsstaaten der Vereinten Nationen. Für eine ARD-Reportage konnte ich Anfang 2015 Hunderte interne Papiere sichten, die einen Einblick in die Verwaltung der Gruppe gaben. Die meisten waren profan, sogar langweilig: Abrechnungen, Rechenschaftsberichte, Anforderungen und Organigramme. Eines der Dokumente beschrieb, wie viel der Bezirk Nord-Bagdad im November 2013 für den Kauf von Handys und technischer Ausrüstung ausgegeben hatte (18.500 Dollar). Ein anderes vergab einen Preis für die beste Kampagne in den sozialen Medien (Gewinner waren die »Medienritter« im irakischen Bezirk Diyala, die als Belohnung eine »vollausgestattete HD-Kamera« und einen »drahtlosen HP-Drucker« geschenkt bekamen).[58] Die Belanglosigkeit der Dokumente offenbarte eine Facette der Organisation, die im Westen meist übersehen wird: Der Islamische Staat versteht sich als Staat, handelt als Staat – und er beschäftigt Bürokraten, die ihren Amtsgenossen in westlichen Ländern nicht so unähnlich sind, wie man vielleicht denkt.

Ziel des Staates ist zum einen die Verwirklichung der salafistischen Gesellschaftsvision, zum anderen sind die strengen Regeln – und deren Durchsetzung – Teil von Abu Bakr Najis

Strategie. Nach dem *totalen* Chaos während der »Phase der Grausamkeit«, so Naji, sei *totale* Ordnung das beste Mittel, um die Menschen vom neuen System zu überzeugen. Wo immer der Islamische Staat die Macht übernimmt, werden deshalb zuerst Scharia-Gerichte eingeführt. Sie sind nahezu kostenlos, frei von Korruption, schaffen Ordnung und schlichten Streitereien, für die sich jahrelang keiner interessiert hat.[59] Als Zweites kommt die Religionspolizei. Ihre Beamten patrouillieren durch die Städte und stoppen Frauen, die den Gesichtsschleier nicht korrekt tragen, oder Männer, die rauchen, Musik hören oder ihre Geschäfte zur Gebetszeit nicht schließen. Wo Verbrechen begangen wurden, gilt der sogenannte *Hudud*, ein harscher Strafenkatalog: Peitschenhiebe für Alkoholkonsum, Hände ab für Diebstahl und Steinigung für Ehebruch.

Langfristig geht es laut Naji um den Aufbau einer nicht bloß tugendhaften, sondern »kämpfenden Gesellschaft«.[60] In den Schulen werden junge Männer deshalb vor allem auf Krieg – und junge Frauen auf das Erziehen künftiger Krieger – vorbereitet. Fast alle »konventionellen« Fächer – Musik, Kunst, Geschichte, Philosophie, Geographie und Chemie – wurden gestrichen und durch Religion, Kampftraining und Marschieren ersetzt.[61] Aus Sicht des Islamischen Staates ist das Fortschritt:

> Die Lehrpläne sind frei von Homosexualität, Evolution, Musik, Schauspiel, interreligiösem Dialog und all dem anderen Müll, der an nichtmuslimischen Schulen unterrichtet wird. Im Kalifat wird der Kopf deines Kindes vor schädlichen Einflüssen geschützt![62]

An den Hochschulen das gleiche Bild: Acht von ihnen sind mittlerweile geschlossen, und an der Universität in Mossul gibt es nach Aussage eines Professors inzwischen mehr Waffen als Studenten.[63]

Die größte Herausforderung ist ökonomischer Art. Der Islamische Staat ist zwar die »reichste Terrorgruppe der Welt« und hat Einnahmen von geschätzt bis zu fünf Millionen Dollar am Tag.[64] Aber er ist auch Staat und hat somit Verantwortung für eine Bevölkerung von fünf bis sieben Millionen Menschen, die von ihm Versorgung mit Nahrung, Wasser, Wärme und Strom erwarten. Am Anfang finanzierte sich die Organisation vor allem aus Spenden, doch viele Unterstützer in den Golfstaaten haben mittlerweile kalte Füße bekommen, und auch die vermeintlich legendären Einnahmen durch den Ölexport sind inzwischen zusammengebrochen.[65] Laut Charles Lister vom Brookings-Institut sind die meisten Förderanlagen zerstört, und was dennoch produziert wird, dient zur Versorgung der eigenen Bevölkerung.[66] Was bleibt, sind vor allem Steuern und Gebühren, die innerhalb des eigenen Territoriums erhoben werden. Als Einnahmequelle sind diese zwar zuverlässig und von außen schwer zu kappen,[67] doch mittelfristig hat die Gruppe ein Problem, denn für einen Staat, mit dem keiner handeln will und der nichts Nennenswertes produziert, gibt es langfristig auch immer weniger zu besteuern. Der Islamische Staat ist daher letztlich eine Beuteökonomie: Sobald die Ausdehnung des Islamischen Staates stoppt, kommt die Wirtschaft – und damit die Versorgung der Bevölkerung – ins Stocken.

Expansion fand bisher vor allem außerhalb des Kerngebiets statt. Einerseits entstanden neue Allianzen, weil bereits bestehende Gruppen – wie zum Beispiel Boko Haram in Nigeria – dem Kalifat die Treue schworen und der Kalif sie nach eingehender Prüfung in den Staat aufnahm. Zum anderen betrieb der Islamische Staat den Aufbau neuer Provinzen *(Wilayat)* – so wie beispielsweise in Libyen, wohin al-Baghdadi im September 2014 einen Vertrauten entsandte, um die dortigen Dschihadisten zu organisieren und sie anschließend in die Struktur des Islamischen Staates zu integrieren.[68] Das dortige

Wilaya ist mittlerweile der erfolgreichste Ableger und dient zudem als Rückzugs- und Trainingsgebiet für Unterstützer der Gruppe im benachbarten Tunesien (siehe Teil 2, Kapitel 4). Aber auch im Jemen, dem ägyptischen Sinai, in Pakistan, Algerien und selbst in Saudi-Arabien rechnet sich al-Baghdadi gute Chancen aus. Von der allumfassenden Weltherrschaft kann nach wie vor keine Rede sein, doch als Idee »Marke« und Struktur könnte der Islamische Staat so auch einen Rückschlag im Kerngebiet überstehen.

Zukunft

Wie gut funktioniert der Islamische Staat? Seit dem Jahr 2012 veröffentlicht die Gruppe jährlich einen Rechenschaftsbericht. Die Reporte sind aufgemacht wie Jahresberichte großer Unternehmen und enthalten fast genauso viele Zahlen. Doch im Gegensatz zu Profiten und Umsatz geht es beim Islamischen Staat vor allem um Autobomben und Mörserattacken. So zählte der bei Schriftlegung aktuellste Report vom Juni 2014 insgesamt 7681 Operationen, darunter mehr als 1000 politische Morde und 250 Selbstmordanschläge – eine deutliche Steigerung gegenüber dem Vorjahr. Über die nichtmilitärischen Fähigkeiten sagt der Bericht kaum etwas, dabei sind es die Stärken und Schwächen im politischen Bereich, die über seine Zukunft entscheiden werden – und hier ist die bisherige Bilanz trotz aller militärischen Erfolge gemischt.

Stärken

Eine der wichtigsten Stärken des Islamischen Staates ist sein Verhältnis zu den Stämmen, die außerhalb der großen Städte nach wie vor die wichtigste soziale Struktur sind und über Status, Fortkommen und Identität von Millionen Menschen bestimmen. Für die dschihadistische Bewegung waren Stämme stets ein zweischneidiges Schwert, denn im Prinzip ist jegliche Loyalität außerhalb des Islams verboten. In Somalia wollte die Al-Shabaab das Klansystem zerstören, und auch Zarqawi hatte wenig für sie übrig. Dass sich die irakischen Stämme in den Jahren 2006 und 2007 vom Islamischen Staat abwandten und mit den Amerikanern gemeinsame Sache machten, ist für seine Nachfolger bis heute ein Trauma. Al-Baghdadi und seine Mitstreiter widmeten den Stämmen deshalb von Anfang an viel Aufmerksamkeit. Ziel war nicht, die Stämme zu zerstören, sondern sie gefügig zu machen. Das Leitprinzip ist Zuckerbrot und Peitsche: Stämme, die mit dem Islamischen Staat kooperieren, ihm Treue schwören und Truppen zur Verfügung stellen, werden mit Privilegien überhäuft und bekommen Vorrang bei der Öl- und Getreideversorgung. Wer Widerstand leistet, wird bestraft. So erging es den *Schaitat* im Osten Syriens und den *Albu Nimr* in der irakischen Provinz al-Anbar, die gegen al-Baghdadi kämpften und dafür mit dem Leben von Hunderten ihrer Mitglieder zahlten.[69] Die Exempel, die der Islamische Staat hier statuierte, hatten die gewünschte Wirkung, denn mit einem Aufstand wie in den Jahren 2006 und 2007 rechnet derzeit keiner.

Genauso wichtig ist das Herstellen von Ordnung. Natürlich ist das Rechtssystem des Islamischen Staates brutal und hat mit liberalen Vorstellungen von Gleichheit und Gerechtigkeit wenig zu tun. Doch für die Syrer und Iraker, die unter ihm leben, sind solche Vergleiche irrelevant: Für sie ist der Ausgangspunkt nicht der liberale Rechtsstaat, sondern sind die Jahre des Krieges und die korrupten Diktaturen von Assad und Saddam, in denen stets das Recht des Mächtigeren galt. Im Gegensatz dazu erscheinen die Scharia-Gerichte des Islamischen Staates wie Fortschritt: Sie sind allen zugänglich, nehmen sich aller Probleme an, hören Zeugen von allen Seiten, veröffentlichen ihre Urteile – und vollstrecken sie sofort. Die Strafen sind harsch und die öffentlichen Hinrichtungen umstritten,[70] doch die Kriminalität ist mittlerweile bei null und viele zivilrechtliche Streitigkeiten, die seit Jahren für böses Blut gesorgt hatten, sind geklärt. Wer keiner Minderheit angehört und sich nicht mit dem Islamischen Staat anlegt, bekommt Recht. Und wer vom Scharia-Gericht Recht bekommt, hat ein Interesse am Fortbestehen des Rechtssystems – und damit des Islamischen Staates. »Totale Ordnung«, wie von Abu Bakr Naji gefordert, ist ein Plus für den Islamischen Staat – ganz besonders, wenn die einzigen Alternativen hierzu mehr Krieg und Chaos sind.

Die politische Alternativlosigkeit ist noch bedeutender als die rechtliche. Viele Möchtegern-Strategen im Westen sehen den Diktator Assad als potentiellen Partner, der Stabilität garantiert und die Minderheiten schützt. Doch für die syrischen Sunniten, die seit Jahren von seiner Armee bombardiert und mit chemischen Waffen angegriffen wurden, ist er nach wie vor ein Despot. Und auch die Sunniten im Irak, die während der Herrschaft des Premierministers Nuri al-Maliki (*1950) systematisch ausgegrenzt und benachteiligt wurden, wollen mit ihrer Regierung nichts mehr zu tun haben. Der Islamische Staat ist für sie das kleinere Übel, und solange die internationale Gemeinschaft keine glaubwürdige Alternative produziert, wird al-Baghdadi weiter auf die Unterstützung vieler Sunniten zählen können.

Selbst die Kriegsverbrechen und Gräueltaten, die im Westen so viel Entsetzen auslösen, werden von der Bevölkerung konfessionell interpretiert. Mit den Massenhinrichtungen syrischer und irakischer Soldaten haben die wenigsten Bewohner des Islamischen Staates ein Problem. In ihren Augen sind sie Vergeltung für die Verbrechen des Gegners und deshalb bei vielen populär. Problematischer sind die Versklavung von Jesiden und die schockierende sexuelle Gewalt gegen ihre Frauen.[71] Hier haben sogar militante Salafisten Zweifel, und selbst al-Qaida hatte solche im Koran zwar erwähnten, aber seit Jahrhunderten nicht mehr verwendeten Praktiken niemals eingeführt.[72] Grundsätzlich verboten sind aus islamischer Sicht außerdem die willkürlichen Exekutionen von Christen, denn die sogenannten »Buchreligionen« – Christen- und Judentum – sind im Koran ohne Wenn und Aber geschützt.[73] Mit solchen Aktionen hat sich der Islamische Staat keine Freunde gemacht, aber genauso wenig haben sie dessen Rückhalt bei seinem Stammpublikum, den syrischen und irakischen Sunniten, bisher ernsthaft bedroht.

Schwächen

Die größte Schwäche des Islamischen Staates sind nicht seine Gräueltaten, sondern die mangelnde Überlebensfähigkeit seines Regierungs- und Wirtschaftsmodells. Im Innern haben sich diese Probleme bereits bemerkbar gemacht. Die irakischen Offiziere, die innerhalb der Führung das Sagen haben, wissen vielleicht, wie man Städte infiltriert, doch regiert hat sie noch keiner. Viele der hochqualifizierten Fachkräfte – Ingenieure, Mediziner, Lehrer – waren Liberale oder Angehörige der Minderheiten und sind vor dem Islamischen Staat ins Ausland geflohen. Das Ergebnis ist ein Staat, der bereits ein Jahr nach seiner Gründung unter der Last der Verantwortung ächzt. Selbst die Auslandskämpfer beschweren sich mittlerweile über Versorgungsengpässe und steigende Preise. Ingenieure erhalten nur in Ausnahmefällen die Genehmigung für Reisen ins Ausland.[74] Die Tatsache, dass das Online-Magazin *Dabiq* in seinen aktuellen Ausgaben nach Ärzten, Köchen und Mechanikern sucht, zeigt, dass es für solche Positionen nicht mehr hinreichend qualifizierte Iraker und Syrer gibt.[75] Der perfekte Sozialstaat, den der Islamische Staat seinen Bürgern versprochen hatte – garantierte Grundversorgung, kostenloser Gesundheitsdienst und billiger Wohnraum –, ist so kaum zu verwirklichen. Und auch in Zukunft wird sich die Lage nicht bessern, denn Unterstützung von außen gibt es kaum, die Grenzen werden besser kontrolliert, und die nächste Generation wird zwar kämpfen können, aber nicht in der Lage sein, die Erwartungen der eigenen Bevölkerung zu erfüllen. Die Antwort des Islamischen Staates auf solche Schwierigkeiten lautet stets »Expansion«. Doch die Ausdehnung des Territoriums, die im Sommer 2014 mit so atemberaubender Geschwindigkeit vor sich ging, ist mittlerweile ins Stocken gekommen. Viele der Ölfelder, die die Gruppe kurzzeitig kontrollierte, sind wieder in kurdischer oder irakischer Hand, und Zugewinne an anderen Orten gab es nur vereinzelt. Selbst ohne amerikanische Luftschläge hätte der Islamische Staat wohl bald die Grenzen seines »natürlichen Wachstums« erreicht, denn auf irakischer Seite grenzt sein Territorium an mehrheitlich schiitische oder kurdische Gebiete, die die Gruppe nur mit großen Schwierigkeiten hätte dominieren können, und auf syrischer Seite leisten ihm al-Nusra und eine Reihe weiterer salafistischer Gruppen seit 18 Monaten effektiv Widerstand. Der Anschluss neuer »Provinzen« in Afrika und Asien ist zwar ideologisch ein Erfolg, trägt aber nichts zur Lösung der ökonomischen Probleme innerhalb des Kerngebiets bei. Im Gegenteil: Je mehr sich der im Sommer 2014 scheinbar so unaufhaltsame Vormarsch des Islamischen Staates im Irak und Syrien als Eintagsfliege offenbart, desto geringer ist die Anziehungskraft für Auslandskämpfer und dschihadistische Gruppen in anderen Teilen der Welt. Statt sie zu lösen, stellen die Probleme im Kerngebiet so das gesamte ideologische Projekt in Frage.

Hinzu kommt, dass die wichtigsten Bestandteile dieses ideologischen Projekts bei der Bevölkerung unpopulär sind. Zuallererst ist das die Durchsetzung des salafistischen Gesellschaftsprogramms. Wie in anderen Teilen der Welt, wo Dschihadisten für kurze Zeit zur Staatsmacht wurden, waren die Menschen zunächst froh über die Wiederherstellung von Stabilität und Ordnung, ohne sich groß darüber Gedanken zu machen, welche Art von Gesellschaft ihre neuen Herrscher anstrebten. Je länger der Frieden währte und je mehr sich die Dschihadisten ihrem eigentlichen Ziel – der Schaffung eines salafistischen Staates – widmeten, desto unpopulärer wurde ihre Herrschaft. Selbst in konservativen Ländern wie Somalia und Afghanistan führte der »Tugendterror« während der 2000er Jahre zur Ablehnung der Dschihadisten. Und auch im Islamischen Staat zeichnen sich ähnliche Tendenzen ab. Anfangs hielt sich die Gruppe bei der Durchsetzung der Religionsregeln offenbar zurück, doch inzwischen werden selbst kleinste Verstöße brutal geahndet.[76] Nicht nur Liberale und Frauen haben sich mittlerweile vom Islamischen Staat abgewandt,[77] sondern dessen einstige Unterstützer. Zu ihnen gehörte Issa aus Raqqa, dessen Geschichte typisch ist:

> Ich war Mitglied der Uwais-al-Qarani-Brigade. Als wir dem Islamischen Staat unsere Treue schworen, änderte sich alles. Wir sollten plötzlich extreme Vorschriften befolgen … Das fing mit dem Rauchen an und hörte damit auf, dass wir unsere eigenen Familien wegen Verstößen gegen die Scharia anzeigen sollten.[78]

Ein großer Teil des Problems sind die Auslandskämpfer, die in vielen Städten für die Durchsetzung der strengen Regeln verantwortlich sind. Sie sind ein unabdingbarer Bestandteil des Islamischen Staates und definieren seine transnationale Identität, gehören zur Elite, bekommen die besten Häuser und werden bei der Versorgung mit Luxusgütern, Medizin und Kindergartenplätzen bevorzugt. Doch in den Augen vieler Syrer und Iraker sind sie Ausländer, die die örtlichen Gepflogenheiten nicht kennen, keine lokalen Bindungen haben und häufig kein Arabisch sprechen. Ihre Rolle beim Kampf gegen Assad und die irakische Regierung machte sie für kurze Zeit populär, aber ihre Arroganz, Willkür und ideologische Verbohrtheit im Innern hat ihnen mittlerweile viele Feinde beschert.[79] Obwohl Einheimische noch immer die Mehrheit der Kämpfer stellen, bestimmen die Ausländer zunehmend den öffentlichen Auftritt und die lokale Wahrnehmung. Das war bereits für Zarqawis Gruppe in den 2000er Jahren ein Problem und führt auch jetzt wieder zu Spannungen. »Die Syrer haben nichts mehr zu sagen«, sagt Issa. »Wir sind zu Dienern der Ausländer geworden.«[80]

Dass die Schwächen des Islamischen Staates zum baldigen Untergang des Kalifats führen, ist alles andere als klar. Wie das Beispiel Nordkorea zeigt, kann ein totalitärer Staat trotz internationaler Isolation und katastrophaler Wirtschaft noch Jahrzehnte existieren. Und auch die zunehmende Unzufriedenheit bei der Bevölkerung ist kein zuverlässiger Hinweis auf einen drohenden Umsturz. Das Fehlen einer glaubwürdigen Alternative und die Entschlossenheit des Islamischen Staates, jegliche Opposition brutal zu unterdrücken, könnten jeden Versuch im Keim ersticken. »Viele Leute sind mittlerweile gegen den Islamischen Staat«, meint der Oppositionsaktivist al-Hamza, »aber sie haben Angst, und es gibt keine Möglichkeit, sich zu organisieren.«[81]

Selbst wenn das Kalifat bereits morgen vom Erdboden verschwände, hinterließe es ein enormes Erbe. Keine der vorherigen terroristischen Wellen hat ein so potentes Symbol geschaffen. Und keine hat so viele Anhänger dazu gebracht, ihre Heimat zu verlassen, in die Ferne zu ziehen und dort für die

gemeinsame Sache zu kämpfen. Von ihnen – den Auslandskämpfern des Islamischen Staates – handelt das nächste Kapitel.

2

Auslandskämpfer

Dass es im Syrienkonflikt europäische Auslandskämpfer gibt, wurde mir erst Mitte des Jahres 2012 bewusst. Ich recherchierte damals für einen Artikel über europäische Auslandskämpfer in früheren Konflikten – Afghanistan, Irak, Somalia – und wollte in der Schlussfolgerung über die zukünftige Entwicklung des Phänomens spekulieren. Syrien war ein offensichtlicher Kandidat. Ich googelte nach Artikeln und fand nur eine Handvoll. Alle beschäftigten sich mit Libyern und Saudis – von Europäern keine Spur.

Ende des Jahres erzählte mir Aaron Zelin, einer meiner Doktoranden, dass Europäer für al-Nusra kämpften. Ich war neugierig und ermutigte ihn, an der Geschichte dranzubleiben. Drei Monate später kam er mit einer kompletten Statistik, die wir Anfang April 2013 veröffentlichten. Danach hatten sich schätzungsweise bis zu 600 Europäer auf den Weg nach Syrien gemacht, darunter 100 Holländer, 130 Engländer und 40 Deutsche.[1] Sein Artikel beruhte auf Hunderten von Berichten aus der englischen und arabischen Presse, die er akribisch ausgewertet hatte. Für die Medien war das eine Sensation. Aaron Zelin und ich gaben eine Woche lang Interviews. Selbst der Anti-Terror-Koordinator der Europäischen Union sah sich gezwungen, ein Statement abzugeben. Doch in Wirklichkeit war das, was Zelin dokumentiert hatte, nur die Spitze des

Eisbergs. Im Laufe der kommenden Wochen wurde klar, dass mehr europäische Dschihadisten nach Syrien gegangen waren als in irgendeinen anderen Konflikt. Die Presse sprach von einem Exodus.

Zwei Monate nach Veröffentlichung unserer ersten Schätzung entdeckte ein weiterer meiner Doktoranden, Shiraz Maher, den Twitter-Account eines englischen Kämpfers. Dass ein Dschihadist so öffentlich über sich und seine Erfahrungen im Kampf sprach, war uns völlig neu. In seinen Kommentaren ging es nicht nur um Religion und Politik, sondern genauso um das tägliche Leben, die Situation der Auslandskämpfer, Hoffnungen und Ängste. Viele der Fotos zeigten ihn beim Einsatz, mit Kalaschnikow oder am Steuer eines Geländewagens, auf anderen posierte er mit Katzen oder beim Abendessen mit Kameraden. Der Account und das dazugehörige Facebook-Profil waren wie ein öffentliches Tagebuch – ein exklusiver Blick in das Leben eines dschihadistischen Auslandskämpfers. Mehr noch: Seine Freundesliste und »Followers« führten uns zu weiteren Kämpfern, die ebenfalls in den sozialen Netzwerken präsent waren. Aus einem Profil wurden so innerhalb eines Jahres 700. Mit knapp hundert dieser Kämpfer hat Shiraz mittlerweile per Skype, WhatsApp und Facebook gesprochen. Eine Handvoll haben wir im türkischen Grenzgebiet getroffen.

Niemals zuvor war es möglich, so viel über das Leben westlicher Auslandskämpfer in Erfahrung zu bringen. Viele der Geschichten, die meine Kollegen recherchieren, ähneln sich, und trotzdem sind die jungen Europäer, die für den Islamischen Staat kämpfen, keine monolithische Gruppe. Was folgt, ist der Versuch, ein zunehmend komplexes Phänomen auf wenigen Seiten zusammenzufassen. Die Einzelschicksale, von denen jeden Tag in der Zeitung zu lesen ist, sind mir dabei weniger wichtig als die Prozesse und Strukturen, die es möglich machen, die Einzelschicksale richtig zu verstehen. Worum es geht, ist nicht Panikmache, sondern die realistische Einschätzung eines Phänomens, das die neue Welle des Terrorismus prägen wird.

Herkunft

Mit Hilfe unserer Daten lassen sich die groben Umrisse gut nachvollziehen. Die Schätzungen, die mein Institut seit 2013 regelmäßig veröffentlicht, beruhen auf einer Kombination unterschiedlicher Quellen. Dazu gehören Medienberichte in der europäischen und arabischen Presse, behördliche Bekanntmachungen, Todesmeldungen in extremistischen Internetforen und die Angaben von den 700 Auslandskämpfern, deren Accounts bei Facebook, Twitter, Instagram und Tumblr wir genau beobachten. Der Eindruck, der sich hieraus ergibt, ist kein exakter. Wir kennen nicht alle Namen und haben in vielen Fällen nur ungefähre Informationen über Herkunft und Aufenthaltsort.[2] Doch das Gesamtbild ist klar: Der Konflikt hat mehr dschihadistische Auslandskämpfer mobilisiert als jeder andere. In weniger als vier Jahren sind nach unserer aktuellsten Schätzung vom Januar 2015 mindestens 20 700 Ausländer nach Syrien und in den Irak gereist.[3] Das ist eine höhere Zahl als während der gesamten 1980er und frühen 1990er Jahre in Afghanistan und ein Vielfaches als während der Konflikte im Irak, in Afghanistan und Somalia.[4]

Klar ist auch: In Syrien und im Irak hat sich eine dschihadistische Internationale gebildet. Wir wissen von Kämpfern aus mehr als 90 Staaten. Das größte Kontingent stammt aus dem Nahen Osten und Nordafrika. Von dort kommen nach unserer Schätzung mehr als die Hälfte, darunter 900 Libanesen, 1500 Jordanier, 1500 Marokkaner, bis zu 2500 Saudis und 3000 Tunesier. Ungefähr 15 Prozent der Kämpfer sind aus den Staaten der vormaligen Sowjetunion, allen voran Russland (bis zu 1500, darunter viele Tschetschenen), Usbekistan (500), Turkmenistan (360) und Kasachstan (250). Vom Balkan und aus der Türkei kommen ungefähr 1000, und weitere 1000 stammen aus Ost- und Südasien (speziell China und Pakistan). Für Südostasien sind unsere Zahlen am ungenauesten – wir gehen von einigen Hundert aus.[5] Westliche Staaten außerhalb Europas – Kanada, die Vereinigten Staaten, Australien und Neuseeland – stellen bis zu 500 Kämpfer, die Hälfte davon kommt aus Australien.

Stark vertreten sind auch die Westeuropäer, von denen dieses Kapitel handelt. In den meisten Ländern Westeuropas übertrifft die derzeitige Mobilisierung nicht nur jeden vorherigen Konflikt, sondern alle vorherigen Konflikte zusammengenommen. Aus Westeuropa kommen unserer Schätzung nach bis zu 4000 Personen, 20 Prozent aller Auslandskämpfer insgesamt. Frankreich (1200), Großbritannien (bis zu 600) und Deutschland (ebenfalls 600) stellen die größten Kontingente, sind aber auch die größten Staaten. Im Vergleich zur Einwohnerzahl stärker betroffen sind kleinere Länder, speziell Belgien (440), die Niederlande (250), Schweden (bis zu 180), Dänemark (bis zu 150) und Österreich (150). Sogar Spanien (100), Italien (80), Finnland (bis zu 70), Norwegen (60), die Schweiz (40) und Irland (30) haben Kämpfer in Syrien und dem Irak (siehe Tabelle 1).[6]

Nicht alle Auslandskämpfer waren von Anfang an am Konflikt beteiligt. Die ersten kamen im Laufe des Jahres 2012, als sich der Konflikt in Syrien Schritt für Schritt radikalisierte. Einen großen Schub gab es im Sommer 2013, als bekannt wurde, dass die syrische Armee von der libanesisch-schiitischen Miliz Hisbollah unterstützt wurde. Für die Gegner Assads war dies der Beweis für eine schiitische Verschwörung, und die radi-

Tabelle 1: Auslandskämpfer aus Westeuropa (Januar 2015)[7]

Land	Absolut	Pro Million Einwohner
Belgien	440	40
Dänemark	100–150	27
Deutschland	500–600	7.5
Finnland	50–70	13
Frankreich	1200	18
Großbritannien	500–600	9.5
Irland	30	7
Italien	80	1.5
Niederlande	200–250	14.5
Norwegen	60	12
Österreich	100–150	17
Schweden	150–180	19
Schweiz	40	5
Spanien	50–100	2

kalen Prediger, die von Anfang an gegen Assad agitiert hatten, riefen ihre Anhänger jetzt zur *Hidschra* – der Auswanderung nach Syrien – auf. Der zweite Schub kam im Sommer 2014, als al-Baghdadi sein Kalifat deklarierte und große Teile des Iraks überrannte. Diesmal ging es nicht um Verteidigung, sondern Expansion – die Schaffung eines salafistischen Weltreichs. Wer in Europa lebte und vom Kalifat träumte, wollte in den Islamischen Staat. Im Sommer 2014 reisten jede Woche Dutzende Europäer nach Syrien und in den Irak – ein Jahr später waren es nur noch vier oder fünf.

Nicht alle Auslandskämpfer schlossen sich dem Islamischen Staat an. Anfangs gab es viele, die bei der (relativ) säkularen

Freien Syrischen Armee mitmachten. Doch bereits im Laufe des Jahres 2012 änderte sich die Dynamik. Die Kämpfer vom Persischen Golf und Nordafrika tendierten zu salafistischen Gruppen wie Ahrar al-Scham, die von Golfstaaten gesponsert wurden und eine strengere religiöse Ausrichtung hatten. Viele Europäer landeten bei al-Nusra.[8] Als sich der Islamische Staat von al-Nusra spaltete, hatte die Freie Syrische Armee den Kampf um Rekruten bereits verloren. Die Ausländer, die ab dem Frühjahr 2013 nach Syrien kamen, wollten zum Islamischen Staat, und der Islamische Staat nahm jeden Ankömmling mit offenen Armen auf – selbst solche, die kein Wort Arabisch sprachen. Von den Westeuropäern, die im Jahr 2014 nach Syrien und in den Irak gingen, schlossen sich weniger als ein Fünftel al-Nusra an, sodass mittlerweile die große Mehrheit der Westeuropäer, die sich am Konflikt beteiligen, zum Islamischen Staat gehören.

Motivation

Auf den Fotos aus Syrien und dem Irak sehen sich die Auslandskämpfer alle ähnlich: junge Männer mit langen Bärten und Kalaschnikows, breitem Grinsen und großem Selbstbewusstsein. Doch hinter den Bildern verbergen sich ganz unterschiedliche Geschichten. Die meisten sind in ihren Zwanzigern, aber die Altersspanne ist viel größer als in vorherigen Konflikten. In Belgien zum Beispiel ist der jüngste Kämpfer gerade einmal 13 Jahre alt, der älteste 69.[9] Die große Mehrheit kommt aus muslimischen Elternhäusern, aber 15 Prozent wurden als Christen oder Andersgläubige geboren.[10] Einige nehmen es mit dem Glauben ernst, doch genauso viele sind religiöse Analphabeten. Zum ersten Mal in einem Auslandskonflikt sind außerdem bis zu 15 Prozent der Reisenden Frauen – ein für die dschihadistische Bewegung völlig neues Phänomen, das ich im nächsten Kapitel genauer beschreibe. Der sozioökonomische Hintergrund unterscheidet sich von Land zu Land. In Deutschland und Skandinavien kommt die große Mehrheit aus prekären Verhältnissen, ist häufig ohne Schulabschluss, Ausbildung und Aussicht auf einen guten Job. Fast 90 Prozent der deutschen Kämpfer sind nach einer Studie des Bundesinnenministeriums vorbestraft.[11] In Großbritannien dagegen war eine klare Mehrheit vor ihrer Ausreise beim Studieren oder hatte ihr Studium abgeschlossen – darunter ein Arzt, der an der Universität von Cambridge eingeschrieben war.[12]

Was sie eint, ist kein demographisches oder sozioökonomisches Merkmal, sondern die fehlende Identifikation mit den westlichen Gesellschaften, in denen sie (zumeist) geboren und aufgewachsen sind. Hieraus ergeben sich drei Typen, die wir aus den 700 Auslandskämpfern in unserem Datensatz konstruiert haben.

Verteidiger

Für die erste »Generation« der Kämpfer, die in den Jahren 2012 und 2013 nach Syrien reisten, ging es oft um die Verteidigung der sunnitischen Bevölkerung. Damals war der Konflikt noch primär eine Auseinandersetzung zwischen dem (von Minderheiten dominierten) Assad-Regime und der (hauptsächlich sunnitischen) Opposition, die von Assad mit brutalen Methoden niedergeschlagen wurde. Was in Syrien passierte, war aus Sicht der Kämpfer eine »existentielle Bedrohung« – ein Mobilisierungsargument, das der Politikwissenschaftler David Malet schon in vielen früheren Konflikten identifiziert hatte.[13] Muslimische Identität war wichtig, denn sie führte zur starken Identifikation mit dem Leiden der sunnitischen Zivilbevölkerung. Viele der Verteidiger nahmen ihre Religion ernst, doch die allerwenigsten verstanden sich als religiöse Extremisten. Eine große Zahl kam als Teil von Hilfskonvois und waren von den Zuständen so geschockt, dass sie in Syrien blieben und sich dem Aufstand anschlossen. Ihnen ging es nicht um Amerika oder den Westen. Im Gegenteil: Viele erklärten, dass sie zum ersten Mal auf derselben Seite wie der Westen stünden, denn auch Amerika und Europa forderten damals ein Ende der Assad-Diktatur.[14]

Ein gutes Beispiel ist Ifthekar Jaman, ein damals 22-Jähriger aus dem englischen Portsmouth, der sich im Sommer 2013 dem Islamischen Staat anschloss. Ifthekar besuchte eine Privatschule und arbeitete anschließend bei einem britischen Fernsehsender im Kundendienst. Er war kein Überflieger, aber er hatte einen sicheren Job, war beliebt und galt vielen Freunden als gut integriert. Seine Eltern waren vor vier Jahrzehnten aus Bangladesch nach Portsmouth gekommen und hatten dort ein Restaurant eröffnet. Bei Ifthekars Erziehung spielte Religion keine große Rolle: Als Teenager las er Harry Potter und spielte leidenschaftlich Gitarre. Zwei Jahre vor seiner Ausreise nach Syrien begann seine Transformation zum Salafisten, doch Ifthekar behielt seinen eigenen Kopf. Der Islam war ihm wichtig, aber seine Beziehungen zu den Eltern, (nichtmuslimischen) Schulfreunden und Arbeitskollegen blieben intakt. Er war dem Westen gegenüber kritisch, hatte aber keinen Hass: Es war der Syrienkonflikt, der ihn radikalisierte.[15]

Als der Krieg in Syrien begann, war Ifthekar bereits Salafist. Er und seine Freunde trafen sich jeden Abend, schauten Videos über die Gräueltaten des Assad-Regimes und diskutierten bis spät in die Nacht. Wie sollte sich ein guter Muslim verhalten? Selbst nach Syrien zu gehen und sich dem Aufstand anzuschließen war eine Option, die er zunächst verwarf. »Alle sagten, das sei ein Bürgerkrieg zwischen Muslimen«, so Ifthekar zu meinem Doktoranden Shiraz Maher per Skype,»und damit wollte ich nichts zu tun haben.«[16] Doch als der Konflikt eskalierte, änderte sich seine Meinung. Die Aktionen Assads wurden willkürlicher, brutaler und richteten sich zunehmend gegen die (sunnitische) Zivilbevölkerung. Das Internet war voll mit islamischen *Fatwas* (Rechtsgutachten), die Assad und seine Anhänger zu »falschen Muslimen« erklärten und zum Dschihad aufriefen. Der Saudi Mohammed al-Arifi (*1970), einer der prominentesten salafistischen Gelehrten, beschwor seine Anhänger:

> Denk an ein Kind, das getötet wurde, und stell dir vor, das sei dein Kind, das Mädchen deine Schwester, die Frau deine Mutter, und der alte Scheich dein Vater. Fühle ihren Schmerz, ihre Wunden, ihre Angst. »Die Gläubigen sind deine Brüder«, sagt der heilige Koran ... Hat diese Brüderschaft keine praktische Bedeutung?[17]

Ifthekar hatte seine Rechtfertigung gefunden: Im Mai 2013 flog er mit einem One-Way-Ticket in die Türkei – fest entschlossen, seine Glaubensbrüder vor einem Völkermord zu schützen. »Die Muslime wurden abgeschlachtet«, so Ifthekar zur BBC, »ich musste etwas tun.«[18]

Ifthekar schlug sich auf eigene Faust nach Syrien durch. Er kannte dort niemanden. Als er sich bei al-Nusra vorstellte, wollte ihn keiner haben, denn er hatte keinen Kontakt innerhalb der Gruppe – niemand, der für ihn »bürgen« konnte –, und sein Arabisch war mehr schlecht als recht.[19] Zu den weniger religiösen Gruppen wollte er nicht, und so blieb nur der Islamische Staat, der sich damals noch ISIS nannte und jeden willkommen hieß. »Ich kannte die Gruppe nicht«, so Ifthekar zu Maher, »aber ich schaute mir an, was sie zu bieten hatten, und es gefiel mir.«[20]

BILD 7: Wollte die syrischen Sunniten gegen »existentielle Bedrohung« verteidigen: Ifthekar Jaman aus Portsmouth, England

Ifthekar hatte keinerlei militärisches Training und durfte zuerst nur Wache schieben. Während der langen Stunden auf seinem Posten veröffentlichte er Tausende von Tweets und Fotos, die ihn in seiner Heimatstadt Portsmouth zu einer lokalen Berühmtheit machten. Im Dezember, vier Monate nach seiner Aufnahme in den Islamischen Staat, ließ ihn seine Gruppe zum ersten Mal kämpfen. Noch während des ersten Gefechts wurde er getötet.[21]

Sinnsucher

Der zweite Typ – die Sinnsucher – sind nicht primär politisch oder religiös motiviert, sondern Teil einer boomenden dschihadistischen Gegenkultur, die ihr Bedürfnis nach Identität, Gemeinschaft, Macht und Männlichkeit befriedigt (siehe Teil 2, Kapitel 3). Der beste Beleg sind die Fotos, die von ihnen selbst ins Internet gestellt werden. Sie zeigen junge Männer, die vor wenigen Monaten noch zur europäischen Unterschicht gehörten: ohne Chance auf einen guten Job, von den Medien abgestempelt und vom Rest der Gesellschaft geächtet. Jetzt, beim Islamischen Staat, sind sie stark, selbstbewusst, tragen

Waffen und haben eine wichtige Mission. Keiner interessiert sich für ihre Vergangenheit, Herkunft und Hautfarbe: Wer sich zum Glauben bekennt und die Regeln befolgt, gehört dazu. Was sie tun, ist aufregend, gefährlich, und – zum ersten Mal in ihrem Leben – von Bedeutung.»[US-Präsident Barack] Obama hat keine Ahnung, was ein 25-jähriger Verkäufer bei Primark tut«, so Maher,»aber wenn er nach Syrien geht und beim Islamischen Staat mitmacht, kennt ihn die ganze Welt.«[22] Sinnsucher sind häufig die sozial Schwachen, Vorbestraften und im Westen Gedemütigten, die im heldenhaften Auslandskämpfer eine idealisierte Version von sich selbst sehen. Theologisch sind sie meist Analphabeten, die zwar die salafistischen Rituale und Slogans kennen, sich aber mit dem Islam nur oberflächlich beschäftigt haben. Kämpfer zu sein ist für sie das größte Abenteuer ihres Lebens, ein Ausweg, Neustart und – gleichzeitig – die Antwort auf quälende Fragen nach Identität, Sinn und Selbstwert.

Jean-Edouard, ein 20-jähriger Franzose, der sich im Sommer 2013 mit einem Freund auf den Weg nach Syrien machte, ist ein typischer Fall. Er wurde in Haiti geboren und wuchs in einem der Pariser Vororte auf, wo sich Kriminalität und Hoffnungslosigkeit paaren und die große Mehrheit der Bevölkerung aus ökonomisch schwachen Einwandererfamilien stammt. Seine Eltern waren christlich-evangelikal und versuchten, ihren Sohn in dieser Tradition zu erziehen. Doch Jean-Edouard hatte keine Lust, sich dem Diktat seiner Eltern unterzuordnen. Der französische Journalist David Thomson, der seine Geschichte recherchiert hat, berichtet von einem enthusiastischen und ehrgeizigen jungen Mann, der etwas werden wollte, aber schnell begriff, dass er in Frankreich dazu niemals die Chance bekommen würde. Zuerst flüchtete er sich in die Musik und postete Rap-Videos im Internet, dann konvertierte er zum Salafismus. Sein Leben änderte sich radikal. Er brach mit seinen Eltern, hörte mit dem Rappen auf und schmiss seinen Job, denn als angehender Koch musste er Schweinefleisch zubereiten. Nach weniger als einem Jahr in der salafistischen Szene entschloss er sich, Mudschahed – Dschihadkämpfer – zu werden.[23]

Sobald er in Syrien angekommen war, stellte er Fotos von sich ins Internet. Sie zeigten ihn bartlos, mit Brille und Zahnspange.[24] Auf vielen der Aufnahmen posierte er im Kreis seiner neuen Kameraden. »Hier gibt's Engländer, Bosnier, Somalier, Japaner, sogar Chinesen«, schrieb er auf Facebook, »wir sind das Euro-Disney der Mudschahedin.«[25] Beim militärischen Training verletzte sich der ungelenke Franzose bereits nach wenigen Tagen. Auf vielen Fotos trug er daraufhin Verbände an Schulter und rechtem Bein, doch an seiner Begeisterung änderte das nichts: »Überhaupt kein Problem. Die Brüder kümmern sich um mich«, erzählte er seinen Freunden in Paris.[26] Die unfreiwillige Auszeit nutzte er, um für den Islamischen Staat zu werben. »Dschihad ist verpflichtend«, mahnte einer seiner Tweets – und beschrieb im gleichen Atemzug dessen Vorzüge: »Wir bieten Sklaven, Pizza und den Märtyrertod.«[27]

Nur wenige seiner Botschaften sind religiöser Natur. Stattdessen beschwört er pausenlos den unvermeidlichen Triumph

BILD 8: Fand im Islamischen Staat Anerkennung und Geborgenheit: Jean-Edouard aus Paris

des Islamischen Staates: Sein Twitter-Feed ist voll mit Karten, die die Ausbreitung des Kalifats dokumentieren. Jeder noch so kleine Sieg wird enthusiastisch gefeiert. Er ist begeistert vom ideologischen und politischen Projekt, das die Gruppe repräsentiert. Nur das Kalifat sei in der Lage, die Muslime zu beschützen, sagt er.[28] An solchen Einträgen wird deutlich, wie sehr sich Jean-Edouard mittlerweile mit seiner neuen Heimat identifiziert. In weniger als zwei Jahren hat ihm der Islamische Staat gegeben, was er in 20 Jahren in Frankreich niemals bekam: Akzeptanz, Anerkennung und eine wichtige Rolle. Er hasst Frankreich (»das Land der Feinde Allahs«),[29] aber als Terrorist zurückkehren will er nicht: Jean-Edouard versteht sich als Bürger des Islamischen Staates und will für dessen Ausbreitung kämpfen – und sterben.[30]

Mitläufer

Auch die Mitläufer – der dritte Typus – kommen häufig aus problematischen sozialen Milieus und haben ähnliche Probleme und Bedürfnisse wie die Sinnsucher. Was sie anders macht, ist die starke soziale Bindung an eine (Klein-)Gruppe und deren Anführer – ein Phänomen, das die Terrorismusforscher Donatella della Porta und Marc Sageman seit Jahrzehnten in ganz unterschiedlichen Bewegungen beobachtet haben.[31] Wenn die Mitläufer nach Syrien oder in den Irak gehen, dann nicht aufgrund eines politischen Ereignisses oder weil sie eigenständig nach einer Möglichkeit gesucht hätten, sondern weil ihr Anführer dies so entschieden hat. Heimat ist für sie nicht an einem physischen Ort, sondern dort, wo ihre Gruppe ist. Innerhalb dieser Gemeinschaft erfahren sie Geborgenheit und Akzeptanz, und wenn ihre Gruppe nach Syrien zieht, dann ziehen sie mit. Ihre Motivation ist nicht primär religiös oder politisch, sondern sozial, das heißt: der unbedingte

Wunsch, die emotionale Beziehung zum Anführer und den anderen Mitgliedern der Gruppe aufrechtzuerhalten. Und das bedeutet, dass sie auch in Syrien und dem Irak häufig am selben Ort wohnen.

Ein gutes Beispiel ist Bremen. Dort gab es jahrelang den sogenannten Kultur- und Familienverein, eine Minimoschee in einem Gewerbegebiet, zu dem vor seinem Verbot im Dezember 2014 70 Personen gehörten. Der Verein wurde 2007 gegründet und ging aus einer Spaltung innerhalb der salafistischen Szene hervor. Seine Anführer waren so extrem, dass ihnen selbst der salafistische Prediger Pierre Vogel (*1978) als abtrünnig galt. Im Laufe der Jahre wurde der Verein zur Anlaufstelle für ausländische Extremisten – darunter ein Belgier, der an einem missglückten Anschlag in Dänemark beteiligt war.[32] Innerhalb der Moschee bildete sich eine eingeschworene Gemeinschaft, die kaum noch mit der Außenwelt kommunizierte. Die Eltern sprachen von Gehirnwäsche und stellten sich mehrmals vor die Moschee, um die Anführer zur Rede zu stellen – ohne Erfolg.[33]

Praktisch alle Bremer Auslandskämpfer waren Teil des Vereins, und fast alle reisten zum selben Zeitpunkt aus.[34] Die erste Ausreise, die im Verbotsantrag der Bremer Landesregierung dokumentiert ist,[35] fand im Januar 2014 statt. Es war die des Anführers, der von Bremen nach Istanbul flog und sich wenige Tage später per Skype aus Syrien meldete. Seine geglückte Ankunft war das Signal, auf das die Anhänger zu Hause in Deutschland gewartet hatten. In den folgenden acht Wochen kam es zu zwanzig weiteren Ausreisen, darunter Frauen und Kinder – ganze Familien machten sich auf den Weg in den Islamischen Staat. Bremen, das bis dahin überhaupt keine Auslandskämpfer hatte, wurde innerhalb weniger Monate zu dem Bundesland, das – relativ zur Einwohnerzahl – am stärksten betroffen war. In Syrien selbst kam es zur

»Wiedervereinigung«: Die zwanzig Mitläufer, die ihrem Anführer nachgereist waren, trafen sich alle im selben Ort nahe
der syrischen Stadt Aleppo und leben dort bis heute Haus an
Haus.[36] Ähnlich war die Dynamik im niedersächsischen Wolfsburg,
aus dem zwanzig Personen in den Islamischen Staat gereist
sind. Auch hier hatte sich eine Gruppe gebildet, deren Mit-
gleider so eng miteinander verschworen waren, dass sie einan-
der überall hin gefolgt wären. Man kannte sich aus der Schule,
traf sich abends im Imbiss oder spielte Billard im Freizeitraum
der lokalen Moschee. Religiös konservativ oder gar salafistisch
waren anfangs nur wenige. Doch die Anführer setzten Schritt
für Schritt die neue Doktrin durch – und wer dabei sein wollte, musste folgen. Der 26-jährige Ebrahim B., ein Aussteiger,
der mittlerweile aus dem Islamischen Staat zurückgekehrt ist,
beschrieb die Dynamik in einem ARD-Interview so:

Das waren nicht irgendwelche fremde Leute, die waren alte
Schulkameraden, alte Freunde ... [Früher] war die Mode,
dass jeder einen Boxerschnitt und Bushido auf dem Handy
hatte ... Wenn du das gemacht hast, dann gehörtest du dazu.
Und 2014 war es dann so, dass man auf Bart machte, sich
anders anzog, auf irgendwelche Veranstaltungen ging. Dann
gehörtest du zur Gruppe. Genau so war das.[37]

Auf das Leben im Islamischen Staat war Ebrahim schlecht
vorbereitet: Nach gerade mal drei Wochen im Auffanglager
entschied er sich, nach Deutschland zurückzukehren. Seinen
Kameraden nach Syrien zu folgen beschreibt er als »den größten Fehler meines Lebens.«[38]

Ausreise

Das wichtigste Problem, das sich vielen »Auswanderern« stellt, ist ein praktisches: Wie komme ich in den Islamischen Staat? Bis vor kurzem waren Möchtegern-Dschihadisten bei der Reiseplanung auf Kontakte oder Chats mit bereits erfolgreichen Ausreisern angewiesen, die auf Webseiten wie Ask.fm ihre Fragen beantworteten. Doch seit März 2015 gibt es ein offizielles Online-Handbuch auf Englisch, das sich *Hijra to the Islamic State* (»Auswanderung in den Islamischen Staat«) nennt und jeden Schritt ausführlich beschreibt. Die ersten 13 Seiten widmen sich allein dem Packen. Unbedingt ins Gepäck sollten demnach ein Schlafsack, ein MP3-Player (»für Vorlesungen und den Koran«) und ein Solar-Ladegerät, denn »Strom gibt's nur vier Stunden am Tag, aber die Sonne scheint hier ständig«. Genauso detailliert sind die Anweisungen zur eigentlichen Reise: Ticket, Verhalten am Flughafen, Kontaktaufnahme mit dem Islamischen Staat.[39] Alles ist bis aufs Kleinste geregelt – die Ausreise in den Islamischen Staat ist eine inzwischen perfekt geölte Maschine.

Praktisch alle Reisen führen zunächst in die Türkei, die im Süden an den Islamischen Staat grenzt. Wer Kämpfer werden will, bucht ein Ticket nach Istanbul, Ankara oder Antalya und gibt sich am Flughafen als Tourist aus. Wer mutig ist, fliegt gleich weiter nach Gaziantep, Adana oder zu einem anderen Regionalflughafen, der nahe der syrischen Grenze liegt. Die Flugstrecken sind dabei sehr unterschiedlich. Während zu Beginn des Konflikts die meisten Kämpfer noch direkte Flüge in die Türkei buchten, sind viele mittlerweile vorsichtiger. Das Handbuch empfiehlt, das Reiseziel Türkei durch separate Einzelflüge zu verschleiern, das heißt: zuerst ins Nachbarland oder nach Nordafrika, dann mit einem weiteren Ticket in die Türkei.[40]

Deutschland spielt hier eine wichtige Rolle, denn aus Deutschland gibt es die meisten (und billigsten) Flüge in die Türkei, sodass viele französische, belgische und niederländische Möchtegern-Kämpfer zuerst nach Frankfurt am Main oder Düsseldorf fahren und erst von dort aus ihre Reise in die Türkei starten.[41]

Beim letzten Besuch meines Teams im türkisch-syrischen Grenzgebiet im April 2014 interviewten wir mehrere Kämpfer und deren Schleuser. Schwierig war das nicht, denn damals existierte die Infrastruktur der Dschihadgruppen auf türkischer Seite noch mehr oder weniger offen. Jeder Taxifahrer wusste, in welchen Pensionen »die Ausländer« übernachteten. In einem Café in Antakya, der Provinzhauptstadt von Hatay, trafen wir Abdullah, einen 25-jährigen Syrer, der zu Beginn des Konflikts seinen Wehrdienst leistete, sich dann der Opposition anschloss und Anfang 2013 in die Türkei floh. Sein Geld verdiente er seitdem als Schleuser. Als er herausfand, dass ich Deutscher bin, erzählte er mir aufgeregt von Burak Karan (1987–2013), einem deutsch-türkischen Fußballer, der mehrere Male für die U17-Nationalmannschaft gespielt hatte. »Den habe ich nach Syrien gebracht«, sagte er stolz. Die Ausländer reisten in Gruppen, so Abdullah, und wer am Flughafen in Gaziantep ankomme, werde von ihm persönlich abgeholt: »Danach geht's in eine Pension oder in ein sicheres Haus, und dort bleiben die Brüder dann, bis wir sie überprüft haben.« Wer die Sicherheitsüberprüfung überstehe, dürfe nach Syrien. »Die Grenze ist löchrig«, sagte Abdullah: »Ich kenne Dutzende Wege, um die Leute in Syrien abzuliefern.«[42]

Die Angaben Abdullahs spiegeln sich in deutschen Gerichtsakten. Ein gutes Beispiel ist die Ausreisegeschichte von Ismail Issa, einem 24-jährigen Deutsch-Libanesen, der Mitte 2014 in Stuttgart angeklagt wurde. Issa war ein typischer Sinnsucher: abgebrochene Ausbildung, Jobs hier und da, Drogen, ständig Ärger mit der Polizei, dann die Konversion zum Salafismus und wenig später die Ausreise nach Syrien.[43] Im August 2013 war es so weit: Mit einem Freund flog er von Düsseldorf nach Istanbul und anschließend weiter nach Gaziantep. Am Flughafen wurden die beiden in Empfang genommen und per Minibus ins kleine Städtchen Kilis gebracht – direkt an der Grenze zum syrischen Azaz, das damals der Islamische Staat kontrollierte. Die ersten Nächte verbrachten sie in einem sicheren Haus, dort wurden sie überprüft und schließlich zum Transfer freigegeben.[44]

Dass die Situation seit Ende 2014 komplizierter geworden ist, gibt sogar der Islamische Staat zu. Statt Gaziantep sollen Möchtegern-Kämpfer laut Handbuch jetzt die Stadt Sanliurfa anfliegen, die weiter östlich und damit näher an der Grenze zum Islamischen Staat liegt. »Die Bedingungen sind schwieriger geworden«, und der Grund dafür seien die türkischen Sicherheitsbehörden: »Die türkischen Nachrichtendienste sind keineswegs Freunde des Islamischen Staates. Wenn sie jemanden verdächtigen, Teil des Islamischen Staates zu sein, werden sie versuchen, ihn zu verhaften.« Unmöglich sei die Ausreise deshalb nicht. »Die Türken fürchten sich vor Anschlägen«, so das Handbuch, »deswegen können viele unserer Mitglieder [auch weiterhin] in der Türkei in relativem Frieden leben«.[45]

Diese Einschätzung deckt sich mit unseren Recherchen und dem Bericht des Wolfsburger Aussteigers Ebrahim B. Ihm und seinem Kameraden sagte der Schleuser kurz vor dem Überqueren der Grenze: »Ihr braucht keine Angst haben. Die türkischen Soldaten schießen nur nach oben. Die wissen, wer ihr seid.«[46] Ob die im Juli 2015 angekündigte härtere Gangart hieran etwas ändert, war zum Zeitpunkt der Schriftlegung noch nicht absehbar. Bisher scheint es so, als hätte die Türkei ein größeres Interesse am Kampf gegen die Kurden als gegen den Islamischen Staat – was den letzteren stärkt, denn kurdische Milizen gehören zu seinen effektivsten Gegnern.

Ein weiterer Grund für die schwieriger gewordene Einreise ist außerdem die Furcht des Islamischen Staates vor Spionen. Wer nach Syrien will, braucht in der Regel eine Empfehlung, die sich auf Arabisch *tazkiyah* nennt. Nur ganz selten, so berichteten uns Schleuser und Kämpfer, würden Dschihadgruppen noch Leute akzeptieren, die sich auf eigene Faust in einen der Grenzorte durchgeschlagen hätten. Wer total unbekannt sei, dem werde nicht getraut.[47] Das Handbuch des Islamischen Staates empfiehlt, Möchtegern-Kämpfer ohne Kontakte innerhalb der Gruppe sollten sich deshalb vor ihrer Abreise bei einem Kämpfer per Twitter vorstellen.[48] Ebrahim B. bestätigt das:

> Weil so viele Ausländer ankommen, wird mittlerweile jeder als Spion gesehen. .. Was mich gerettet hat: Sie haben gefragt, wer mein Anwerber ist ... Und dann haben die ihn gefragt: Stimmt das, dass Herr Soundso von dir kommt? Der hat das bestätigt. Da habe ich Glück gehabt.[49]

Wer es bis ins sichere Haus an der syrischen Grenze schafft, muss weitere Checks über sich ergehen lassen. Als Erstes werden Pässe, Laptops und Handys konfisziert, dann müssen die Rekruten ihre Passwörter herausgeben. Die »Sicherheitsbeamten« lesen sich alle E-Mails durch, schauen sich jedes Facebook-Foto an. Wessen Profil nur ein oder zwei Monate zurückreicht, hat keine Chance. Genauso problematisch: Partybilder mit Alkohol und Zigaretten, Rap-Songs oder WhatsApp-Gespräche mit Frauen.[50]

Issa, der Deutsch-Libanese aus Stuttgart, bestand alle Überprüfungen. Von einem sicheren Haus im türkischen Kilis kam er so in ein Flüchtlingslager in Syrien. Niemand zweifelte mehr an seiner Motivation, doch was sollte die Gruppe mit dem jungen Mann aus Deutschland anfangen? Wo konnte er eingesetzt werden? Issa war relativ fit, hatte aber kein militärisches Training. Er war nicht dumm, verfügte aber über keine Qualifikationen. Immerhin konnte er Arabisch – anders als die meisten Westeuropäer. Ein Kommandeur entschied, dass er für einfache militärische Aufgaben geeignet sei, und schickte ihn in ein Trainingslager, wo er Schießen lernte. Mit Rambo hatte das nichts zu tun, doch Issa war glücklich, denn am Ende der Ausbildung stand, worauf er seit Monaten gewartet hatte: der Treueeid. Er war jetzt Mudschahed, ein Soldat des Islamischen Staates.[51]

Dienst

Der Begriff des »Auslandskämpfers« ist umstritten,[52] denn nicht alle Mitglieder des Islamischen Staates werden militärisch verwendet, und nur eine Minderheit der Westeuropäer ist im aktiven Kampfeinsatz oder begeht Kriegsverbrechen. Im Gegensatz zu anderen Dschihadgruppen gibt sich der Islamische Staat als Staat und bietet Ausländern eine Vielzahl von Verwendungsmöglichkeiten, die über das rein Militärische weit hinausgehen. Das Online-Magazin *Dabiq*, das sich vor allem an westliche Dschihadisten richtet, fordert seine Leser ausdrücklich zum »Leben« im Islamischen Staat auf, lädt Frauen und Familien ein und widmet dem Aufbau der »neuen Gesellschaft« fast genauso viel Aufmerksamkeit wie dem Krieg gegen Ungläubige und Abtrünnige. Die Aufforderung, in den Islamischen Staat zu ziehen, richtet sich nicht nur an Kämpfer, sondern ebenso an Ingenieure, Handwerker und Pfleger.[53] Viele Ausländer werden in der Religionspolizei *(hesba)* eingesetzt, patrouillieren auf den Straßen und sorgen für die Einhaltung der strengen Sittenregeln.[54] Andere arbeiten in Berufen, die sie bereits in Europa ausgeübt haben. Wer zu Hause Kfz-Mechaniker war, darf die Fahrzeuge des Islamischen Staates reparieren, und wer – wie Jean-Edouard – Koch gelernt hat, bereitet Mahlzeiten für die Kämpfer zu. Besonders begehrt sind Ausländer, die sich mit Software und sozialen Medien auskennen. Sie produzieren die Propaganda der Gruppe und sorgen dafür, dass *Dabiq* in einem halben Dutzend europäischer Sprachen erscheint. Deso Dogg (*1975), der deutsche Exrapper, der im April 2014 den Treueeid auf den Islamischen Staat leistete, ist angeblich für die Produktion von Videos zuständig.[35] Völlig falsch ist der Begriff Auslandskämpfer trotzdem nicht. Der Islamische Staat sieht sich zwar als Staat, aber er ist kein friedfertiges Mitglied der internationalen Gemeinschaft. Er ist ein »kämpfender Staat«, will eine »kämpfende Gesellschaft« (siehe Teil 2, Kapitel 1), und seine Organisation ist nach wie vor in erster Linie militärisch. Selbst zivile Jobs haben einen militärischen Zweck: Wer für die Kämpfer des Islamischen Staates kocht, der unterstützt die kriegerische Anstrengung genauso wie derjenige, der dessen Autos und Panzer repariert. Wie in anderen Armeen sind uniformierte Mechaniker letzten Endes Soldaten, die mobilisiert werden können und kämpfen müssen, wenn ihnen dies befohlen wird. Entscheidend ist der Treueeid: Wer ihn geleistet hat, ist Teil der Armee. Für die meisten westeuropäischen Rekruten ist das weder Problem noch Bürde: Wenn sie Europa verlassen und sich auf den Weg nach Syrien und in den Irak machen, dann nicht zum Kochen, sondern zum Kämpfen.

Militärische Aufgaben

Tatsächlich haben nur die wenigsten Europäer eine militärische Ausbildung oder wissen, wie man mit einer Waffe umgeht. Viele sind physisch nicht fit oder haben Schwierigkeiten mit dem Klima. Verglichen mit den Tschetschenen und Irakern, die seit Jahren in Aufstandsgruppen kämpfen und das

Kriegshandwerk beherrschen, sind sie militärisch wertlos. Weshalb ist der Islamische Staat dennoch an ihnen als Teil der kämpfenden Truppe interessiert?

Zum einen geht es um Ideologie, Prestige und Aufmerksamkeit. Der Islamische Staat hält sich für ein Weltreich, das Muslime aus aller Welt in sich vereint. Gesichter aus dem Westen sind begehrt, denn sie unterstreichen den globalen Anspruch der Gruppe und beweisen, dass es auch tief im Feindesland Unterstützer gibt. Amerikaner, Franzosen und Engländer werden deshalb bevorzugt und bekommen bessere Wohnungen.[56] Der andere Grund ist, dass westliche Rekruten gefügig sind. Im Gegensatz zu den Syrern und Irakern, die bei der Gruppe aus pragmatischen oder opportunistischen Gründen mitmachen (siehe Teil 2, Kapitel 1), kommen die meisten Westeuropäer aus salafistischen Milieus, müssen von der extremen Ideologie nicht erst überzeugt werden und sind von weit her angereist, um sich dem Kalifat anzuschließen. Wenn sie ankommen, wissen sie oft nur wenig über den Konflikt, sprechen kein Arabisch und kennen niemanden außerhalb ihrer Gruppe. Kurzum: Sie sind fast vollständig auf den Islamischen Staat angewiesen, befürworten sein ideologisches Projekt und haben keine Möglichkeit, sich anders zu orientieren. Ob sie wollen oder nicht: Sie sind die loyalsten Truppen des Islamischen Staates.

Die meiste Zeit leisten die Westeuropäer einfache Dienste. Die am weitesten verbreitete Tätigkeit ist das Wacheschieben. Hierfür braucht es keiner gesonderten Ausbildung: Wer Kalaschnikow und Funkgerät bedienen kann, ist qualifiziert. Von der Action, die die Propagandavideos des Islamischen Staates versprechen, ist das weit entfernt. Doch die meisten akzeptieren ihre Aufgabe ohne Widerspruch. Viele überzeugen sich davon, dass ihr Job wichtig ist und zitieren *Hadith* (Traditionen aus dem Leben des Propheten), die belegen sollen, dass bereits während des ersten Kalifats vor 1400 Jahren der *Ribaat* – das

Wachestehen – eine bedeutsame Angelegenheit war, für die der Kalif nur seine allerloyalsten Truppen einsetzte. Auf YouTube gibt es Dutzende Videos von dschihadistischen Gelehrten, die die Wichtigkeit des *Ribaat* begründen und seine Vorzüge preisen,[57] und das Online-Magazin *Dabiq* veröffentlichte kürzlich einen sechsseitigen Artikel zum Thema.[58] Wem trotzdem langweilig wird, der nutzt die Zeit, um Fotos zu schießen und Berichte zu schreiben, die dann abends per Facebook und Twitter an die Freunde zu Hause gesendet werden.

Problematischer ist die Verwendung als »Kanonenfutter«. Wer kein militärisches Training oder Kampferfahrung hat und auch sonst keinen sinnvollen Beitrag zum Aufbau und zur Expansion des Kalifats leisten kann, wird vom Islamischen Staat in den großen Schlachten »verheizt«. Am deutlichsten wurde das während der Kämpfe um die nordsyrische Stadt Kobane Anfang des Jahres 2015, wo der Islamische Staat nach fünf Monaten seine bisher bedeutendste Niederlage erlitt. Nach Schätzungen meiner Kollegen verloren etwa einhundert – vielleicht sogar zweihundert – Westeuropäer ihr Leben, Dutzende davon in Kamikaze-Aktionen, die keinen klar definierten strategischen Zweck verfolgten. Von den westlichen Kämpfern, mit denen wir während der Belagerung per Skype und WhatsApp kommunizierten, konnte praktisch jeder von Kameraden berichten, die in Kobane zu »Märtyrern« geworden waren.[59] Allein aus Schweden kamen zwölf Kämpfer ums Leben. Mindestens fünf Franzosen jagten sich bei Selbstmordoperationen in die Luft.[60] Nach Europa zurückkehren wird keiner von ihnen, doch ihr Schicksal illustriert den negativen Einfluss, den die Auslandskämpfer auf den Konflikt selbst haben: Sie machen die Auseinandersetzung härter und für alle Seiten verlustreicher.

Eine weitere Verwendung sind Gräueltaten und Kriegsverbrechen, an denen sich die einheimischen Kämpfer nicht beteiligen wollen.[61] Dazu gehören die Folter von Gefangenen, Enthauptungen und auch wieder Selbstmordanschläge. Bereits während des Aufstands im Irak in den 2000er Jahren wurden praktisch alle Selbstmordoperationen von Ausländern durchgeführt, weil sich hierfür keine Iraker finden ließen.[62] Im aktuellen Konflikt setzt sich das Muster fort: Mein Kollege Aymenn Jawad al-Tamimi, der die Aktionen der Dschihadisten penibel genau dokumentiert, schätzt, dass 70 Prozent aller Selbstmordanschläge des Islamischen Staates auf das Konto von Ausländern gehen – viele davon sind Europäer.[63] Dasselbe gilt für Enthauptungen und Massenexekutionen, bei denen Westeuropäer ebenfalls stark vertreten sind. Für den Islamischen Staat sind solche Kämpfer unerlässlich: Sie projizieren die Schlagkraft, Stärke und ideologische Entschlossenheit, von der Jürgen Todenhöfer dann im Fernsehen berichtet.

Rückkehrer

Nicht jeder, der in den Dschihad zieht, kommt auch zurück. Schon jetzt sind schätzungsweise 10 bis 15 Prozent der Auslandskämpfer gestorben, und ihr Anteil wird steigen, je länger der Konflikt dauert. Hinzu kommt, dass von den Übriggebliebenen viele im Islamischen Staat bleiben wollen, denn im Gegensatz zu Afghanistan in den 1980ern und Bosnien in den 1990ern geht es beim Islamischen Staat um die Verwirklichung einer Utopie, den Aufbau einer neuen Gesellschaft. Weder Osama Bin Laden noch Abdullah Azzam dachten jemals daran, ihre Pässe zu verbrennen, doch für die Kämpfer des Islamischen Staates ist es ein Ritual.[64] Eine größere Zahl als bei vorherigen Konflikten wird bis zum bitteren Ende kämpfen. Andere werden versuchen, sich in eine der entfernten »Provinzen« durchzuschlagen oder auf neuen Schlachtfeldern mitzumischen.

Solche Ströme lassen sich schwer voraussagen, denn keiner weiß, wie lange der Konflikt dauern wird. Dass es Rückkehrer geben wird, steht außer Frage, denn viele Auslandskämpfer sind bereits wieder hier. In Großbritannien sprach die Regierung im November 2014 von 300 Personen.[65] In Belgien sind es nach Angaben des Inlandsgeheimdienstes 120.[66] Und auch in Deutschland liegt die Quote je nach Bundesland bei 25 bis 40 Prozent der ursprünglich Ausgereisten. Das Argument des bayerischen Innenministers Joachim Herrmann, der im Herbst 2014 forderte, man solle Möchtegern-Kämpfer in die Türkei abschieben, um sich des Problems zu entledigen,[67] ist bereits negiert: Nicht jeder Auslandskämpfer kehrt aus Syrien und dem Irak zurück, doch genauso wenig will jeder dortbleiben oder im Kampf sterben.

Klar ist ebenfalls, dass nicht alle Rückkehrer zu Terroristen werden. Hierzu gibt es zwei wissenschaftlich glaubwürdige Studien, die das Phänomen historisch aufgearbeitet haben. Der norwegische Dschihad-Forscher Thomas Hegghammer schaute sich knapp tausend westliche Dschihad-Rückkehrer an, die in den 1990er und 2000er Jahren an den Konflikten in Somalia, dem Irak, Afghanistan und Pakistan beteiligt waren. Von ihnen wurde im Durchschnitt jeder Neunte (11 Prozent) nach seiner Rückkehr wegen terroristischer Straftaten im Heimatland angeklagt oder verurteilt.[68] Jytte Klausen von der amerikanischen Brandeis-Universität führte eine ähnliche Untersuchung durch, die zu einem höheren Ergebnis kam: Von den knapp 900 Auslandskämpfern in ihrer Stichprobe wurde ungefähr jeder Vierte (26 Prozent) nach seiner Rückkehr terroristisch aktiv.[69] Die Differenz ist auffällig und deutet auf Schwächen bei Methodik und Datenerhebung hin – wenig überraschend, wenn man sich vor Augen hält, wie schwierig das Phänomen zu recherchieren ist. Und dennoch stimmen beide überein, dass die große Mehrheit der Rückkehrer (je nach Studie 74 oder 89 Prozent) nicht zu Terroristen wird.

Gestörte und Desillusionierte

Dass nicht alle Rückkehrer zu Terroristen werden, deckt sich mit den Beobachtungen, die mein Team bei den Auslandskämpfern in Syrien und im Irak gemacht hat. Wir unterscheiden zwischen vier Gruppen. Zur ersten Gruppe gehören die »Gestörten«, die durch ihre Beteiligung am Krieg psychischen Schaden genommen haben. Sie sind meist »Mitläufer« und haben selten ein gefestigtes ideologisches Weltbild. Für ihre europäischen Heimatländer könnten sie zur Gefahr werden, wenn ihre Traumata unbehandelt bleiben und sie von anderen zu gewaltsamen Aktionen angestiftet werden. Auch wirre Einzelaktionen – Amokläufe oder wilde Schießereien – sind möglich.

Die zweite Gruppe sind die »Desillusionierten«, die sich aufgrund ihrer Erfahrungen in Syrien und im Irak vom Dschihad distanziert haben. Dass es solche Kämpfer gibt, wissen wir aus zahlreichen Quellen. Den Stein ins Rollen brachte mein Mitarbeiter Shiraz Maher, bei dem sich im August 2014 ein Engländer meldete, der behauptete, für zwei Dutzend seiner Landsleute zu sprechen – allesamt »Verteidiger«, die bereits Anfang 2013 nach Syrien gegangen seien. Er erzählte uns:

Wir hatten die Videos gesehen, das Leiden der Syrer. Wir wollten helfen. Doch dann wurden wir zu Terroristen gestempelt … Jetzt wollen wir zurück – nicht, um Anschläge auszuführen, sondern weil wir gemerkt haben, dass der Dschihad nicht das ist, was wir uns vorgestellt hatten … Da kämpfen Muslime gegen Muslime. Assad ist vergessen. Der ganze Dschihad hat sich ins Gegenteil verkehrt.[70]

Wenig später erschienen Berichte über Franzosen und Engländer, die es über die Grenze in die Türkei geschafft hatten,[71] sowie über Dutzende ihrer Kameraden, die vom Islamischen Staat als Deserteure hingerichtet worden waren.[72] Im Frühjahr 2015 erzählte mir der Gründer des syrischen Oppositionsnetzwerks *Raqqa Is Being Slaughtered Silently* von belgischen Mädchen, die sich ein halbes Jahr zuvor auf den Weg nach Syrien gemacht hatten und sich inzwischen nichts sehnlicher wünschten, als nach Europa zurückzukehren.[73] Claudia Dantschke vom Aussteigernetzwerk *Hayat* (»Leben«) war zur selben Zeit in Kontakt mit mehreren Deutschen, die aus dem Islamischen Staat flüchten wollten,[74] und hat mittlerweile einen in seine Heimat zurückgebracht.[75]

Natürlich wäre es naiv, diesen Schilderungen ohne weitere Prüfung zu glauben. Die Sicherheitsbehörden haben recht, wenn sie vor Täuschern, Doppelagenten und Opportunisten warnen.[76] Klar ist auch: Wer sich vom Islamischen Staat abwendet, wird dadurch nicht automatisch zum Unterstützer der freiheitlich-demokratischen Grundordnung. Doch niemand zweifelt mehr daran, dass es unter den Rückkehrern auch Frustrierte und Enttäuschte gibt.

Gefährliche und Unentschiedene

Am anderen Ende des Spektrums stehen die »Gefährlichen«, deren Überzeugung durch den Kampf im Islamischen Staat noch gestärkt wurde. Selbst Hegghammer, der unter den Rückkehrern nur 11 Prozent Terroristen vermutet, hält Terroristen mit Auslandserfahrung für besonders gefährlich. Durch den Kampfeinsatz, so Hegghammer, hätten die Rückkehrer militärische Erfahrung gesammelt, seien emotional desensibilisiert und verfügten über neue (und internationale) Netzwerke, durch die größere und komplexere Anschläge möglich seien. Diese These lasse sich sogar statistisch beweisen: Anschlagspläne *mit* Auslandskämpferbeteiligung würden anderthalb Mal so häufig wie solche *ohne* Auslandskämpferbeteiligung tatsächlich durchgeführt und führten mehr als doppelt so häufig zu Todesopfern.[77] Einfach ausgedrückt: Terroristen mit Auslandserfahrung sind »bessere« – das heißt: tödlichere – Terroristen.

Dass Rückkehrer aus Syrien und dem Irak versuchen werden, in Europa Anschläge zu verüben, ist bereits bewiesen. Der bei Drucklegung dieses Buches bedeutendste Fall war der von Mehdi Nemmouche, ein 29-jähriger Franzose, der fast ein Jahr lang für den Islamischen Staat gekämpft hatte, bevor er im März 2014 über Frankfurt in seine Heimat zurückkehrte und jetzt wegen einem Anschlag auf das Jüdische Museum in Brüssel, bei dem vier Menschen starben, vor Gericht steht. Andere waren an Anschlagsplänen im Süden Frankreichs (Februar 2014), einem Vorort von Paris (Oktober 2014), dem ostbelgischen Verviers (Januar 2015) und in Oberursel in Hessen (Mai 2015) beteiligt, die alle von der Polizei gestoppt werden konnten.[78]

Die letzte – und bei weitem größte – Gruppe sind die »Unentschiedenen«, bei denen noch völlig unklar ist, wie sie sich in Zukunft verhalten werden. Nach ihrer Rückkehr haben sie oft Kontakt zu ihren alten Milieus, halten sich aber bedeckt und haben sich dem Terrorismus weder zugewendet noch explizit von ihm distanziert. Die Befürchtung der Sicherheitsbehörden ist, dass sie bei passender Gelegenheit »reaktiviert« werden oder als »Dschihad-Veteranen« neue Rekruten werben.[79] Genauso denkbar ist, dass sie in der Versenkung verschwinden, sich in ihr vormaliges Umfeld integrieren und versuchen, ein »normales« Leben zu führen. So argumentieren die amerikanischen Forscher Daniel Byman und Jeremy Shapiro, die in einem Bericht für das Brookings-Institut anführen, dass sich die Angst vor Rückkehrern als übertrieben herausstellen könnte. Als Beispiel nennen sie den Irakkonflikt während der 2000er, an dem sich bis zu 5000 Ausländer – darunter mehrere Hundert Europäer – beteiligt hatten, ohne dass es im Nachhinein zu Anschlägen gekommen sei.[80] Ich bin da weniger optimistisch. Die Mobilisierung für den derzeitigen Konflikt ist bereits jetzt vier Mal so hoch wie für den Irakkrieg und wird voraussichtlich weiter steigen. Selbst wenn man von 30 Prozent Toten und permanenten »Auswanderern« ausgeht und Hegghammers relativ niedrige »Konversionsrate« von eins zu neun zugrunde legt, hätten wir in Europa über kurz oder lang 300 »gefährliche« Rückkehrer, die motiviert und vernetzt sind und ihr »Handwerk« bei der brutalsten Terrorgruppe aller Zeiten gelernt haben. Welchen Schaden sie anrichten, kann unmöglich schon jetzt beurteilt werden, denn nicht alle »Gefährlichen« geben sich bereits heute als solche zu erkennen, und viele der »Unentschiedenen« sind gerade erst dabei, ihre künftige Rolle zu definieren. Welche Rückkehrer »gefährlich« sind und welche nicht, wird sich also erst im Laufe der Jahre zeigen – eine Herausforderung, die die europäischen Sicherheitsbehörden noch eine Generation lang beschäftigen wird.

3

Unterstützer

Den zweiten Tag unserer Forschungsreise an die türkisch-syrische Grenze im April 2014 begannen mein Team und ich in einem Café im Zentrum von Antakya, einer eleganten türkischen Provinzhauptstadt mit einer mehr als zweitausendjährigen Geschichte. Wir waren am Abend zuvor in Gaziantep angekommen und hatten noch keine genaue Vorstellung davon, was uns hier erwartete und wie leicht (oder schwierig) es sein würde, mit Kämpfern zu sprechen. Wir hatten gerade unsere Laptops angeworfen und Getränke bestellt, da bemerkte mein Doktorand Joseph Carter eine kleine Gruppe bärtiger Männer, die am Café vorbei Richtung Altstadt liefen. Er rüttelte an meiner Schulter, zeigte nach draußen und sagte aufgeregt: »Ich wette, das sind welche!« Doch was tun? Joseph und mein anderer Doktorand Shiraz Maher, der ebenfalls Teil der Forschungsreise war, starrten mich an, als wäre ich der General, der den Befehl zum Angriff geben sollte. Mir blieb keine Wahl: »Hinterher!«

Joseph war am enthusiastischsten. Er hatte zuerst zu der Gruppe aufgeschlossen und brachte die drei zum Stehen: »Hey, wie geht's? Woher seid ihr?«, fragte er auf Englisch. »Aus England«, sagte der Älteste. »Klasse«, machte Joseph weiter, »wir auch. Was bringt euch nach Antakya?« Die Antwort bestand aus einem einzigen Wort – »Urlaub« – und auch der Rest des Gesprächs war nicht viel ergiebiger: Nach etwa zwei Minuten drehten sich die drei um und zogen davon. Joseph lief eine Weile hinterher und rief ihnen weitere Fragen zu – keine Antwort. Es war unsere erste – und kürzeste – Begegnung mit Auslandskämpfern.

Dass die drei wirklich Kämpfer waren, konnten wir mit Sicherheit erst Monate später sagen, denn im Januar 2015 veröffentlichten die britischen Medien Berichte über einen 32-jährigen Dschihadisten aus Luton, einem Vorort Londons, der sich dem Islamischen Staat angeschlossen hatte: Abu Rahin Aziz hatte ein rundes Gesicht, war klein, untersetzt und sah genauso aus wie einer der vermeintlichen Touristen, die wir in Antakya getroffen hatten. Auch die Daten stimmten überein. Was wir damals nicht wussten: Aziz stand in England wegen schwerer Körperverletzung vor Gericht und war seiner Verurteilung mit der Ausreise nach Syrien zuvorgekommen.

Mehr noch: Aziz war kein Neuling in der dschihadistischen Szene. Er gehörte seit Jahren zu einer Gruppe, die mit schrillen Demonstrationen gegen Amerika, britische Soldaten und Mohammed-Karikaturen Schlagzeilen machte. Auch die schwere Körperverletzung, wegen der er vor Gericht stand, war eine Überzeugungstat: Er hatte einen Fußballfan mit einem Kugelschreiber in den Kopf gestochen – angeblich weil dieser den Propheten beleidigt habe.[1]

Aziz – der im Juli 2015 bei einem amerikanischen Drohnenangriff ums Leben kam – ist ein Beispiel dafür, dass die Auslandskämpfer beim Islamischen Staat nicht aus dem Nichts kommen. Niemand radikalisiert sich über Nacht, und keiner, der sich heute eine Selbstmord-Weste um die Hüfte schnallt, war gestern noch ein Anhänger des Grundgesetzes. Das ist auch beim Islamischen Staat nicht anders: Seine europäischen Unterstützer rekrutieren sich aus einer salafistischen Gegenkultur, die in den vergangenen fünf Jahren stark gewachsen ist und sich gleichzeitig radikalisiert hat. Man begegnet ihr in den Fußgängerzonen europäischer Städte, aber auch im Internet. Zu ihren Anhängern gehören nicht nur zornige junge Männer wie Aziz, sondern auch Frauen. Sie ist der Nährboden für die Auslandskämpfer, aber neuerdings auch für »einsame Wölfe«, die die Kriegsstrategie des Islamischen Staates mit Terroranschlägen in Europa unterstützen.

Salafisten

Wie bei allen vorherigen Wellen gehört zum dschihadistischen Terrorismus untrennbar eine extremistische Gegenkultur – eine »Szene« oder ein »radikales Milieu«,[2] aus dem sich Sympathisanten, Unterstützer und Mitglieder rekrutieren. Mit dieser Gegenkultur teilen die Terroristen ideologische Grundüberzeugungen und meist auch Ziele, aber nicht immer die (gewaltsamen) Methoden, die zu deren Durchsetzung angewandt werden. Wer in Europa zum Dschihadisten wird, war deshalb vorher meist Salafist oder hat über Verbindungen in die salafistische Szene den Weg in eine dschihadistische Gruppe gefunden. Das bedeutet nicht, dass jeder Salafist zum Dschihadisten wird, aber der Umkehrschluss – nämlich, dass praktisch alle europäischen Dschihadisten Salafisten sind – ist im Prinzip richtig.[3]

Mit der salafistischen Reformbewegung, wie sie im 19. Jahrhundert in Ägypten entstanden ist (siehe Teil 1, Kapitel 2), haben die heutigen Salafisten nur noch wenig zu tun. Der europäische Salafismus ist nicht mehr nur eine (sehr) konservative Strömung innerhalb des Islams, sondern eine moderne Bewegung, deren Sprache, Symbole, Rituale und Argumente dem Leben in einer hochentwickelten westlichen Gesellschaft genauso viel zu verdanken haben wie dem Beispiel der »frommen Vorfahren« vor 1400 Jahren.

Was diese Bewegung ihren Anhängern bietet, ist dreierlei:

- Zum einen geht es um *Rebellion*: Der Salafismus ist gegen alles, wofür westliche Gesellschaften stehen – nicht nur gegen deren Außenpolitik, sondern gegen Demokratie, Gleichberechtigung und Menschenrechte. Er predigt aktive »Feindschaft« gegenüber den »Ungläubigen«.
- Zweitens schafft der Salafismus *Ordnung*. Er ist ein perfektes System von Regeln und Verboten, das für jede Situation eine Antwort parat hat. Alles ist schwarz oder weiß, falsch oder richtig. Wer den Regeln folgt, kommt in den Himmel – wer sie missachtet, landet in der Hölle.
- Drittens bietet der Salafismus *Gemeinschaft*: Wer sich dem System unterwirft, wird von den anderen hundertprozentig akzeptiert – egal welche Hautfarbe, Herkunft, Vergangenheit oder welcher Schulabschluss.[4]

Auch wenn sich – wie zum Beispiel in England – einige Gebildete und gut Integrierte in den Salafismus verirren, richtet sich das Angebot der Salafisten vor allem an die Gestrandeten, Orientierungslosen und Zurückgelassenen. Ihr »Markt« sind diejenigen, die sich von der Gesellschaft alleingelassen oder an den Rand gedrängt fühlen und die nach einer neuen Identität – einem neuen Zuhause – suchen. Dazu gehören Jugendliche mit Migrationshintergrund, die nicht wissen, wo sie hingehören, genauso wie Kinder aus kaputten Elternhäusern, Kleinkriminelle, Junkies und Außenseiter.

Dass sie für eine Bewegung ansprechbar sind, die den Verzicht auf jegliche Freiheit predigt, ist nur konsequent »In einer Zeit, in der [selbst] Politiker tätowiert sind«, so der Politikwissenschaftler Aladin El-Mafaalani, »ist die größte Provokation und radikalste Abgrenzung ... die Enthaltsamkeit.«[5] Der Islam ist dabei Symbol, Rechtfertigung und Heilsversprechen, doch wenn es nur um Religion ginge, wäre dem Problem leichter beizukommen: In Europa hat der Salafismus mittlerweile den Charakter einer Jugendkultur, dessen Anziehungskraft weit über Muslime oder an Religion Interessierte hinausgeht.

Dschihadisten: Vom Rand ins Zentrum

Verglichen mit traditionellen islamischen Gemeinschaften sind die Salafisten nach wie vor eine Randerscheinung – wenn auch eine schnell wachsende: In den letzten fünf Jahren hat ihre Zahl in allen europäischen Ländern stark zugenommen. Allein in Deutschland gab es im Jahr 2014 7500 – fast doppelt so viele wie noch 2012.[6] Hinter dieser Zahl verbergen sich verschiedene Trends und Strömungen. In der Literatur wird oft zwischen »Quietisten«, »Aktivisten« und Dschihadisten unterschieden.[7] Das ist etwas einfach, aber hilft dabei zu verstehen, wie verschiedene Salafisten über die Auseinandersetzung mit Staat und Gesellschaft denken:[8] Die »Quietisten« treten für absolute Treue gegenüber den Herrschenden ein, die »Aktivisten« glauben an friedvolle Agitation, und die Dschihadisten setzen auf Gewalt und Märtyrertod. Die Grenzen sind dabei nicht so streng, wie die Einteilung suggeriert. Zwischen den Strömungen gibt es viel Hin und Her: Wer sich gestern bekämpft hat, kann morgen miteinander koalieren. Und während bei einigen Themen die Gräben tief sind, gibt es bei anderen pragmatische Bündnisse. Einfach ausgedrückt: Der Salafismus ist wie jede andere Bewegung, in der es ideologische und taktische Differenzen gibt, aber in der die Übergänge zwischen den unterschiedlichen Positionen oft fließend sind.

Wahr ist allerdings auch: Wo vorher vor allem die »Quietisten« das Sagen hatten, geben zunehmend die Dschihadisten den Ton an. Eine Erklärung hierfür ist die stärker gewordene staatliche Repression, die vielerorts einen Solidarisierungseffekt erzeugt hat und dazu führte, dass sich die »Aktivisten« auf die Seite der Dschihadisten schlugen.[9] Genauso wichtig waren allerdings die Konflikte im Nahen Osten, besonders der Krieg in Syrien, der für viele Salafisten so traumatisch war, dass das friedliche Werben für den Islam *(dawa)*, auf das sich die »Quietisten« und »Aktivisten« bis dahin beschränkten, wie Feigheit wirkte. Selbst Ibrahim Abou Nagie (*1964), ein Mitbegründer der deutschen Szene, war über das Ausmaß der Radikalisierung schockiert:

Wir sehen, dass zu den Veranstaltungen [plötzlich] Brüder kommen, die auf dem Dschihad-Trip sind, auf Trip Syrien sind, einfach kein Verantwortungsbewusstsein besitzen. Die kommen mit T-Shirts, auf denen al-Qaida steht, sie kommen mit Militärkleidung.[10]

Anders ausgedrückt: Mit dem Syrien-Thema erreichten die Dschihadisten Teile der Szene, die sie bis dahin ignoriert oder abgelehnt hatten, und ihre ständig gleiche Antwort – Dschihad – erschien plötzlich die einzig plausible.

Für Unterstützer gab es zwei Möglichkeiten: entweder selbst nach Syrien zu gehen, um dort zu kämpfen, oder den Kampf in Syrien von Europa aus zu unterstützen. Und tatsächlich: Viele der Organisationen, die zur humanitären Unterstützung der Syrer etabliert wurden – in Deutschland zum Beispiel »Helfen in Not« und »Help4Ummah« –, erlaubten den Dschihadisten den Brückenschlag mit weniger radikalen Teilen der salafistischen Szene.[11]

Megaphon-Dschihadisten

Als sich mein Team vor vier Jahren zum ersten Mal mit der internationalen Vernetzung salafistischer Gruppen beschäftigte, merkten wir schnell, dass die europäischen Dschihadisten überall nach dem gleichen Muster operierten. Wir nannten sie damals »Megaphon-Dschihadisten«, weil ihre Aktionen so schrill waren.[12] Wo immer sie öffentlich auftraten, sah man Schilder mit denselben Sprüchen: »Scharia wird kommen«, »Eure Soldaten sind Mörder« oder »Wählen ist Sünde«. Eine weitere Gemeinsamkeit war die starke Präsenz im Internet: Selbst Gruppen, die nur 20 Mitglieder hatten, waren auf allen sozialen Netzwerken präsent, veröffentlichten Videos von jeder Veranstaltung und hatten professionell gestaltete Webseiten. Jytte Klausen und ihre Kollegen von der Brandeis-Universität lieferten schließlich den Beweis, dass die europäischen Dschihadgruppen alle miteinander verflochten waren, ihre Internetauftritte voneinander kopierten und sich gegenseitig über ihre Kampagnen auf dem Laufenden hielten.[13]

Der führende Kopf hinter dem Netzwerk war Anjem Choudary (*1967), ein 48-jähriger Anwalt und Anführer der englischen Gruppe *al-Muhajiroun* (»die Auswanderer«). Choudary ging während der 1980er in London zur Schule und studierte anschließend in der südenglischen Stadt Southampton Jura. Mit seiner Religion nahm er es damals nicht so genau: Aus seiner Studentenzeit gibt es zahlreiche Fotos, die ihn beim Trinken zeigen, und einige seiner damaligen Kommilitonen berichten von Freundinnen und wilden Partys. Das änderte sich, als er in den frühen 1990ern nach London zurückkehrte. Choudary bekannte sich zum Islam, änderte sein Leben und wurde zur rechten Hand von Omar Bakri (*1958), einem syrischen Prediger, der nach London geflohen war und von dort aus Werbung für den Dschihad machte. Die beiden gründeten die Gruppe *al-Muhajiroun*, in der Bakri die Rolle des charismatischen Frontmanns spielte, während Choudary als Organisator und Vordenker aus dem Hintergrund operierte.[14]

Al-Muhajiroun hatte geschätzt hundert Mitglieder, doch zu ihren Veranstaltungen kam ein Vielfaches, denn Bakri und

Choudary taten ihr Bestes, um die britische Öffentlichkeit zu provozieren. Zum dritten Jahrestag der Anschläge vom 11. September 2001 organisierte Choudary eine Konferenz, die die Terroristen als »Großartige 19« pries. Gegen die Mohammed-Karikaturen demonstrierten seine Anhänger mit Selbstmord-Westen.[15] Und die Schuld für die Anschläge in London im Juli 2005 gab Choudary ihren Opfern. »Wenn wir von Unschuldigen sprechen, dann meinen wir damit Muslime«, sagte er der BBC.[16] Für kurze Zeit unterhielt al-Muhajiroun ein Büro in Pakistan, das britische Dschihadisten an die Taliban vermittelte.[17]

Doch insgesamt war Choudary vorsichtig, wenn es darum ging, mit Straftaten in Verbindung gebracht zu werden. Für Anschlagspläne äußerte er Verständnis, erklärte und verteidigte sie – aber betonte stets, dass er keine aktive Rolle gespielt habe. Sein Argument war, dass er die Verdächtigen zwar kenne, aber seit längerem schon aus den Augen verloren habe. Obwohl seine Anhänger bei der Hälfte aller Anschlagsversuche in Großbritannien beteiligt waren,[18] gelang es den britischen Behörden bislang nie, ihm das Gegenteil zu beweisen.

BILD 9: Treibende Kraft der europäischen Megaphon-Dschihadisten: der Londoner Anwalt Anjem Choudary

Expansion

Ende der 2000er Jahre begann Choudary damit, die Strategie und Methoden seiner Gruppe innerhalb Europas zu exportieren. Natürlich gab es in den meisten Ländern bereits vorher Salafisten, Dschihadisten und terroristische Plots. Doch Choudary sorgte dafür, dass sich die Radikalsten innerhalb der Szene vereinigten und ihre öffentliche Ansprache und Auftrittsweise professionalisierten. Nach Besuchen Choudarys kam es regelmäßig zur Gründung neuer Gruppen, die stets ähnlich agierten und fast gleichlautende Namen hatten: In Frankreich gründete sich Sharia4France,[19] in Belgien Sharia4Belgium und in den Niederlanden Sharia4Holland.[20] Die Norweger nannten sich *Profetens Ummah* (»Gemeinschaft des Propheten«) und die Dänen *Kaldet til Islam* (»Ruf zum Islam«).[21]

Genauso wie al-Muhajiroun ging es den anderen europäischen Gruppen vor allem um Provokation und das Werben für die eigene Sache. Sie verteilten Korane, posteten YouTube-Videos und verbrannten amerikanische Flaggen. Doch gleichzeitig fungierten sie als Transmissionsriemen für eine große Zahl derjenigen, die ab 2012 als Kämpfer nach Syrien gingen. Überall dort, wo die Megaphon-Dschihadisten aktiv waren und neue Anhänger um sich scharten, kam es zu Ausreisen. So zum Beispiel in Vilvoorde, einem kleinen Städtchen nördlich von Brüssel. Sharia4Belgium war dort seit 2010 aktiv und organisierte eine Reihe von Demonstrationen. Ihr Anführer prophezeite, die »schwarze Flagge des Islams« werde über den »Palästen Europas« wehen.[22] Anfang September 2012 machte sich der erste Anhänger auf den Weg nach Syrien. Noch Ende desselben Monats waren es drei, im Januar 2013 zehn.[23] Zwei Jahre später betrug die Zahl der Auslandskämpfer aus Vilvoorde 28.[24] Ähnliches spielte sich in Antwerpen ab, von wo aus fast 70 Kämpfer nach Syrien gingen – fast alle mit Verbindungen zu Sharia4Belgium. Der Chef des belgischen Geheimdienstes bezeichnete die Gruppe als »Brutkasten« für den belgischen Dschihad.[25]

In Deutschland ist das Muster identisch, obwohl Choudarys direkter Einfluss geringer war.[26] Die Gruppe, die in Deutschland den Nährboden für die Auslandskämpfer bereitete, nannte sich *Millatu Ibrahim* (»Abrahams Weg«) und wurde von Mohamed Mahmoud (*1985) gesteuert, einem 30-jährigen Österreicher, der in seiner Heimat für al-Qaida geworben und dafür vier Jahre im Gefängnis gesessen hatte. Nach seiner Freilassung im September 2011 zog er nach Berlin und befreundete sich mit dem deutschen Exrapper Deso Dogg.[27] Ähnlich wie einst Bakri und Choudary in England kombinierten die beiden Charisma und Organisationstalent. Millatu Ibrahim fand Unterstützer im gesamten Bundesgebiet – in großen Städten wie Berlin und Frankfurt am Main genauso wie in Solingen, Dinslaken und Kempten. In Wolfsburg formierte sich eine Gruppe von Deutsch-Tunesiern, die für einen Zulieferer von Volkswagen arbeiteten, miteinander Fußball spielten und ab Ende 2013 vor dem Hauptbahnhof Korane verteilten. Erst ging einer, dann zwei – im November 2014 zählte der Verfassungsschutz ein Dutzend,[28] und Mitte 2015 berichtete die *Süddeutsche* von 20 Wolfsburgern beim Islamischen Staat.[29]

Wie in Vilvoorde waren die Auslandskämpfer aus Wolfsburg Teil der dschihadistischen Szene und Unterstützer des Islamischen Staates, lange bevor sie sich auf den Weg nach Syrien machten. Was sie von ihren zu Hause gebliebenen Kameraden unterschied, war nicht das Ausmaß ihrer Radikalisierung, sondern die Möglichkeit zur Auswanderung. Das Auslandskämpfer-Phänomen kann deshalb nicht isoliert betrachtet werden: Die europäischen Kämpfer des Islamischen Staates sind Ausdruck – und Konsequenz – einer hyperradikalisierten salafistischen Szene.

Frauen

Dass auch Frauen Teil dieser Szene sind, wurde vor dem Konflikt in Syrien und dem Irak kaum wahrgenommen. Vor zehn Jahren, als ich für meinen ersten Bericht zum Thema Radikalisierung in Europa recherchierte, stimmte das auch. Die einzigen Frauen, die mit Dschihadismus zu tun hatten, waren typischerweise mit Dschihadisten verheiratet. Das einzige Beispiel, an das ich mich erinnern kann, war die Frau von Mohammed Sidique Khan, dem Anführer der Attentäter von London. Bis zum Syrien-Konflikt war sie die einzige Dschihadistin, die in Großbritannien jemals vor Gericht stand. Anderswo mag es weitere Fälle gegeben haben, aber ich kenne kein europäisches Land, in dem sich Frauen bereits Mitte der 2000er in großer Zahl, aktiv und sichtbar an der dschihadistischen Szene beteiligt hätten.

Das hat sich in den letzten sechs oder sieben Jahren geändert. Bis zu 15 Prozent der seit 2013 in den Islamischen Staat Ausgereisten sind mittlerweile weiblich. Für viele kam das als Überraschung, doch – genauso wie bei den Auslandskämpfern insgesamt – ist die hohe Zahl von Frauen, die sich dem Islamischen Staat angeschlossen haben, nicht Ursache, sondern Konsequenz: Sie reflektiert eine stärkere – und aktivere – Beteiligung von Frauen in der salafistischen Szene, die sich seit Jahren abzeichnet.

Bereits Ende der 2000er Jahre gab es eine Reihe von Berichten über Frauen in der Dschihad-Bewegung, und die Sicherheitsbehörden überall in Europa warnten vor einem »neuen Phänomen«.[30] In Deutschland ging es dabei vor allem um die Frauen von Auslandskämpfern, die ihren Männern in die Stammesgebiete von Pakistan gefolgt waren. Der Journalist Wolf Schmidt dokumentierte einige dieser Fälle und bezeichnete die Frauen als »Witwen von Waziristan«, weil viele ihrer Männer bei Kämpfen gestorben waren. Die prominenteste dieser Witwen war Luisa S. aus Bonn – eine Konvertitin in ihren frühen Zwanzigern, die vor ihrer Radikalisierung im Verkehrsamt des Rhein-Sieg-Kreises gearbeitet hatte. Nachdem ihr Mann gefallen war, trat sie in einem Propagandavideo auf, in dem sie zuerst Gott dafür dankte, dass ihr Mann »diese Ehre« erfahren durfte, und anschließend die »lieben Schwestern« in Deutschland dazu aufforderte, ihrem Beispiel zu folgen: »Die Freiheit und die Würde der Frau«, so ihre Botschaft, »werdet ihr nirgends so zu spüren bekommen wie bei uns.«[31]

Ob der Aufruf wirkte, ist nicht bekannt. Damals wie heute ist die Mehrheit der Frauen, die in dschihadistischen Gruppen aktiv sind, über einen männlichen Kontakt in die Szene gestoßen.[32] Häufig ist das der Mann, in vielen Fällen auch der Bruder, Cousin oder ein anderer Familienangehöriger. In der Berichterstattung über die (zum Teil sehr jungen) Frauen, die seit 2013 nach Syrien gereist sind, wird das gern ignoriert. Ein gutes Beispiel sind Salma und Zahra Halane, 16-jährige Zwillinge aus Manchester, die sich im Sommer 2014 auf den Weg in den Islamischen Staat machten. In der britischen Presse war die Rede von zwei Teenagern, die sich auf eigene Faust nach Syrien durchgeschlagen hatten.[33] Doch in Wirklichkeit war ihr älterer Bruder Ahmed bereits dort und hatte die Reise von Raqqa aus organisiert. Während des gesamten Trips standen die Zwillinge mit Ahmed in Kontakt und wurden von ihm an der türkischen Grenze in Empfang genommen. Hätte der Bruder seine Schwestern nicht zur Ausreise »angestiftet«, wäre es wahrscheinlich nie dazu gekommen.[34]

Das bedeutet nicht, dass es keine Frauen gäbe, die sich der Bewegung bewusst und aus eigenen Stücken angeschlossen hätten. Ganz im Gegenteil: Die Zunahme weiblicher Aktivisten erklärt sich vor allem durch Frauen, die ohne männliche Beziehungen zum Dschihadismus gestoßen sind. Der Schlüssel hierzu ist das Internet, denn vielerorts gibt es keine gesonderten Frauengruppen und die meisten Veranstaltungen stehen nur Männern offen. Online können sich die Frauen frei bewegen, gleichgesinnte Frauen finden oder an Diskussionen mit Männern teilnehmen, ohne sich als Frau zu erkennen zu geben.

Bereits Schmidt berichtete von »Online-Gotteskriegerinnen«, die Ende der 2000er Jahre in extremistischen Chatforen für den Dschihad Werbung machten. Die damals aktivste war Filiz Gelowicz, die Frau des Anführers der sogenannten Sauerland-Gruppe, die im Jahr 2007 in Deutschland Anschläge plante. Vor Gericht gab Gelowicz zu, »mehr als 1000 Videos, Beiträge und Kommentare« gepostet zu haben – zusätzlich zum eigenen YouTube-Kanal und zu ungezählten E-Mails an Frauen, die sich für den Dschihad interessierten.[35]

Gelowicz war kein Einzelfall. Bereits im Jahr 2009 bewies ein Team von Forschern an der Dubliner City-Universität, dass weibliche Dschihadisten das Internet stärker nutzten als männliche und – mehr noch – dass sie intolerantere Ansichten äußerten.[36] Das zeigte sich erneut bei den Anschlägen von Paris im Januar 2015, als Hunderte von Frauen ihre Zustimmung tweeteten. »Möge Allah den Mudschahedin ... dabei helfen, so viele Ungläubige wie möglich zu töten«,[37] schrieb eine britische Dschihadistin. »Hut ab vor den Mudschahedin«, meinte eine andere.[38] Auch die Zwillinge aus Manchester waren enthusiastisch: »Dschihad im Feindesland!!! Gott ist groß!!!«, tweetete Zahra.[39] »Was für eine verrückte Schießerei!!«, meinte ihre Schwester.[40]

Meine Mitarbeiterin Melanie Smith glaubt, das Internet sei für die weiblichen Dschihad-Unterstützerinnen eine Art Ventil: »Viele sind frustriert darüber, dass sie nicht kämpfen dürfen. Deshalb verbringen sie viel Zeit im Internet und versuchen, noch aggressiver zu sein als die Männer. Das ist ihr Beitrag zum Dschihad.«[41]

»Verdrehter Feminismus«

Wenn Medien über weibliche Dschihadisten berichten, dann meist als Opfer. Die jungen Frauen seien in die dschihadistische Szene »hineingeraten«, von Männern manipuliert worden oder hätten sich in die Fotos von »markigen Kämpfern« verliebt. Dass auch weibliche Dschihadisten intelligent und hochmotiviert sein können und dass sie aktiv an der Verbreitung der dschihadistischen Ideologie mitwirken, kommt in der Berichterstattung nicht vor. »Wenn ich die Zeitung aufschlage«, so Smith, »dann sind Männer die Terroristen und Frauen die ›Dschihad-Bräute‹.«[42]

Dabei zeigen viele Aussteigerberichte, dass die weiblichen Dschihadisten oft genauso harsch und ideologisch verbohrt sind wie ihre »Brüder«. Wichtiger als bei den Männern ist die Bekleidung – sprich: die Vollverschleierung. Wer widerspricht, wird schnell des Verrats bezichtigt. »Mir wurde unterstellt, ich hätte zu wenig Wissen in der Religion«, berichtete eine Konvertitin aus der Nähe von Frankfurt am Main, die an Veranstaltungen von Millatu Ibrahim teilnahm: »Daraus schlossen sie, ich müsse eine Spionin oder eine Journalistin sein.« Noch ein ganzes Jahr später wurde sie von ehemaligen »Schwestern« auf Facebook gemobbt: »›Du bist echt krank‹, [sagte eine]. Als ich sie fragte, ob sie ein Problem habe, antwortete sie: ›Solche Menschen wie du sind mein Problem.‹«[43]

Ob die »Emanzipation« der weiblichen Dschihadisten irgendwann so weit geht, dass sich Frauen an Anschlägen in Europa beteiligen, ist schwer zu sagen. Natürlich gab es bereits weibliche Selbstmordattentäter, und Roshonara Choudhry, eine damals 21-jährige Studentin aus London, verübte im Mai 2010 eine Messerattacke auf ihren Abgeordneten. Doch die geltende dschihadistische Lehrmeinung ist, dass Frauen keine Kämpfer sind und sich auf das Unterstützen ihre Männer konzentrieren sollten. Daran wird sich wahrscheinlich nichts ändern – was allerdings nicht bedeutet, dass weibliche Dschihadisten unwichtig, oder gar ungefährlich, sind. Die Frauen, die sich dem Islamischen Staat angeschlossen haben, spielen eine wichtige Rolle in der Propaganda und sehen ihre Aufgabe darin, für den Dschihad und das ideologische Projekt der Gruppe zu werben. Auch Drohungen hat es bereits gegeben:»Lebt in Angst«, warnte eine britische Dschihadistin nach den Anschlägen von Paris,»Schläfer und einsame Wölfe sind überall!«[44]

Das große Selbstbewusstsein der weiblichen Dschihadisten ist überraschend – und zugleich rätselhaft: Was bringt intelligente Frauen aus europäischen Gesellschaften dazu, hier mitzumachen? Biographien und Interviews mit weiblichen Dschihadisten zeigen, dass die Motivation nicht grundsätzlich anders ist als bei Männern: Auch bei Frauen geht es häufig um Struktur und Ordnung, die Sehnsucht nach Gemeinschaft und Sinn. Hinzu kommt, was Melanie Smith und Erin Saltman als »verdrehten Feminismus« bezeichnen: Viele Frauen sehen den Dschihadismus als »Befreiung« vom sexuellen Erwartungsdruck westlicher Gesellschaften.»In der Propaganda des Islamischen Staates werden Frauen geschätzt«, schreiben die zwei Forscherinnen,»aber nicht als Sexualobjekte, sondern als Mütter der nächsten Generation und Hüterinnen der Ideologie.«[45] Die Streetworkerin Berna Kurnaz, die in Norddeutschland mit Familien arbeitet, deren Töchter nach Syrien gegangen sind, bestätigte dies:»Die Mädchen und Frauen sind nicht schwach. Die Ausreise, die Radikalisierung, ist eine bewusste, eine selbstbewusste Tat – eine Form von Emanzipation.«[46]

Online

Dass der Islamische Staat so viele Unterstützer hat – Frauen und Männer –, hängt nicht bloß mit der Situation in Europa oder den Konflikten im Nahen Osten zusammen. Genauso wichtig ist seine Präsenz im Internet: Niemals zuvor in der Geschichte des Terrorismus hat eine Gruppe so viel kommuniziert, und niemals vorher wurde eine terroristische Kampagne so stark über ihre Wahrnehmung im Internet definiert.[47] Der Islamische Staat nutzt das Internet als Mittel der Kriegsführung, schüchtert seine Gegner ein und macht gleichzeitig für sich und sein ideologisches Projekt Werbung. Doch hinter dem scheinbar so geschlossenen Auftreten versteckt sich eine Vielzahl von Akteuren, von denen der Islamische Staat nur einer – und bei weitem nicht der einflussreichste – ist.

Zur Online-Präsenz des Islamischen Staates gehören zuallererst die Inhalte, die von ihm selbst produziert werden. Dazu zählen die zum Teil anderthalb Stunden langen, hochprofessionell produzierten Dokumentarfilme, über die Journalisten sagen, sie seien von »kinematischer Qualität«,[48] genauso wie kürzere Clips, die vom Alltag der Kämpfer oder aktuellen Ereignissen berichten, wie Handbücher, Dokumente, Fotos und – natürlich – das Online-Magazin *Dabiq*, das in einem halben Dutzend europäischer Sprachen erscheint. Um diese Inhalte zu vertreiben, hat der Islamische Staat ein raffiniertes System geschaffen, durch das Tausende von Accounts in den sozialen Netzwerken gesteuert werden, sodass der Eindruck entsteht, seine Anhänger seien überall. Besonders wichtig ist dabei Twitter, von wo aus die meisten Kampagnen starten. Eine Zeitlang existierte sogar eine App, mit der Unterstützer ihre Accounts mit denen des Islamischen Staates synchronisieren konnten.[49]

Doch nicht alles, was dem Islamischen Staat zugerechnet wird, kommt auch von ihm. Die einflussreichsten Bestandteile seiner Online-Präsenz werden von der Gruppe nur zum Teil oder gar nicht kontrolliert. Dazu gehören die Kämpfer, die auf ihren privaten Facebook- und Twitter-Accounts Fotos veröffentlichen und mit Unterstützern in Europa per Twitter oder WhatsApp kommunizieren; radikale Prediger, die ihre Vorlesungen auf YouTube verbreiten und sich als religiöse Cheerleader präsentieren; und einfache »Fans«, die Tag und Nacht im Internet verbringen, die neuesten Infos und Gerüchte auf Twitter posten und so zu Dreh- und Angelpunkten der Unterstützerszene werden. Häufig ist es deshalb nicht der Islamische Staat, der im Internet für den Islamischen Staat wirbt, sondern es sind seine Anhänger, Unterstützer und die von ihm Inspirierten. Sie alle gehören zum dschihadistischen Online-Ökosystem, das komplexer und weit weniger zentralisiert ist als oft vermutet.

Kämpfer

Der erste Pfeiler dieses Systems sind Hunderte von Kämpfern, die sich und ihre Erfahrungen im Islamischen Staat auf Facebook, Twitter, Instagram und Ask.fm dokumentieren. Der Konflikt in Syrien und dem Irak ist der erste, in dem es möglich ist, mit Hunderten von Kämpfern persönlich und in Echtzeit zu kommunizieren. Dass ihre Profile von den Nachrichtendiensten ihrer Heimatländer beobachtet werden, stört sie nicht, denn viele begreifen sich als Bürger des Islamischen Staates, die dort leben und sterben wollen. Das Internet benutzen sie, um ihre zu Hause gebliebenen Kameraden von der Ausreise zu überzeugen. Sie sprechen dieselbe Sprache wie ihr Publikum, beantworten jede Frage, machen Witze und geben sich als Kumpel. Ihre Fotos sind oft wackelig und unscharf, aber vermitteln das Gefühl von Stärke, Gemeinschaft und Abenteuer besser als jede Hochglanzpublikation. Ihre Betrachter entdecken in ihnen eine selbstbewusste, idealisierte Version von sich selbst:[50] Die Kämpfer sind nicht Helden, sondern Freunde und Vorbilder. Was ihre Profile kommunizieren, ist nicht Hollywood, sondern RTL II – und genau deshalb so attraktiv.

Kim André Ryding aus Norwegen ist typisch. Er wurde 1989 in einem kleinen Ort südlich von Oslo geboren und mutierte als Teenager zum »Gangsta«. Einige Jahre lang war sein Leben stürmisch: Frauen, Alkohol, Drogen, ein Dutzend Autodiebstähle und Einbrüche, ständig Ärger mit der Polizei. Noch im Februar 2012 spielte er die Hauptrolle bei einer Verfolgungsjagd in Oslo, die mit einer wilden Schießerei endete. Kurz darauf die totale Wende: Nachdem sich seine Freundin von ihm trennte, wurde er depressiv, hinterfragte seine gesamte Existenz. Er geriet an Profetens Ummah, die dschihadistische Gruppe, bei deren Gründung Anjem Choudary mitgeholfen hatte: Ryding konvertierte zum Islam, nannte sich Abdul Hakim und mied jeden Kontakt mit den alten Freunden. Weniger als ein Jahr später saß er im Flugzeug nach Istanbul und fuhr von dort mit einem Mietwagen an die syrische Grenze. Im April 2013 leistete er den Treueeid auf den Islamischen Staat.[51]

Im dschihadistischen Internet ist Ryding mittlerweile ein Star. Seine Facebook-Einträge sind auf Norwegisch und Englisch verfasst, doch seine Fans kommen aus aller Welt. Ryding postet Bilder aus dem Alltag: Sie zeigen ihn am Computer im Schlafsaal, beim Schwimmen im Euphrat oder mit Kindern. Er ist fromm und gleichzeitig stark, hat Tattoos, breite Schultern und den dazugehörigen Bizeps. Auf vielen der Fotos trägt er Tarnanzug, sitzt am Steuer eines Geländewagens oder posiert vor Panzern, die einst der irakischen Armee gehörten. Auf Fragen antwortet er geduldig und macht kein Geheimnis aus seiner turbulenten Vergangenheit:

Ich hoffe, ihr seid bereit für das Treffen mit dem Todesengel. Es gibt keinen Weg zurück. Und wenn es so weit ist, werden viele von uns bedauern, dass uns 50 Cent, Eminem, 2Pac, Drake, Fußball, Partys, Frauen, Kumpels, Trinken, Klamotten und Kumpels einst wichtiger waren als der Schöpfer.[52]

Dass Ryding im Irak ist, ein Soldat des Islamischen Staates, und sich Zeit nimmt für seine zu Hause gebliebenen Kameraden, ist für seine vielen Bewunderer eine Ehre. Viele wollen sein wie er.

Cheerleader

Der zweite Pfeiler sind spirituelle Autoritäten. Gerade weil viele der Unterstützer religiöse Analphabeten sind, ist religiöse Legitimität für sie wichtig, und so finden sich im Internet eine ganze Reihe selbsternannter Scheichs, die für den Islamischen Staat Partei ergreifen, sein Projekt verteidigen und dadurch bei Unterstützern zu Autoritätsfiguren geworden sind. Wichtig ist dabei nicht, welche Qualifikationen die Prediger haben, sondern wie überzeugend – und sympathisch – sie »rüberkommen«. Das wusste bereits Anwar al-Awlaki, der amerikanisch-jemenitische Prediger, der in den 2000er Jahren zur Inspiration für viele »einsame Wölfe« wurde und fast ausschließlich per Internet mit seinem Publikum kommunizierte. Seinem Beispiel eifern viele der neuen spirituellen Autoritäten nach. Im April 2014 untersuchte mein Institut, welche Prediger unter den Kämpfern, die wir in unserem Datensatz gesammelt hatten, die einflussreichsten waren. Das Ergebnis war überraschend, denn die zwei populärsten Prediger – die von über der Hälfte der Kämpfer gemocht wurden – waren Bürger westlicher Staaten und in keiner Weise mit dem Islamischen Staat affiliiert. Wir nannten sie »Cheerleader«, weil sie sich aus eigenen Stücken auf die Seite des Islamischen Staates geschlagen hatten und innerhalb kürzester Zeit zu wichtigen, wenn auch inoffiziellen Sprechern der Gruppe im Internet geworden waren.[53]

Einer von ihnen war ein 29-jähriger Australier namens Musa Cerantonio, der aus einer irisch-italienischen Familie in Melbourne stammte und als Katholik aufwuchs. Er konvertierte als Teenager und war bereits als Student ein bekannter Salafist, der in weißen Roben über den Campus der Victoria-Universität schweifte und mit Wildfremden über die Scharia sprach. Sein rhetorisches Talent war schon damals offensichtlich: Er drückte sich klar aus und hatte eine Begabung dafür, komplexe Sachverhalte mit einfachen Worten zu erklären. Doch seinen Abschluss machte er nicht in islamischer Theologie, sondern in Medien und Geschichte, und auch in den folgenden Jahren studierte er niemals formell den Glauben, den er mit großer Autorität zunächst in Hinterhofmoscheen, dann auf einem ägyptischen Satellitenkanal und schließlich im Internet predigte.[54]

Seine Popularität verdankte er unzähligen YouTube-Videos, in denen er über die unterschiedlichsten Inhalte referierte. Wie sein Vorbild al-Awlaki beschäftigte sich Cerantonio nicht ausschließlich mit dem Dschihad, sondern ebenso mit unpolitischen Themen, Fragen nach Identität und Alltagsproblemen. Doch wann immer er auf das Thema Dschihad zu sprechen kam, war seine Position kompromisslos: Dschihad ist bewaffneter Kampf, so Cerantonio, und der sei verpflichtend. Von Anfang an unterstützte er den Islamischen Staat. Auf Facebook schrieb er im Februar 2014:

ISIS tut, wovon die anderen nur reden: Sie bauen den Islamischen Staat auf und planen das Kalifat ... Ich habe es bereits gesagt und sage es abermals: Als Muslim gebührt meine Loyalität demjenigen, der das Kalifat zum Leben erweckt.[55]

Auf Facebook hatte Cerantonio mehr als 11 000 Fans, bevor seine Seite im Mai 2014 gelöscht wurde. Für einen milchbärtigen Konvertiten aus Australien, der über keinerlei Qualifikationen als Prediger verfügte, war sein Aufstieg beispiellos.

Fans

Ein dritter Bestandteil des dschihadistischen Internets sind einfache Unterstützer, die Kämpfern folgen und Neuigkeiten aus dem Islamischen Staat übersetzen, kommentieren und verbreiten. Einige sind auch »offline« bei dschihadistischen Gruppen wie Millatu Ibrahim oder Profetens Ummah aktiv, doch für viele beschränkt sich das Engagement aufs Internet. Der amerikanische Autor Jarret Brachman entdeckte das Phänomen bereits vor Jahren und schuf für die besonders Aktiven die Bezeichnung »Dschihobbyist«:

> Man findet sie an ihren Computern zu Hause oder im Internetcafé: Sie hosten dschihadistische Webseiten, gestalten Propagandaposter, bearbeiten Videos, produzieren Soundtracks, schreiben Handbücher oder stellen die Reden berühmter Scheichs zusammen und machen aus ihnen leicht herunterzuladende Dateien. Ihre Bedeutung wird leicht unterschätzt: Sie sind die Basis. Sie sorgen dafür, dass die dschihadistische Agenda Verbreitung findet.[56]

Und tatsächlich: Vieles von dem, was Journalisten dem Islamischen Staat zurechnen, kommt in Wirklichkeit von Fans, die die Gruppe zwar enthusiastisch unterstützen, aber weder bei ihr Mitglied sind noch jemals in Syrien oder dem Irak waren. Für den Islamischen Staat und seine Wahrnehmung im Internet sind sie wichtig, weil es so viele von ihnen gibt und sie dabei helfen, Inhalte vom Arabischen ins Englische oder vom Englischen in andere europäische Sprachen zu übersetzen, aber auch – und vor allem – weil sie diese Inhalte verwestlichen und dafür sorgen, dass sie von einem europäischen Publikum verstanden werden. Sie sind diejenigen, die Rap-Stars, westliche Marken und Werbeslogans mit Botschaften des Islamischen Staates kombinieren und dafür sorgen, dass die Gruppe »cool« wirkt.

Ein gutes Beispiel ist die »Fünf-Sterne-Dschihad«-Kampagne, mit der Mitte 2013 für den Islamischen Staat geworben wurde: Die Idee dafür kam nicht vom Islamischen Staat, sondern von Fans, die mit Fotos von Kämpfern beim Planschen, Billard-Spielen und am Steuer großer Autos zeigen wollten, wie glamourös und gleichzeitig »normal« das Leben im Islamischen Staat sei. Die Kampagne war ein Riesenerfolg, doch beim Islamischen Staat hatte man gemischte Gefühle. Noch während des Sommers gab es mehrere offizielle Videos, in denen Kämpfer klarmachten, dass der Dschihad kein Luxusurlaub, sondern eine ernsthafte Angelegenheit sei. Wer ausschließlich wegen des Abenteuers und großer Autos komme, habe im Islamischen Staat nichts verloren: »Brüder! Wenn ihr hierherkommt, dann repräsentiert ihr den Islam«, mahnte ein britischer Kämpfer, »und so müsst ihr auch handeln.«[57]

Der bisher wichtigste Dschihobbyist war *Shami Witness*, ein englischsprachiger Blogger, dessen Twitter-Account zuletzt 20 000 Fans verzeichnete. Bei Shami gab es die neuesten Nachrichten, offizielle Bekanntmachungen, Fotos und Gerüchte: Er war der zentrale Knotenpunkt, an dem alle Informationen zusammenliefen. Zu seinen Fans gehörten viele Unterstützer und zu Hause Gebliebene, aber auch Hunderte von Auslandskämpfern, die über seinen Account Informationen aus anderen Teilen Syriens bekamen.[58] Shami nahm kein Blatt vor den Mund: Er machte offen Propaganda für den Islamischen Staat und erniedrigte seine Gegner – nicht nur Westler und

Schiiten, auch Unterstützer al-Nusras, die er als »Geisteskran-ke« beschimpfte.[59] Als im Herbst 2014 bekannt wurde, dass Kämpfer des Islamischen Staates jesidische Frauen als Sklaven genommen hatten, verdammte Shami die Berichte zuerst mit großem Pathos als »Lügen« und »Propaganda«,[60] musste sich aber später korrigieren, als selbst *Dabiq* die Praxis erwähnte und sie als »islamisch korrekt« verteidigte.

Lange Zeit gingen alle davon aus, dass Shami Engländer sei. Doch ein Team des britischen Fernsehsenders Channel 4 ent-deckte Ende 2014, dass er seinen Twitter-Account umbenannt hatte und sein voriger Name mit dem eines Facebook-Profils übereinstimmte, das einem Software-Manager aus Bangalore in Indien gehörte.[61] Der »echte« Shami hieß Mehdi Masroor Biswas, war 24 Jahre alt und führte neben seiner Existenz als dschihadistischer Propagandist ein ganz normales Leben, hatte Familie, einen gutbezahlten Job und feierte mit seinen Freunden Pizza-Partys.[62]

Einsame Wölfe?

Dass Terroristen ihre Anhänger zu Anschlägen anstiften, ohne selbst bei der Durchführung beteiligt zu sein, ist nicht neu. Schon die Anarchisten im späten 19. Jahrhundert hatten ge-hofft, sie könnten so auf einfache Weise – und ohne eigenes Zutun – das Chaos schaffen, das ihrer Meinung nach not-wendig war, um einen Umsturz herbeizuführen (siehe Teil 1, Kapitel 1). Hundert Jahre später entdeckten die Rechten die-selbe Idee: Der amerikanische Neonazi-Ideologe Louis Beam (*1946) formulierte Anfang der 1990er die Doktrin des »füh-rerlosen Widerstands« und inspirierte damit den Anschlag auf ein Regierungsgebäude in Oklahoma City, bei dem 170 Men-schen starben.[63] Anwar al-Awlaki, der dschihadistische Prediger, der ab Ende der 2000er zu Anschlägen im Westen aufrief, war deshalb nicht der Erste, der auf »einsame Wölfe« setzte. Was ihn von seinen Vorgängern unterschied, war die Anzahl der Kanäle, die ihm zur Verfügung standen, um seine Strategie zu verbreiten. Seine Vorträge gab es zunächst auf Videokassette, dann als DVD und – schließlich – auf YouTube. Er hatte einen Blog, war ständig per E-Mail erreichbar und veröffentlichte al-Qaidas Online-Magazin Inspire, das Lesern erklärte, wie man »Bomben in Mamas Küche« baute.[64] Dank Internet hatte al-Awlaki ein Millionenpublikum – und das praktisch kostenfrei.

Doch selbst al-Awlakis Erfolg war begrenzt: Zwar gingen fast alle der al-Qaida-inspirierten Anschläge im Westen in den Jahren vor dem Syrien-Konflikt auf sein Konto (siehe Teil 1, Kapitel 2), aber der große Durchbruch gelang ihm nicht. Trotz seiner Popularität in der dschihadistischen Szene überzeugte er bis zum Jahr 2013 nur insgesamt 73 seiner virtuellen Anhänger in Amerika davon, Anschläge durchzuführen – wovon die meisten fehlschlugen oder kaum Schlagzeilen machten.[65] (Der Charlie Hebdo-Anschlag in Paris, der vier Jahre nach seinem Tod stattfand und von ihm »gefördert« wurde, mag sein größter Erfolg gewesen sein; siehe Teil 2, Kapitel 4.)

Ein wichtiger Grund war, dass al-Awlakis Strategie von Anfang an wie eine Verzweiflungstat wirkte. Al-Qaidas Ziel waren damals große Anschläge: ein zweiter 11. September, mindestens aber ein weiteres London oder Madrid. Wer etwas auf sich hielt, wollte nach Pakistan ins Trainingscamp, »Soldat« werden und anschließend Teil einer großen, wichtigen Operation sein. Einsame Wölfe galten als Verlierer, die ihre Leben mit Aktionen verschwendeten, an die sich später niemand mehr erinnerte. Al-Awlaki verwendete viel Energie darauf, diese Wahrnehmung zu ändern. »Sie hat ihr Leben nicht vergeudet«, mahnte Inspire nach der Messerattacke von Roshonara Choudhry: »Sie hat der Religion Gottes einen Dienst erwiesen ... Alle Männer, die bloß zu Hause rumsitzen, sollten sich schämen!«[66]

Zu Helden wurden die einsamen Wölfe trotzdem erst durch den Islamischen Staat – drei Jahre nachdem al-Awlaki durch eine amerikanische Drohne ums Leben gekommen war. Die Enthauptungen amerikanischer und britischer Geiseln im Sommer 2014 zeigten, dass es keiner monatelangen Planung, keiner hochkomplizierten Operation und keiner explodierenden Busse und fallender Türme bedurfte, um die ganze Welt zu terrorisieren. Auch wenn »Jihadi John« kein einsamer Wolf war und sich die Enthauptungen nicht in Europa, sondern in Syrien abspielten – die Botschaft war klar: Ein einzelner Mann mit einem Messer hatte Amerika erniedrigt, eine Weltmacht in die Knie gezwungen, seine Bürger in Angst und Schrecken versetzt. Von jetzt an waren Einzeltäter keine Terroristen zweiter Klasse mehr, und jeder verstand, dass ein Messer eine genauso potente Waffe sein konnte wie eine tonnenschwere Bombe.

Doktrin ...

Ideologisch waren die »Kreuzzügler« aus dem Westen für den Islamischen Staat schon immer Feind. Das islamische Weltreich, das er schaffen möchte, ist ein Gegenentwurf zum westlichen, und selbst die arabischen Staaten, gegen die die Gruppe hauptsächlich kämpft, sind – ideologisch gesehen – nur ein Zwischenstopp vor der finalen Konfrontation, die in den apokalyptischen Phantasien von Abu Musab al-Zarqawi und seinen Nachfolgern beschrieben ist (siehe Teil 2, Kapitel 1). Es wäre deshalb naiv, zu glauben, der Westen könne der Auseinandersetzung mit dem Islamischen Staat einfach so aus dem Weg gehen: Der Islamische Staat ist ein aggressives, expansionistisches und antiwestliches Projekt, mit dem der Konflikt unvermeidbar war.

Wahr ist allerdings auch, dass die Konfrontation früher kam, als vom Islamischen Staat geplant, und dass es nicht zur ursprünglichen Strategie der Gruppe gehörte, bereits in der ersten Phase des Konflikts Anschläge im Westen zu verüben. Bis Mitte 2014 zielte die gesamte Rhetorik darauf ab, junge Muslime aus dem Westen in den Islamischen Staat zu locken. Zu dieser Zeit gab es weder zentral gesteuerte Anschlagspläne noch irgendwelche Aufrufe, Europa oder Amerika anzugreifen. Das änderte sich mit dem Beginn der westlichen Luftschläge im August 2014. Innerhalb weniger Wochen veröffentlichte der Islamische Staat eine Rede, in der sein Sprecher Abu Mohammed al-Adnani (*1977) zum ersten Mal explizit zu Anschlägen im Westen aufrief. Anders als bei al-Qaida lag die Betonung nicht auf großen, spektakulären Operationen, sondern sehr einfachen, leicht durchführbaren Akten roher Gewalt:

Wenn ihr dazu in der Lage seid, einen ungläubigen Amerikaner oder Europäer – besonders die boshaften und schmutzigen Franzosen –, Australier, Kanadier oder irgendeinen anderen der Ungläubigen, die [gegen uns] Krieg führen ... zu töten, dann vertraut auf Gott und tötet sie, wie ihr wollt. Zertrümmert ihnen den Kopf, schlachtet sie mit einem Messer, überfahrt sie mit dem Auto, werft sie von einem hohen Gebäude, erwürgt oder vergiftet sie.[67]

Die Führung des Islamischen Staates verstand, dass solche Angriffe genauso viel Terror auslösen würden wie die komplexen Anschläge, auf die sich al-Qaida einst spezialisierte. Auch war ihr bewusst, dass eine solche Strategie zu mehr – und schnelleren – Resultaten führen würde als das Hoffen auf eine große Operation, die monatelange Planung erforderte und deshalb von den Sicherheitsbehörden leichter zu durchkreuzen war. Kurzum: Die einsamen Wölfe, die noch wenige Jahre zuvor belächelt wurden, standen jetzt im Mittelpunkt.

Ein Jahr später hat sich an der Doktrin nichts geändert.[68] In einer Audio-Botschaft vom Mai 2015 gab al-Baghdadi seinen Zuhörern zwei Optionen. Die Betonung lag nach wie vor auf *Hidschra* – der Auswanderung in den Islamischen Staat –, doch sollte das unmöglich sein, müssten gläubige Muslime die Waffe in die Hand nehmen und gegen die Feinde des Islamischen Staates kämpfen,»wo auch immer sie sind«.[69]

Bei solchen Aufrufen geht es al-Baghdadi nicht darum, »Rom zu erobern« oder die schwarze Flagge des Islams über Downing Street zu hissen. Das alles kommt später. Stattdessen sind sie Teil einer Strategie der asymmetrischen Kriegsführung, mit der die Gruppe die Regierungen des Westens dort treffen will, wo es am meisten schmerzt, nämlich zu Hause. Ihr Ziel ist eine westliche Überreaktion, sodass sich Amerika und seine Verbündeten entweder ganz aus dem Konflikt zurückziehen oder so massiv intervenieren, dass der Islamische Staat die Gelegenheit bekäme, in Syrien oder dem Irak gegen »westliche Besatzer« zu kämpfen.

… und Umsetzung

Zur Umsetzung der Doktrin kam es zunächst außerhalb Europas. Die ersten Anschläge fanden in Kanada statt: Am 20. Oktober 2014 versuchte ein Einzeltäter, zwei Soldaten in der Nähe von Montreal zu überfahren; zwei Tage später kam es zu einer Schießerei am kanadischen Parlament in Ottawa. Mitte Dezember dann eine Geiselnahme im australischen Sydney: Protagonist war ein selbsternannter Prediger, der erst wenige Wochen vorher zum sunnitischen Islam konvertiert war. Keiner der Attentäter war Mitglied des Islamischen Staates oder hatte in Syrien oder dem Irak gekämpft – doch alle waren enthusiastische Unterstützer.

Ende des Jahres gab es auch in Europa Anschläge. Am 20. Dezember stürmte ein 20-jähriger Franzose namens Bertrand Nzohabonayo eine Polizeistation in einem Vorort von Tours, schrie »Gott ist groß« und stach auf drei Beamte ein, bevor er selbst getötet wurde. Seine Geschichte ist nahezu identisch mit der von dschihadistischen Unterstützern und Kämpfern anderswo in Europa: Bertrand war Sohn afrikanischer Einwanderer, hatte Probleme in der Schule und ständig Ärger mit der Polizei. Wie viele seiner Kameraden versuchte sich Bertrand zunächst als Rapper, hatte einen eigenen YouTube-Kanal, aber konvertierte schließlich zum Islam und nannte sich Bilal.[70] Mit den eher traditionellen Moscheegemeinden in der Region Tours hatte er nichts am Hut. Stattdessen besorgte er sich Informationen aus dem Internet, wurde aktiver »Fan« und machte die schwarze Flagge des Islamischen Staates zu seinem Facebook-Profilbild.[71] Ob er von al-Adnanis Ansprache wusste, ist nicht bekannt. Doch bereits wenige Tage nach seiner Aktion erschien im Online-Magazin *Dabiq* ein Nachruf, der Bertrands Tat lobte und vor weiteren Attentaten warnte: »Seinem Beispiel werden andere folgen.«[72]

BILD 10: Vom Unterstützer zum »einsamen Wolf«: Bertrand Nzohabonayo alias »Bilal«

Und tatsächlich: Innerhalb der nächsten Tage kam es zu Anschlägen in Dijon und Nantes – beides Mal Versuche, Fußgänger zu überfahren. Auch hier wurde »Gott ist groß« gerufen, doch beide Attentäter hatten psychische Probleme und wurden von den französischen Behörden deshalb nicht als Terroristen gezählt.

Anfang Januar dann die Anschläge von Paris: zunächst der Überfall auf die Redaktionsräume der Satirezeitschrift *Charlie Hebdo*, bei dem zwölf Menschen starben, und zwei Tage später eine Geiselnahme in einem koscheren Supermarkt, bei der es zu vier Todesopfern kam. Im Februar wiederholte sich das Muster: In Kopenhagen griff ein dänischer Unterstützer des Islamischen Staates eine Podiumsdiskussion an, danach eine Synagoge. Auch hier gab es mehrere Todesopfer und – kurz darauf – eine lobende Erwähnung in *Dabiq*.[73]

Mit Ausnahme von *Charlie Hebdo* (siehe Teil 2, Kapitel 4) waren alle europäischen Attentäter Unterstützer des Islamischen Staates, keiner war Auslandskämpfer und niemand handelte auf direkte Anweisung der Gruppe. Die Bezeichnung »einsamer Wolf« war hier – und in vielen anderen Fällen – irreführend: Die scheinbar »einsamen« Wölfe handelten häufig zu zweit oder zu dritt, waren polizeibekannt, oft jahrelang Teil dschihadistischer Unterstützermilieus, und wurden bereits von den Nachrichtendiensten beobachtet. Vollständig selbstradikalisierte Einzeltäter wie Bilal, die ausschließlich per Internet zum Dschihad fanden und dann auf eigene Faust Anschläge verübten, sind nach wie vor die Ausnahme.[74]

Dass sich bloße Unterstützer, die nicht in die Hierarchie einer Gruppe integriert sind, so schnell und in so großer Anzahl für terroristische Einzelaktionen mobilisieren lassen, ist neu, besorgniserregend und macht die Arbeit der Sicherheitsbehörden komplizierter. »Unterstützerkarrieren« sind schwerer vorauszusagen. Hinzu kommt, dass die »alten Dschihadisten«

von al-Qaida nicht völlig verschwunden sind: Auch sie sind Teil der neuen Welle, und von ihnen handelt das nächste Kapitel.

4

Al-Qaida

Statt in England oder Deutschland Geschenke zu verpacken, saß ich im Dezember 2013 – zwei Wochen vor Weihnachten – bei brütender Hitze unter einem großen Baum in der somalischen Provinzhauptstadt Baidoa. Ich war am Morgen per Hubschrauber mit einem Team der Vereinten Nationen aus Mogadischu angekommen. Wir sollten uns eine neue Einrichtung anschauen, die dort für vormalige Kämpfer von Al-Shabaab geschaffen wurde.

Die dschihadistische Gruppe, die seit 2012 offiziell mit al-Qaida liiert ist, war in den Monaten zuvor in vielen Teilen des Landes zurückgedrängt worden, was bedeutete, dass es plötzlich Tausende von Kämpfern gab, die keinen Job mehr hatten – und von denen keiner wusste, ob sie noch gefährlich waren. Ziel der Einrichtung war die Reintegration dieser Kämpfer ins zivile Leben.

Ich fand das Projekt interessant, doch was mich wirklich motivierte, war die Möglichkeit, mit jungen Männern zu sprechen, die wenige Wochen vorher noch für Al-Shabaab gekämpft hatten. Nach dem Mittagessen war es so weit: Fünf Exmitglieder von Al-Shabaab setzten sich zu mir unter den Baum, und ich hatte zwei Stunden, um besser zu verstehen, wer sie waren und was sie antrieb. Natürlich war mir bewusst, wie wenig sich in der kurzen Zeit herausfinden ließ und dass meine Gesprächspartner genau beobachtet wurden. Mein Ziel war nicht ein Interview, sondern ein erster Eindruck.

Vier der fünf waren, was der australische Autor David Kilcullen »versehentliche Guerillas«[1] nennt: simpel gestrickt, ohne Job und Bildung, doch plötzlich Teil einer Armee, in der sie für eine ideologische Agenda kämpften, die sie weder kannten noch voll verstanden. Was sie motivierte, waren die »zwei Dollar am Tag«, die Al-Shabaab ihnen zahlte, oder die Wirren des scheinbar endlosen – und unendlich komplizierten – somalischen Bürgerkriegs. Den Amerikanern galten sie als Terroristen und »Mitglieder al-Qaidas«, doch in Wirklichkeit war keiner von ihnen ein »globaler Dschihadist« wie Bin Laden oder viele der Europäer, die zum Kämpfen nach Syrien gehen.

Sie repräsentierten eine Facette des dschihadistischen Phänomens, das in den Medien häufig untergeht, denn wo immer sich Dschihadisten an Bürgerkriegen beteiligen, Territorium kontrollieren und Löhne bezahlen, gibt es lokale Rekruten, die für sie kämpfen, aber mit den globalen Zielen – dem Kampf gegen Amerika, »Kreuzzügler und Zionisten« – wenig zu tun haben. Und in der Tat: Nur der fünfte der vormaligen Kämpfer, mit denen ich in Baidoa zusammensaß, kannte sich mit Al-Shabaabs Ideologie aus und hatte jemals einen Auslandskämpfer getroffen. »Ich wollte zu Al-Shabaab, weil sie versprachen, die Scharia einzuführen«, sagte er.

Dass der globale Dschihad zwei Gesichter hat – ein globales und ein lokales –, ist seit dem Arabischen Frühling und den Umwälzungen im Nahen Osten deutlicher zu erkennen als je zuvor, denn es gibt heute mehr muslimische Länder, die im Umbruch sind, wo sich Konflikte abspielen oder Unsicherheit herrscht, und damit mehr Möglichkeiten für die Dschihadisten, Wurzeln zu schlagen, Territorium zu kontrollieren und staatliche Strukturen aufzubauen. Die lokale Verankerung ist der Grund, weshalb al-Qaida den Aufstieg des Islamischen

Staates in Ländern wie Somalia überlebt hat und warum die »alten Dschihadisten« während der fünften Welle des Terrorismus nach wie vor eine Rolle spielen.

Wahr ist allerdings auch, dass al-Qaida an vielen Orten an Unterstützung verloren hat und selbst in Hochburgen wie dem Jemen vom Islamischen Staat herausgefordert wird. Al-Qaidas Rolle als Vorreiter und Anführer des globalen Dschihads steht zur Disposition, und selbst unter Dschihadisten wird mittlerweile darüber diskutiert, ob die Gruppe überhaupt bestehen bleiben soll.[2] Der Wettbewerb zwischen unterschiedlichen Gruppen stellt eine wichtige neue Dynamik dar und könnte auch in Europa zu Anschlägen führen – sei es, weil lokal orientierte Gruppen wie al-Nusra ihren international orientierten Kameraden Unterschlupf gewähren; weil gut funktionierende al-Qaida-Filialen wie al-Qaida auf der Arabischen Halbinsel (AQAP) mit Anschlägen im Westen Erfolg haben; oder weil die Konkurrenz mit dem Islamischen Staat al-Qaida zu einem dramatischen Befreiungsschlag zwingt.

Al-Nusra

Die Trennung zwischen dem Islamischen Staat und al-Nusra, die sich im Frühjahr 2013 vollzog, war dramatisch und hinterließ tiefe Wunden. Al-Baghdadis Behauptung, al-Nusra sei lediglich ein »Ableger« von ISIS (siehe Teil 2, Kapitel 1), wies al-Dschaulani, der Chef der Gruppe, energisch zurück. In einer Ansprache im April argumentierte er, dass al-Nusra von Anfang an ein eigenständiges Projekt gewesen sei, und »erneuerte« seinen Treueeid auf al-Qaida-Chef al-Zawahiri.[3] Al-Baghdadi beschuldigte ihn daraufhin der Desertion und fügte hinzu, dass ISIS und sein irakischer Vorgänger, der Islamische Staat im Irak, schon seit 2006 nicht mehr zu al-Qaida gehörten (wovon al-Dschaulani, der die gesamte Zeit Mitglied der Gruppe war, offensichtlich nichts mitbekommen hatte).[4] Mehrere Vermittlungsversuche scheiterten, und im Februar 2014 verlor auch al-Zawahiri die Geduld, schlug sich auf die Seite al-Nusras und verkündete den Rausschmiss von ISIS aus al-Qaida. ISIS seinerseits blockierte eine Aussöhnung, indem es sich in »Islamischer Staat« umbenannte und das Kalifat ausrief, was bedeutet, dass sich al-Nusra im Falle einer Wiedervereinigung mit dem Islamischen Staat der Autorität al-Baghdadis unterwerfen müsste. Kurzum: Ein Zusammenschluss auf gleicher Augenhöhe ist aus heutiger Sicht praktisch unmöglich. Aus Sicht al-Nusras – und al-Qaidas insgesamt – ist der Islamische Staat arrogant, hat keinen Respekt: »Er ist wie Krebs«, sagte kürzlich einer von al-Qaidas Chefideologen.[5]

Die »Unversöhnlichkeit« der zwei dschihadistischen Gruppen liegt auch daran, dass auf beiden Seiten viel Blut geflossen ist. Während al-Nusra und ISIS im Sommer 2013 noch an vielen Fronten miteinander kooperierten, standen sich die zwei Gruppen ab Herbst des Jahres fast überall feindlich gegenüber. Im Januar 2014 kam es zum offenen Krieg. Die verlustreichsten Auseinandersetzungen gab es in den syrischen Provinzen Aleppo und Idlib, wo Hunderte von Dschihadisten, die im Jahr zuvor noch Seite an Seite gekämpft hatten, ihr Leben verloren. Formell geendet hat der Konflikt nie, doch seit Spätsommer 2014 haben Tempo und Anzahl der Kämpfe deutlich abgenommen. Beide Gruppen konsolidierten ihr jeweiliges Territorium und gehen sich seitdem häufig aus dem Weg.[6] Ende Mai 2015 lebten ungefähr 10 Prozent der syrischen Bevölkerung in von al-Nusra kontrolliertem Territorium, die meisten davon in den zwei Hochburgen Idlib im Nordwesten und Dara im äußersten Süden des Landes.[7]

Doch was unterscheidet die zwei Gruppen, und warum gilt al-Nusra vielen als weniger gefährlich? Der Hauptunterschied ist nicht ideologisch: Beide sind dschihadistische Gruppen, die eine salafistische Agenda haben und sich auf dieselben Ideologen stützen, auch wenn al-Nusra bei der Umsetzung weniger stringent auftritt und auf die grausamsten Aspekte der Herrschaft im Islamischen Staat – Enthauptung, Versklavung, sexuelle Gewalt, Massenvertreibung und Exekution religiöser Minderheiten – bisher verzichtet hat. Die größten Differenzen gibt es bei der Strategie: Während sich al-Nusra als syrische Gruppe versteht, deren erste und wichtigste Priorität der Sturz des Assad-Regimes ist, ging es dem Islamischen Staat von Anfang an um ein globales, grenzübergreifendes Projekt. Für Europa ist der Islamische Staat deshalb eine unmittelbarere Bedrohung, was allerdings nicht bedeutet, dass al-Nusra harmlos – oder gar ein potentieller Partner – ist. Denn auch al-Nusra will letztlich ein Kalifat, verfügt über europäische Auslandskämpfer, sieht sich als Teil einer globalen Bewegung und könnte seine Fähigkeiten problemlos für einen Konflikt mit dem Westen mobilisieren.

Lokale Agenda

Bisher hat sich al-Nusra ausschließlich auf den Konflikt in Syrien konzentriert. Der erste – und vielleicht wichtigste – Grund dafür ist die Struktur der Gruppe: Anders als der Islamische Staat besteht al-Nusra zu über 70 Prozent aus Syrern und wird von Syrern geführt und dominiert.[8] Die Geschichte von Baschar und Hischam, zwei Kämpfern aus der Nähe von Palmyra, ist typisch. Wir trafen die beiden in einem Café im türkischen Grenzort Reyhanli, wo sie sich vom Kämpfen in Syrien erholten. Die zwei waren Aktivisten der ersten Stunde, gingen Anfang 2011 gegen Assad auf die Straße, filmten die Demonstrationen und stellten die Videos auf YouTube. Als der Konflikt eskalierte, wollten sie kämpfen. Al-Nusra war nicht die erste Gruppe, bei der sie mitmachten, aber ist ihrer Meinung nach die beste: »Im Gegensatz zur Freien Syrischen

Armee ist al-Nusra ehrlich und behandelt die Bevölkerung gut«, sagte uns Hischam. Baschar fügte hinzu:»Sie sind die mutigsten, die besten Kämpfer: echte Löwen.«»Dass al-Nusra eine dschihadistische Organisation ist, stört sie nicht:»Als Baschar [al-Assad] unsere Familien ermordete, kam niemand zu Hilfe. Nur die [Dschihadisten] kämpften an unserer Seite, und dafür sind wir dankbar«, erklärte Baschar.

Der Islam sei ihre Religion, und ein freies Syrien solle islamisch regiert werden. Wie genau, das wüssten sie nicht, doch mit den»Ausländern« vom Islamischen Staat wollen sie nichts zu tun haben:»Wir sind für Demokratie, aber islamisch und syrisch«, ergänzte Hischam.[9] In ihrer ideologischen Unbekümmertheit ähneln die beiden den somalischen Al-Shabaab-Kämpfern, die ich in Baidoa getroffen hatte: Ihnen geht es nicht primär um den Westen, Amerika oder Europa, sondern um»ihr« Land,»ihr« Dorf und»ihre« Familie. Am»globalen Dschihad« al-Qaidas haben sie weder Interesse noch verstehen sie sich als Teil von ihm.

Ein weiterer wichtiger Faktor ist die Koalitionsstrategie der Gruppe. Als Lektion aus dem Scheitern im Irak, wo sich die lokalen Stämme Mitte der 2000er Jahre gegen al-Qaida erhoben (siehe Teil 2, Kapitel 1), setzte al-Nusra von Anfang an auf lokale Bündnisse – selbst wenn die anderen Gruppen nicht hundertprozentig mit der salafistischen Agenda übereinstimmten. Anders als beim Islamischen Staat hatte al-Nusra keine Absicht, den Aufstand zu dominieren, sondern begriff sich als Partner, besser noch: als Erster unter Gleichen. Im Bruderkrieg gegen ISIS war es nicht al-Nusra allein, sondern eine Koalition aus islamistischen und salafistischen Gruppen – die Syrische Islamische Front –, die al-Baghdadis Truppen gegenüberstand. Und in der al-Nusra-Hochburg Idlib-Stadt regiert die Gruppe nicht allein, sondern zusammen mit der Islamischen Front.

Auch wenn al-Nusra in letzter Zeit häufiger Alleingänge

versucht,[10] weiß die Gruppe um die Vorteile dieser Koalitionen: Sie machen al-Nusra stärker und schützen sie vor Angriffen von außen. Als Amerika im Herbst 2014 Trainingscamps al-Nusras bombardierte, unterstützten al-Nusras Partner die Gruppe: »Wir sind alle al-Nusra«, hieß es auf Postern und im Internet.[11] Die Kehrseite ist, dass die Gruppe ihre über Syrien hinausreichenden Ambitionen den Interessen ihrer Bündnispartner unterordnen muss: An einem Krieg gegen Europa oder Amerika haben al-Nusras Partner und ihre Sponsoren – viele davon in den Golfstaaten – kein Interesse,[12] und solange dies der Fall ist, wird es wohl auch nicht dazu kommen.

Globales Potential

Doch das strategische Korsett, in dem sich al-Nusra durch seine lokalen Bündnisse befindet, ist keine Garantie dafür, dass die Gruppe nicht zum Inkubator terroristischer Anschläge im Westen wird. Ein potentieller Risikofaktor sind auch hier die Auslandskämpfer. Zwar gibt es bei al-Nusra weniger von ihnen, und sie bestimmen nicht den Charakter oder die Ausrichtung der Organisation. Auch sind al-Nusras Ausländer meist von besserer »Qualität« – es gibt kaum »Gangsta«, gescheiterte Existenzen oder Verwirrte, die den Islam erst vor Wochen entdeckt haben und jetzt »auf Dschihad machen«.[13] Doch in ihrer Ideologie unterscheiden sie sich kaum von denen des Islamischen Staates. Auch al-Nusras Ausländer kämpfen letzten Endes nicht für die Syrer, ihre eigenen Familien, Schulfreunde oder Landsmänner, sondern für die abstrakte Idee der *Umma*, der globalen Gemeinschaft der Muslime – und auch unter ihnen gibt es »Gefährliche« genauso wie solche, die »desillusioniert« sind oder nach ihrer Rückkehr in der Versenkung verschwinden (siehe Teil 2, Kapitel 2).

Zu den »Gefährlichen« zählt ganz sicher Ismail Jabbar aus

Middlesex in der Nähe von London, den mein Team seit geraumer Zeit beobachtet. Der 22-Jährige war Einzelhandelslehrling in einem großen Londoner Kaufhaus, bevor er sich im Herbst 2013 nach Syrien absetzte.[14] Bei al-Nusra war er bereits an vielen Einsätzen beteiligt und hat mehrere Fotos von sich mit toten syrischen Soldaten gepostet. Von der Zurückhaltung al-Nusras bei Enthauptungen hält er nichts: »Alle Brüder wollen jemanden köpfen, doch wir kriegen keine Gelegenheit dazu«, erklärte er im Frühjahr 2014 auf der Webseite Ask.fm. Auch der Fokus auf Syrien ist seiner Meinung nach falsch: »Irgendjemand sollte sich ein Messer schnappen und vor einer U-Bahn-Station ein Massaker machen«, schrieb er auf Twitter. Und kurz darauf: »Sprengt bitte eine Tankstelle in die Luft. Wie schwierig kann das wohl sein?«[15] Mit al-Nusras offizieller Strategie haben solche Statements nichts zu tun – doch Leute wie Jabbar, die bei al-Nusra ihr »Handwerk« gelernt haben, könnten in Zukunft bei anderen, noch radikaleren Gruppen anheuern – oder ihre Ziele auf eigene Faust verfolgen.

Genauso problematisch sind al-Nusras Verbindungen zu dschihadistischen Gruppen aus anderen Teilen der Welt. Die Anführer al-Nusras betrachten sie – trotz aller strategischen Differenzen – als »Brüder«, gewähren ihnen Unterschlupf und machen sich so zu Komplizen ihrer terroristischen Kampagnen. Im Sommer 2014 zum Beispiel wurde bekannt, dass Bombenbauer von AQAP zu Gast in Syrien waren und dort an neuartigen Sprengsätzen bauten, die sich in Handys und Laptops verstecken ließen. Die Verschärfung der Kontrollen an westlichen Flughäfen, die kurz darauf folgte, hatte nichts mit dem Islamischen Staat zu tun, sondern mit al-Nusra, in deren Gebiet sich die jemenitische »Delegation« aufhielt.[16] Keine zwei Monate später bombardierten die Amerikaner Positionen al-Nusras und behaupteten, ihr Ziel seien Trainingslager einer neuen Gruppe namens Khorasan gewesen. In Wahrheit gab es keine solche Gruppe: Bei Khorasan handelte es sich um Abgesandte al-Qaidas aus den Stammesgebieten in Pakistan, die von al-Nusra nach Syrien eingeladen wurden, um ihre Expertise beim Bau von Sprengfallen und Selbstmord-Gürteln an die syrischen »Brüder« weiterzugeben.[17] Die Verbindung war weder überraschend noch zufällig: Al-Nusra ist nach wie vor Teil der »dschihadistischen Internationalen«, und wer glaubt, in ihr eine »moderate Alternative« zum Islamischen Staat entdeckt zu haben,[18] spielt mit dem Feuer.

AQAP

Die aus europäischer Sicht derzeit wichtigste – und gefährlichste – al-Qaida-Gruppe ist AQAP. Sie war ein Zusammenschluss der saudischen und jemenitischen al-Qaida-Filialen: Die Saudis waren Mitte der 2000er Jahre in ihrer Heimat so unter Druck geraten, dass Dutzende von ihnen ins Nachbarland flohen, während ihre jemenitischen »Brüder« durch einen spektakulären Gefängnisausbruch just zu diesem Zeitpunkt ihre gesamte Führung zurückgewonnen hatten. Hieraus entstand Anfang 2009 eine Organisation, zu der die erfahrensten und gleichzeitig loyalsten Dschihadisten der Welt gehörten: Viele waren Landsmänner Osama Bin Ladens, kannten ihn persönlich und waren durch ihn zu Kämpfern geworden.[19]

Auch der langjährige Anführer der Gruppe, der Jemenite Nasir al-Wuhayschi (1976–2015), der im Juni 2015 durch einen amerikanischen Drohnenschlag getötet wurde, war ein Getreuer Bin Ladens. Im Alter von 21 Jahren traf er den al-Qaida-Chef in Afghanistan, gewann sein Vertrauen und wurde zu seinem persönlichen Assistenten. Als Bin Laden im Dezember 2001 in den Bergen von Tora Bora von amerikanischen und afghanischen Truppen umzingelt war, gehörte al-Wuhayschi zur Leibgarde. Danach trennten sich ihre Wege: Während Bin Laden in Pakistan blieb, floh al-Wuhayschi in den Iran, kam dort in Haft und wurde nach wenigen Monaten in den Jemen ausgeliefert.[20] Im Gefängnis hatte al-Wuhayschi Zeit zum Planen, Nachdenken, und – wichtiger noch – es gelang ihm, sich als Anführer der zukünftigen Gruppe zu etablieren. Für ihn sprach nicht nur die Beziehung zu Bin Laden, sondern auch Kompetenz, Bescheidenheit und Charisma – persönliche Qualitäten, die ihn bei einfachen Fußsoldaten beliebt machten. »Ich war fasziniert von ihm«, gestand Morten Storm, ein dänischer Exdschihadist, der mehrere Tage mit al-Wuhayschi verbrachte: »Er war hager ... und hatte dieselbe weiche Stimme und Demut wie sein Mentor Bin Laden – und dasselbe Charisma. Seine Kämpfer liebten ihn.«[21]

Während seiner Zeit im Gefängnis hatte al-Wuhayschi das Scheitern von al-Qaida im Irak (AQI) genau verfolgt und zog daraus die gleichen Lehren wie al-Dschaulani (siehe Teil 2, Kapitel 1). Die Organisation, die er im Jemen schuf, sollte zunächst – und vor allem – ein jemenitisches Gesicht haben. Noch vor dem Islamischen Staat wurden al-Wuhayschi und AQAP so zu Vorreitern »islamischer Staatlichkeit«. Er verbrachte viel Zeit mit Stammesführern und verheiratete Dutzende seiner Kämpfer mit ihren Töchtern.[22] An Auslandskämpfern hatte er lange Zeit kein Interesse und schickte sie weiter nach Somalia oder Pakistan. In Gebieten, die AQAP kontrollierte, schuf er Scharia-Gerichte, die für Recht und Ordnung sorgten, hielt sich aber bei der Umsetzung »islamischer« Strafen zurück. Stattdessen reparierten seine Männer kaputte Straßen, gruben Brunnen und sorgten dafür, dass Dörfer ans Stromnetz angeschlossen wurden. »Sich um Dinge wie Nahrung, Strom und Wasser zu kümmern hat große Wirkung«, schrieb er später: »Wir haben dadurch viel an Sympathien gewonnen.«[23]

Und tatsächlich: Zwei Jahre nach ihrer Gründung war

AQAP zu einem wichtigen Player innerhalb des jemenitischen Bürgerkriegs aufgestiegen, hielt Territorium in drei Provinzen, kontrollierte zwei mittelgroße Städte und kommandierte zusätzlich zu den eigenen Truppen Tausende von Stammeskämpfern. Im März 2011 erklärte al-Wuhayschi die Provinz Abyan zu einem quasi unabhängigen Staat und ernannte sich selbst zum Emir.

Den »globalen Dschihad« hatte al-Wuhayschi trotz der Erfolge im Jemen nicht aus den Augen verloren. Im Gegenteil: Die Basis, die er im Innern geschaffen hatte, war Voraussetzung für die Verwirklichung seiner globalen Ambitionen. Das war der Unterschied zu al-Dschaulani. Für al-Wuhayschi ging es nicht um »entweder oder«: Er verstand die lokale und die

BILD 11: Bis zu seinem Tod im Juni 2015 Anführer von AQAP und stellvertretender al-Qaida-Chef: der Jemenite Nasir al-Wuhayschi

globale Seite des Dschihad als komplementär, als zwei Seiten derselben Medaille. Parallel zur lokalen Expansion betrieb er deshalb den Aufbau einer Abteilung für externe Operationen, die Anschläge im Ausland durchführen sollte. Auch förderte er den amerikanisch-jemenitischen Prediger Anwar al-Awlaki und dessen Online-Magazin *Inspire*, das im Jemen produziert wurde. Einer seiner wichtigsten Männer war Ibrahim Hassan al-Asiri (*1982), ein Saudi, der Chemie studiert hatte und jetzt bei AQAP die Bomben baute. Im August 2009 schickte al-Asiri den eigenen Bruder auf eine Selbstmordoperation, bei der er den Sprengsatz in seinem Rektum versteckte. Er konstruierte die Bomben für die Unterhosen- und Paketbombenplots, mit denen er Flugzeuge über Amerika in die Luft jagen wollte. Und er steckte hinter den Handy- und Laptop-Bomben, die im Sommer 2014 in Syrien entwickelt wurden. Der Mann galt als so gefährlich, dass er jahrelang auf der Liste der meistgesuchten Terroristen der amerikanischen Bundespolizei FBI stand.[24]

Für den Islamischen Staat hatte al-Wuhayschi keine Sympathie. Er war überzeugter Anhänger der Vision Bin Ladens und wahrscheinlicher Nachfolger von al-Zawahiri als Chef al-Qaidas. Aus seiner Sicht war al-Baghdadi ein Abtrünniger, der das Vermächtnis seines Mentors verfälscht und betrogen hat. Doch selbst AQAP, die erfolgreichste und aggressivste der al-Qaida-Gruppen, steht seit dem Aufkommen des Islamischen Staates unter Druck. Zwei Einheiten der Organisation haben seit dem Sommer 2014 desertiert und sich zu Getreuen al-Baghdadis erklärt.[25] Für al-Wuhayschis Nachfolger ist das kein existentielles Problem, denn die Gruppe ist stark genug, um solche Abspaltungen zu überleben. Aber zum ersten Mal in ihrer Geschichte gibt es eine noch extremere Organisation, die AQAP innerhalb des dschihadistischen Lagers Konkurrenz macht und ihr Mitglieder abjagt.[26]

Im Jemen hat sich die Gruppe in den vergangenen zwei Jahren bewusst als »moderate Alternative« zum Islamischen Staat positioniert und Enthauptungen und Anschläge auf schiitische Moscheen verurteilt[27] – wohlwissend, dass solche Aktionen von den Stämmen und lokalen Gruppen, mit denen sie verbündet ist, abgelehnt würden. Doch außerhalb des Landes ist der Druck auf AQAP gestiegen, sich als Vorreiter der dschihadistischen Sache zu positionieren und – wichtiger noch – zu beweisen, dass al-Qaida nach wie vor eine Rolle spielt.

Konkurrenz

Zum ersten Mal seit dem Afghanistankrieg in den 1980er Jahren ist die Bewegung tief gespalten. Natürlich gab es immer schon verschiedene Gruppen und Strömungen mit unterschiedlichen Zielen, Strategien und Taktiken. Doch al-Qaida war die erste – und lange Zeit einzige – Gruppe, die sich zum globalen Champion machte und für sich beanspruchte, den Kampf gegen den Westen anzuführen. Die Arbeitsteilung zwischen lokalen Gruppen, die den Umsturz in ihren jeweiligen Ländern vorantrieben, und al-Qaida, die gegen den Westen kämpfte, war in den Augen vieler so selbstverständlich, dass Osama Bin Laden als »Anführer« der dschihadistischen Bewegung galt und die Begriffe Dschihadismus und al-Qaida synonym verwendet wurden.

Die amerikanische Anti-Terrorismus-Strategie vom Juni 2011 definierte die gesamte Bewegung als »al-Qaida« und unterschied lediglich zwischen (al-Qaida-)Führung, (al-Qaida-) Filialen und (al-Qaida-)Anhängern.[28] Dass es dschihadistische Gruppen gab, die mit al-Qaida nichts zu tun hatten – oder haben wollten –, konnte sich in Washington damals keiner vorstellen. Die internen Spannungen und Spaltungen, die der Arabische Frühling verursachte, wurden deshalb von

vielen westlichen Regierungen übersehen und der Islamische
Staat als neues Machtzentrum mit einer anderen Strategie weder wahr- noch ernst genommen. Noch im Frühjahr 2014, als
der Islamische Staat in Syrien bereits ein Drittel des Landes
kontrollierte und im Irak eine Stadt nach der anderen an sich
riss, verglich Präsident Obama die Gruppe mit einer Ama-
teurmannschaft.[29]

In Wirklichkeit waren die beiden Gruppen seit 2013 zu
Konkurrenten geworden, wobei der Islamische Staat – nicht
al-Qaida – das Tempo und den Ton der Auseinandersetzung
bestimmte. Das gilt besonders für den Nahen Osten, wo es vor
dem Arabischen Frühling für al-Qaida praktisch unmöglich
gewesen war, offen zu operieren. Zum ersten Mal seit Jahrzehnten hatten Dschihadisten nun die Möglichkeit, in Ländern wie Ägypten, Tunesien und Libyen für die eigene Sache
Werbung zu machen. Und obwohl sich viele der neuen Gruppen zuerst nicht festlegten, tendierte die Mehrheit zum Islamischen Staat. Selbst bei lange etablierten al-Qaida-Filialen gab
es Konflikte zwischen Gegnern und Befürwortern al-Baghdadis, wobei die ältere Generation – häufig Afghanistan-Veteranen, die Bin Laden noch persönlich kannten – al-Qaida die
Treue hielt und die Jüngeren sich der neueren, dynamische-
ren und (scheinbar) erfolgreicheren Organisation anschließen
wollten (siehe Tabelle 2 im Anhang). Bin Ladens Nachfolger
al-Zawahiri ist in diesem Machtkampf ein Nebendarsteller: Er
kontrolliert keine Truppen, ist fernab des Geschehens (wahrscheinlich in Pakistan) und hat nur insofern Einfluss, als einige Anführer der Bewegung sich durch den Treueeid an ihn
moralisch gebunden fühlen. »Es gibt keine Organisation, nur
einige Kommunikationskanäle und Loyalität«, erklärte Abu
Mohammed al-Maqdisi, einer der wichtigsten Ideologen der
Gruppe: »Al-Qaida basiert heute auf dem Treueprinzip.«[30]

Anschluss, Abspaltung, feindliche Übernahme

Für die Expansion des Islamischen Staates gibt es drei Modelle. Das erste ist der *Anschluss* ganzer Gruppen. Ein gutes Beispiel hierfür ist Boko Haram, die nigerianische Gruppe, die im Laufe der 2000er Jahre aus einer salafistischen Sekte entstand und seit dem Jahr 2009 mit Anschlägen auf Christen, nichtsalafistische Muslime, Regierungsbeamte, die Polizei und das Militär für einen islamischen Staat kämpft. Boko Haram war niemals eine offizielle Filiale al-Qaidas, wurde aber von Bin Laden jahrelang umworben. Die Nigerianer erhielten Unterstützung von al-Qaida im Islamischen Maghreb (AQIM) und Al-Shabaab in Somalia. Bin Laden schrieb ihrem Anführer mehrere Briefe aus seinem Versteck in Pakistan.[32] Lange Zeit gingen die meisten Experten davon aus, dass Boko Haram eine Art »Verhältnis« mit al-Qaida habe, auch wenn es häufig hieß, die Gruppe sei »selbst für al-Qaida zu brutal«.[33]

Noch im Mai 2014 beschrieb der UN-Sicherheitsrat ausführlich die Verbindungen Boko Harams zu AQIM.[34] Doch keine zwei Monate später veröffentlichte die Gruppe ein Video, das al-Baghdadi in den höchsten Tönen lobte. Und im März 2015 verkündete ihr Anführer den Anschluss an sein Kalifat. In weniger als einem Jahr hatte al-Qaida Boko Haram an die interne Konkurrenz »verloren«.

Häufiger als der Anschluss bereits existierender Organisationen ist ihre *Spaltung*. Ein gutes Beispiel sind die pakistanischen Taliban, deren offizieller Name Tehrik-i-Taliban Pakistan (TTP) ist. Bereits 2013 kam es innerhalb der Gruppe zu schweren Turbulenzen, nachdem ihr damaliger Anführer durch eine amerikanische Drohne getötet wurde. Die Gruppe schaffte es nicht, sich auf einen Nachfolger zu einigen, der von allen Strömungen und regionalen Teilgruppen akzeptiert wurde.[35] Ab Mitte 2014 wurde der Islamische Staat so ohne eigenes Zutun zum Sammelbecken für die Frustrierten und Enttäuschten, die nach einem neuen, aufregenderen Projekt suchten. Im Oktober erklärten fünf regionale Anführer aus den pakistanischen Stammesgebieten ihre Desertion zum Islamischen Staat. Ihnen folgten einige Hundert Fußsoldaten. Das Ergebnis: Die vor wenigen Jahren noch relativ geeinte Bewegung besteht heute aus zwei miteinander rivalisierenden – wenn nicht verfeindeten – Lagern.[36] Im Januar 2015 formalisierte al-Baghdadi die Spaltung, erkannte die abtrünnigen Anführer als Gruppe an, nahm sie in den Islamischen Staat auf und unterwarf sie als Provinz Khorasan seinem Kommando.[37]

Das bedeutet nicht, dass der »Siegeszug« des Islamischen Staates in Pakistan unaufhaltbar ist. Erst im März 2015 kehrte eine Splittergruppe, die sich 2014 von den pakistanischen Taliban abgespalten hatte, zu ihr zurück. Und Ende Mai veröffentlichte die Gruppe ein selbstbewusstes Statement, in dem sie ihren Unterstützern erklärte, warum sie das Kalifat al-Baghdadis ablehne. Angriffe auf Schiiten und andere »Ketzer«, so die Gruppe, seien zwar ideologisch in Ordnung, aber »unklug«, denn sie würden von der Bevölkerung abgelehnt. Auch habe es keinen Sinn, gegen zu viele Feinde zur selben Zeit zu kämpfen: Selbst der Prophet habe hiervon abgeraten, heißt es in dem Statement.[38] Es wäre deshalb verfrüht, die pakistanischen Taliban völlig abzuschreiben. Wahrscheinlich ist ein langer und (für Außenstehende) verworrener Machtkampf, in dem sich rivalisierende Gruppen und Anführer gegenseitig Unterstützer abjagen und versuchen, durch immer größere und spektakulärere Aktionen auf sich aufmerksam zu machen.[39]

Ein drittes Modell ist die *feindliche Übernahme*. Bestes Beispiel ist Libyen, wo zunächst al-Qaida die Oberhand zu haben schien. Direkt nach dem Sturz Gaddafis im Herbst 2011 rief al-Zawahiri seine Mitstreiter dazu auf, Libyen als neuen

Stützpunkt der Gruppe zu etablieren. Ein Gesandter trieb den Aufbau neuer Strukturen voran: Erster Anlaufpunkt war die Hafenstadt Derna, die schon immer eine Hochburg der dschihadistischen Bewegung war und bereits während des Irakkriegs Hunderte von Auslandskämpfern für al-Qaida im Irak stellte.[40] Dort und in Bengasi entstanden in den Jahren 2012 und 2013 Ableger der dschihadistischen Gruppe Ansar al-Scharia, die unter anderem für den Angriff auf das US-Konsulat in Bengasi im September 2012 verantwortlich war. Die meisten Experten gingen damals davon aus, dass eine enge Beziehung mit al-Qaida bestand. Ein offizieller amerikanischer Report, der noch vor dem Angriff auf das amerikanische Konsulat erschien, argumentierte, dass Ansar al-Scharia zwar keine al-Qaida-Filiale sei, aber »die al-Qaida-Präsenz in Libyen verkörpert«.[41]

Die Situation änderte sich schlagartig, als auch der Islamische Staat Libyen für sich entdeckte. Im April 2014 kehrten 200 Libyer, die in Syrien für den Islamischen Staat gekämpft hatten, nach Derna zurück und gründeten dort eine neue Gruppe, *Madschlis Schura Schabaab al-Islam* (»Schura-Rat für die islamische Jugend«), die Ansar al-Scharia Konkurrenz machte.[42] Das Muster war dasselbe wie in Syrien und dem Irak: Die Gruppe gründete ein Gericht, etablierte die Religionspolizei, dominierte erst ein Stadtviertel, dann mehrere, verbündete sich mit einigen Gruppen und lieferte sich Gefechte mit anderen. Mitglieder von Ansar al-Scharia konnten dem Schura-Rat beitreten, doch wer sich weigerte, wurde gnadenlos bekämpft.[43] Ein halbes Jahr später schickte al-Baghdadi einen Gesandten nach Derna, der die Gruppe seitdem anführt und ihre Ausbreitung in anderen Teilen des Landes vorantreibt. Mittlerweile wurden in den drei Provinzen, die der Islamische Staat in Libyen geschaffen hat, Hunderte von Mitgliedern von Ansar al-Scharia absorbiert, Anschläge in allen großen Städten durchgeführt, und bis zu dreitausend – meist tunesische und algerische – Auslandskämpfer trainiert.[44] Zu ihnen gehörten auch die Angreifer auf das Bardo-Museum und den Strandort Sousse in Tunesien.[45]

Dass Libyen zum Magneten für dschihadistische Gruppen – zuerst al-Qaida, jetzt Islamischer Staat – wurde, ist kein Zufall. Wie auch anderswo profitierten die Dschihadisten von Instabilität und Chaos. Wo es keine funktionierende Regierung gibt, können sie offen agieren und für ihre Sache werben. Mehr noch: Ihre totalitäre Gesellschaftsvision wird attraktiv, denn sie verspricht »totale Ordnung« (siehe Teil 2, Kapitel 1), wo vorher Willkür regierte.

Und so ist der Zusammenhang zwischen Chaos und dem Verlangen nach Ordnung eine der wichtigen Erklärungen dafür, dass dschihadistische Gruppen seit dem Jahr 2011 an Zuspruch gewonnen haben, denn die Veränderungen seit dem Arabischen Frühling haben in den Augen vieler nicht, wie ursprünglich gehofft, einen Zugewinn an Frieden, Wohlstand und Stabilität gebracht, sondern – vor allem – ein Gefühl der Unsicherheit.[46] Libyen ist dafür das extremste Beispiel. Ein Bericht des US-Außenministeriums fasste die dortige Situation im Jahr 2013 folgendermaßen zusammen:

Eine Regierung mit schwachen Institutionen und kaum existierender Kontrolle über ihr riesiges Staatsgebiet; die Allgegenwart unkontrollierter Waffen und Munition; durchlässige und schwer zugängliche Grenzen; schwerbewaffnete Milizen und Stämme mit wechselnden Loyalitäten und Zielen; hohe Arbeitslosigkeit bei jungen Männern und eine schwache Wirtschaft; tiefe Gräben zwischen verschiedenen Landesteilen, Regionen und Städten; politische Lähmung und Misstrauen zwischen den wichtigsten politischen Akteuren; und die Abwesenheit einer funktionieren Polizei oder Armee.[47]

Jeder einzelne dieser Punkte gilt Experten als Risikofaktor, der das Entstehen extremistischer Gruppen begünstigt.[48] Die Präsenz so vieler Faktoren im selben Land ist ein Hinweis darauf, dass Libyen – genauso wie der Jemen, Irak oder Syrien – noch auf Jahre eine Basis für Dschihadisten bleiben wird.

Europa

Weder der Islamische Staat noch al-Qaida kämpfen in Europa um Territorium, doch Europa ist für beide Gruppen ein wichtiger (Neben-)Schauplatz. Al-Qaida hat seine auf den Westen gerichtete Strategie nie geändert, und auch der Islamische Staat sieht den Kontinent inzwischen als feindliches Territorium, wo Anschläge legitim sind, solange der Westen gegen den Islamischen Staat Krieg führt. Neben dem Anschlag auf *Charlie Hebdo*, für den AQAP die Verantwortung übernahm, kam es zur Geiselnahme im koscheren Supermarkt in Paris, drei weiteren Angriffen in Frankreich und dem Anschlag in Kopenhagen (siehe Teil 2, Kapitel 3), die alle auf das Konto von Unterstützern des Islamischen Staates gingen. In Zukunft ist vorstellbar, dass sich Fußsoldaten der zwei Gruppen für Ad-hoc-Aktionen in Europa zusammenschließen, doch wahrscheinlicher ist, dass sie miteinander konkurrieren, denn besonders al-Qaida hat ein Interesse daran, durch spektakuläre Anschläge im Westen sein Profil zu stärken.

Kooperation

Nach den Anschlägen von Paris gab es viel Spekulation über eine Zusammenarbeit zwischen al-Qaida und dem Islamischen Staat. In den Medien hieß es, die Anschläge – für die jeweils eine der zwei Gruppen Verantwortung übernahm – seien »koordiniert« worden, frei nach dem Motto »Der Feind meines Feindes ist mein Freund«.[49] Einzig an Beweisen mangelte es: Weder al-Qaida noch der Islamische Staat nahmen den Anschlag der jeweils anderen Organisation für sich in Anspruch. Und es gab auch sonst keinen Hinweis darauf, dass sich die Anführer der zwei Gruppen miteinander abgesprochen hätten. Im Gegenteil: Der Islamische Staat und al-Qaida stehen sich in praktisch allen Ländern des Nahen Ostens feindlich gegenüber, jagen sich gegenseitig Anhänger ab und verfolgen mit Anschlägen in Europa unterschiedliche Strategien. Weshalb sollten sie in Europa zusammenarbeiten?

Die Antwort liegt – wie so häufig – im dschihadistischen Milieu: Alle drei Attentäter von Paris hatten sich bereits während der Zeit des Irakkriegs im Jahr 2003 radikalisiert, kannten sich aus der dschihadistischen Szene und waren eng miteinander befreundet. Chérif (1982–2015) und Saïd (1980–2015) Kouachi, die zwei Brüder, die für den Anschlag auf *Charlie Hebdo* verantwortlich waren, gerieten damals an einen radikalen Prediger, der Chérif dazu überredete, als Kämpfer in den Irak zu gehen. Doch statt bei al-Qaida im Irak endete die Reise in einem französischen Gefängnis, wo er Amedy Coulibaly (1982–2015) kennenlernte – den späteren Geiselnehmer im koscheren Supermarkt.[50] Alle drei waren während der späten 2000er Jahre Teil der dschihadistischen Szene in Paris, unterstützten al-Qaida und träumten davon, für AQAP zu kämpfen. Aber nur Chérif und sein Bruder – nicht Amedy – schafften es in den Jemen, trainierten bei AQAP und erhielten von al-Awlaki den Auftrag, in Europa einen Anschlag durchzuführen.[51] Als es so weit war – fast vier Jahre später – hatte sich Amedy bereits auf die Seite des Islamischen Staates geschlagen, doch das änderte nichts an seiner Freundschaft mit den Kouachis. Dass die Brüder mittlerweile für die »Konkurrenz arbeiteten«, spielte keine Rolle: Er unterstützte ihre Aktion und wollte ihnen mit einem eigenen Anschlag zur Seite stehen.

BILD 12: Trainierten mit AQAP im Jemen: Die *Charlie Hebdo*-Attentäter Chérif und Saïd Kouachi.

Was in Paris passierte, ist symptomatisch für die Situation in ganz Europa. Die dschihadistischen Milieus sind zwischen Anhängern al-Qaidas und des Islamischen Staates gespalten, doch offene Feindschaft gibt es (bisher) nicht. Besonders die älteren Mitglieder, die sich bereits vor dem Syrienkonflikt radikalisiert hatten und seit langer Zeit Unterstützer al-Qaidas sind, haben keine Berührungsängste. Freundschaften und persönliche Beziehungen sind ihnen wichtiger als Gruppenzugehörigkeit. Ob sich diese Position durchhalten lässt, wenn sich die zwei Gruppen noch stärker als bisher in Ländern wie Syrien, dem Jemen oder Libyen bekämpfen, ist unklar.

Wettbewerb

Die umgekehrte Dynamik ist, was die amerikanischen Politikwissenschaftler Andrew Kydd und Barbara Walter als *Outbidding* (»Überbietung«) bezeichnen und zuerst bei palästinensischen Gruppen während der sogenannten Zweiten Intifada Anfang der 2000er Jahre beobachteten. Auch dort gab es mehrere Gruppen, die miteinander um Aufmerksamkeit, Unterstützung und Rekruten konkurrierten und versuchten, sich mit immer spektakuläreren Anschlägen zu überbieten. Konsequenz war, dass das Tempo terroristischer Anschläge zunahm und vom Wettbewerb der Gruppen bestimmt wurde, nicht vom politischen Umfeld oder den Aktionen der Israelis. Am Ende, so Kydd und Walter, verwendeten selbst nichtreligiöse Gruppen islamische Rhetorik und setzten Selbstmordattentäter ein – mehr noch als die islamistische Hamas, die damit angefangen hatte.[52]

Anzeichen für ein ähnliches Ringen um Aufmerksamkeit und Rekruten gibt es heute ebenfalls. Erst im Februar 2015 veröffentlichte Al-Shabaab ein Video, in dem die Gruppe mit Anschlägen auf Einkaufszentren in Nordamerika drohte. Viele Experten waren überrascht, denn Al-Shabaab hatte bisher nur in Ostafrika operiert. Auch gab es keinen tatsächlichen Anschlagsplan, der mit dem Video in Verbindung gebracht werden konnte. Sogar das amerikanische FBI erklärte, an der Drohung sei nichts dran.[53] Viele Experten kamen deshalb zu dem Schluss, dass es Al-Shabaab vor allem um Aufmerksamkeit gegangen sei,[54] denn die Gruppe hatte unter dem Aufstieg des Islamischen Staates gelitten: weniger Rekruten, weniger Publicity und – vermutlich – weniger Geld. Selbst ethnisch somalische Dschihadisten aus Norwegen oder Dänemark wollten zum Kämpfen mittlerweile lieber nach Syrien oder in den Irak als in das Land ihrer Eltern.[55] Was liegt näher, als sich durch spektakuläre Drohungen wieder ins Gespräch zu bringen?

Niemand weiß, ob und wann es zu einem nächsten al-Qaida-Anschlag in Europa kommen wird. Doch der Druck, im Westen eine spektakuläre Operation durchzuführen, ist höher denn je. Al-Qaida muss beweisen, dass sie weiterhin den glo-

balen Dschihad anführt und die Unterstützung der dschihadistischen Bewegung verdient. Bin Laden wurde durch Anschläge im Westen zum Anführer des globalen Dschihad, und
Gruppen wie AQAP arbeiten mit Hochdruck daran, seinem
Beispiel zu folgen.

5

Terrorismusbekämpfung

Anfang September 2014 verbrachte ich den ganzen Tag in einem Sitzungsraum im Keller der amerikanischen UN-Vertretung in New York. Die amerikanische UN-Botschafterin Samantha Power hatte mich eingeladen, an der Gestaltung einer Sicherheitsratsresolution mitzuwirken, die drei Wochen später von Präsident Obama zur Abstimmung gebracht werden sollte. In dem Dokument ging es um dschihadistische Auslandskämpfer und die Auswirkungen des Syrien- und Irakkonflikts auf den globalen Terrorismus. Mit dem Treffen im Keller wollten die Amerikaner die anderen 14 Botschafter, die ebenfalls im Sicherheitsrat vertreten sind, über das Thema aufklären und den fast fertigen Entwurf diskutieren.[1] Ich war überrascht, wie wenig Widerspruch es gab. Selbst Russland und die USA, die sich in den Sitzungen des Sicherheitsrats regelmäßig fetzen, waren beim Thema Auslandskämpfer einer Meinung. Bereits Monate vor den Anschlägen in Paris verstand jeder, wie außergewöhnlich und bedeutend das Phänomen war – und dass jeder von seinen Konsequenzen betroffen sein würde.

Am 24. September 2014 wurde Resolution 2178 vom UN-Sicherheitsrat einstimmig angenommen und für jeden der über 190 Mitgliedstaaten der Vereinten Nationen bindend.[2] Jedes Land ist demnach dazu verpflichtet,»terroristische Auslandskämpfer« an der Ausreise zu hindern, Informationen auszutauschen und die Mitgliedschaft bei terroristischen Gruppen im Ausland unter Strafe zu stellen. Zum allerersten Mal enthält eine Sicherheitsratsresolution auch die Verpflichtung zur Prävention – ein Thema, das ich im Keller der amerikanischen UN-Vertretung besonders betont hatte. Das Dokument ist ein praktischer Baustein im Kampf gegen den dschihadistischen Terrorismus, doch es symbolisiert auch eine neue Herangehensweise. Kooperation ist genauso wichtig wie Repression, und militärische und polizeiliche Mittel sind nicht die einzigen Mittel, um die terroristische Gefahr in den Griff zu bekommen. Fast jeder hat mittlerweile akzeptiert: Die fünfte Welle ist eine Herausforderung nicht nur für die Sicherheitsbehörden – Polizei, Nachrichtendienste und Militär – oder den Staat, sondern auch für Gesellschaft und Politik.

Doch nicht alles an der fünften Welle ist neu. Der Islamische Staat hat seine Wurzeln in al-Qaida, und was derzeit im Nahen Osten passiert, ist der Übergang von einer Generation zur nächsten. Die fünfte ist somit eine Fortsetzung der vierten Welle – und eine Fortführung des Musters, das Rapoport bereits nach den Anschlägen vom 11. September 2001 entdeckt und beschrieben hat. Die Strategien und Taktiken des Terrorismus haben sich nicht grundsätzlich geändert: Pisacanes Propaganda der Tat, Mosts »einsame Wölfe«, Marighellas Strategie der Provokation und Fanons Argument über die befreiende – gar »entgiftende« – Wirkung der Gewalt sind keine Erfindungen des Islamischen Staates, und auch die massenweise Mobilisierung von Auslandskämpfern gab es bereits vorher. Dass terroristische Gruppen in politischen Bewegungen verankert sind, sich aus »Szenen« rekrutieren und die Phantasien einer ganzen Generation beflügeln, ist ebenfalls nicht neu. Schon der preußische General Carl von Clausewitz (1780–1831) wusste: Jeder Krieg hat »seine eigene Grammatik, aber nicht seine eigene Logik«.[3] Dasselbe gilt für den Terrorismus.

Und dennoch ist die fünfte Welle keine bloße Wiederholung der vorigen. Mehr noch als die vierte Welle findet die fünfte im Zeitalter der Globalisierung statt:[4] Was in Syrien und im Irak passiert, hat unmittelbare Konsequenzen für die Sicherheit in Europa. Selbst vergleichsweise kleine Aktionen – Enthauptungen etwa – haben globale Konsequenzen, denn der Terror, den sie kommunizieren, kann von ihren Tätern auf eigene Faust global verbreitet werden. Im Nahen Osten betreiben die Dschihadisten ein Staatsbildungsprojekt, auf das ihre Gegner bislang keine Antwort gefunden haben. Und in Europa besteht die Gefahr der Polarisierung – einer Auseinandersetzung nicht nur zwischen Terroristen und dem Staat, sondern ein Hochschaukeln der Extreme, das den sozialen Frieden, das harmonische Zusammenleben von Menschen unterschiedlicher Herkunft und Religion – und damit die Demokratie insgesamt – bedroht.

Nicht zuletzt ist die fünfte Welle eine quantitative Herausforderung – speziell in Europa. Zu den politischen Bewegungen und Szenen, aus denen sich die dritte und vierte Welle rekrutierte, gehörten Tausende, doch die Zahl der Gewaltbereiten und Terroristen war relativ klein: Zum harten Kern der Roten Armee Fraktion zählten einige Dutzend, und selbst al-Qaida hatte in den 1990er und 2000er Jahren nur wenige Hundert aktive Unterstützer. Bei der fünften Welle ist die Zahl um ein Vielfaches höher. Allein die Bundesanwaltschaft in Karlsruhe hat in den vergangenen zwei Jahren mehr als 500 Verfahren gegen Dschihadisten eröffnet. Vergleichbare Verhältnisse existieren in Großbritannien, Frankreich, Skandinavien und dem kleinen Belgien, wo die Behörden die Grenzen des Machbaren längst überschritten haben: »Wir fahren seit 2013 ununterbrochen im fünften Gang«, erklärte mir ein Beamter in Brüssel.[5]

Wie bei jeder neuen Welle müssen die Sicherheitsbehörden

und der Staat ihre Methoden und Ansätze auf den Prüfstand stellen. Ein einfaches »Weiter so!« ist keine zufriedenstellende Antwort, wenn sich das Ausmaß und der Charakter der Bedrohung so dramatisch verändert haben. Auch der traditionelle Ruf nach mehr Geld, mehr Personal und mehr Befugnissen wird – auf sich allein gestellt – das Problem nicht lösen. Ein neuer, umfassender Ansatz ist nötig – und hierzu gehört neben den traditionellen Instrumenten der äußeren und inneren Sicherheit ein strategischer und glaubwürdiger Ansatz in den Bereichen Prävention, Intervention und Deradikalisierung.

Äußere Sicherheit

Journalisten, Politiker und Terrorismusforscher behandeln den Aufstieg des Islamischen Staates meist als isoliertes Einzelproblem. Dabei wird vergessen, dass die Gruppe Teil und Ergebnis einer historischen Transformation im Nahen Osten ist, die mit dem Arabischen Frühling im Jahr 2011 begonnen hat und von der niemand mit Sicherheit sagen kann, wann und womit sie enden wird. Kommentatoren streiten darüber, ob dies der 30-jährige Krieg oder die Reformation der arabischen Welt ist.[6] Egal welcher historische Vergleich stimmt: Wir sind mittendrin – und ein Zurück zur Sykes-Picot-Ordnung, wie sie noch im Jahr 2011 existierte, ist praktisch ausgeschlossen: Dazu ist zu viel Blut geflossen; zu viele Institutionen liegen in Schutt und Asche; und zu sehr wurde das Vertrauen zwischen Volksgruppen und Konfessionen erschüttert. Der Islamische Staat hat hiervon profitiert, und eine wirklich dauerhafte »Lösung« kann es nicht geben, solange das Chaos im Nahen Osten andauert.[7]

Wer glaubt, eine Rückkehr zu den »starken Männern« der arabischen Welt – den Mubaraks, Gaddafis und Saddams – sei die Lösung,[8] hat nicht verstanden, dass die vermeintlich so starken Männer, ihre korrupten Regime und die jahrzehntelange politische, ökonomische und soziale Paralyse, die sie zu verantworten hatten, der Hauptgrund dafür waren, warum es überhaupt erst zum Arabischen Frühling kam. Die Stabilität, die sie zu garantieren vorgaben, war eine Illusion, denn Probleme wurden niemals gelöst, sondern stets unter den Teppich gekehrt.[9] Dass jemand wie Assad, der das Leben von Zehntausenden seiner eigenen Landsleute auf dem Gewissen hat und den Aufstieg des Islamischen Staates über Jahre direkt und indirekt gefördert hat,[10] nun wieder als Verbündeter im Kampf gegen den Terror gilt,[11] ist grotesk und hat weder politisch noch militärisch einen Sinn, denn die Furcht vor seiner Rückkehr ist die Hauptmotivation dafür, dass viele syrische Sunniten den Islamischen Staat tolerieren. So unglaublich es klingen mag: Für viele Syrer ist der Islamische Staat das geringere von zwei Übeln.

Nichtstun – sich aus dem Konflikt zurückzuhalten in der Hoffnung, dass sich die Extremisten alle gegenseitig umbringen[12] – ist genauso problematisch. Der Islamische Staat ist Produkt und Profiteur der konfessionellen Spannungen, die seit dem Krieg der Amerikaner im Irak eskaliert sind, aber er macht sie auch schlimmer, exportiert seine hasserfüllte Ideologie in benachbarte Staaten, radikalisiert den Diskurs und untergräbt so das Zusammenleben verschiedener Ethnien und religiöser Gruppen überall in der Region. »Noch vor zehn Jahren«, so der vormalige US-Botschafter Alberto Fernandez, »hat niemand über *dschizya* [die »Schutzsteuer«, die Christen im Islamischen Staat zahlen müssen] gesprochen. Die meisten Araber hätten noch nicht mal gewusst, was *dschizya* ist. Heute ist die Idee in aller Munde.«[13] Dasselbe gilt für die Sklaverei: »Noch nicht mal die strengsten, rückwärtsgewandten Salafisten hätten vor ein paar Jahren die Sklaverei verteidigt. Doch der Islamische Staat hat sie wieder eingeführt. Einfach so.«[14]

Der Krieg des Islamischen Staates – darunter in Gebieten, die vom Kerngebiet in Syrien und dem Irak weit entfernt sind – destabilisiert Länder in der gesamten Region, zwingt Minderheiten zur Flucht und verursacht bisher ungekannte Flüchtlingsströme. Nicht zuletzt ist er auch eine Sicherheitsbedrohung für Europa und den Westen: Bereits heute ist al-Baghdadis Islamischer Staat stärker und strategisch bedeutender als das »Islamische Emirat Afghanistan«, von dem aus Bin Laden in den späten 1990ern die Anschläge vom 11. September 2001 organisierte. An großen Anschlägen im Westen hat der Islamische Staat momentan (noch) kein Interesse, doch sein strategisches Kalkül kann sich jederzeit ändern.

Was also tun? Am wichtigsten ist die Einsicht, dass es keine einfache, schnelle – und schon gar keine rein militärische – Lösung für das Problem Islamischer Staat gibt. Wenn amerikanische Militärs und Politiker wie Senator John McCain lautstark den Einsatz von westlichen Kampftruppen fordern,[15] begehen sie damit den gleichen Denkfehler, der auch zum Irakkrieg geführt hat – frei nach dem Motto »Zurück in die Zukunft«. Al-Baghdadi, dessen Vorgänger Zarqawi die Amerikaner im Irak beinahe in die Niederlage getrieben hätte, wünscht sich nichts lieber als eine Wiederholung des Konflikts. Eine direkte Konfrontation mit den Amerikanern gäbe seinen Truppen die Möglichkeit, sich als antiimperialistische Widerstandskämpfer darzustellen. Die erneute Besetzung »befreiter Gebiete« würde nicht nur enorm viel Geld kosten, zu vielen Opfern führen und politisch schwer durchzuhalten sein, sondern auch das Narrativ vom Kampf des Westens gegen den Islam stärken, durch das der Islamische Staat Anhänger und Unterstützung findet. Und statt die politischen, konfessionellen und sozialen Probleme im Irak und Syrien zu lösen, würden die Spannungen noch verschärft. Das Ergebnis: mehr, nicht weniger Chaos – und ein noch erfolgreicherer Islamischer Staat.

Die einzig realistische Lösung besteht aus einer systematischen, langfristigen und umfassenden Strategie der Eindämmung. Ein Staatsprojekt, das – wie der Islamische Staat – auf ständiger Expansion beruht, scheitert am Ende an sich selbst: Wenn der Islamische Staat keinen militärischen Erfolg mehr hat, nicht mehr in der Lage ist, die Bedürfnisse seiner Bevölkerung zu befriedigen, und seine internen Widersprüche und Spannungen offensichtlich werden, wird er schrittweise in sich zusammenfallen – und mit ihm das ideologische Projekt, das er repräsentiert. Eindämmung ist dabei weder passiv noch pazifistisch: Zu ihr gehören Training, Waffen, Aufklärung, Spezialkräfte und gezielte Luftschläge, die lokale Kräfte am Boden unterstützen. Genauso wichtig sind Diplomatie und Politik – ein »New Deal« für die irakischen Sunniten und ein Machtwechsel in Syrien –, die ideologische Auseinandersetzung – on- und offline –, Unterstützung für die Nachbarländer, die von Flüchtlingsströmen betroffen sind, und aktive Konfliktprävention in den Staaten, in die der Islamische Staat zu expandieren versucht.

Innere Sicherheit

Ein weiteres Element ist die Terrorismusbekämpfung im engeren Sinne. Die zentrale Herausforderung ist in jeder freien Gesellschaft dieselbe, denn fast alle Terroristen kommen aus Gegenkulturen oder »Szenen«, doch nicht jeder, der in einer Szene unterwegs ist, wird zum Terroristen (siehe Teil 2, Kapitel 3). Das macht die Arbeit der Behörden zwar einfacher, weil sie nach Terroristen nicht in der gesamten Bevölkerung suchen müssen, aber das Problem der Unterscheidung – wer ist gewaltbereit, wer nicht – stellt sich trotzdem, denn selbst in relativ obskuren Szenen liegt das Verhältnis von Terroristen zu Nichtterroristen oft bei 1 zu 100 – oder gar 1 zu 1000. Wie erfolgreich Antiterrorismus ist, hängt davon ab, wie gut die Sicherheitsbehörden zwischen (tatsächlichen) Terroristen, Szene und Restbevölkerung unterscheiden und wie zielgerichtet und effizient ihre Maßnahmen für jede Gruppe sind (siehe Graphik 1).

Für autoritäre Staaten ist die Lösung einfach: Statt sich den Kopf darüber zu zerbrechen, wer gefährlich ist und wer nicht, behandeln sie gesamte Szenen als potentielle Terroristen. Dass darunter Unschuldige sind, die niemals zu Terroristen geworden wären, und sogar solche, die sich aktiv *gegen* Gewalt engagieren, ist unwichtig – und in manchen Fällen sogar gewünscht.[16] Doch wer Terrorismusbekämpfung mit Szenenbekämpfung verwechselt, handelt nicht nur unethisch, sondern ist auch ineffizient: 3000 Leute einzusperren, weil davon 30 möglicherweise Terroristen sind, hat keinen Sinn und erfor-

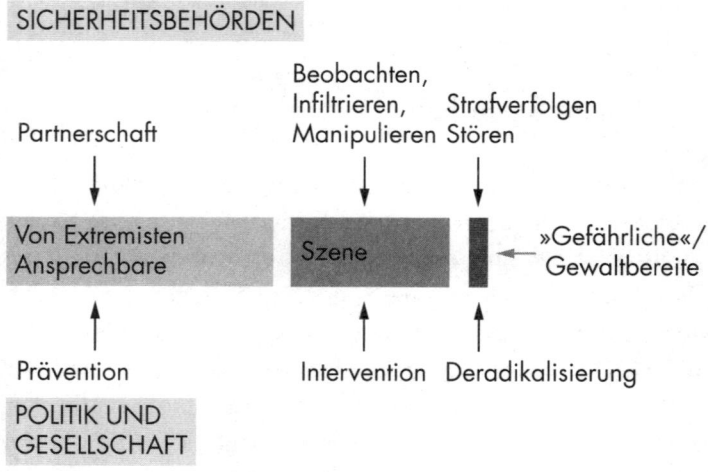

GRAPHIK 1: Aufgabenverteilung bei der Terrorismusbekämpfung

dert einen massiven Sicherheitsapparat, den sich nur autoritäre Staaten leisten können. Das größte Problem ist, dass harsche Repression in den allermeisten Fällen nicht funktioniert: Sie radikalisiert die Nichtgewaltbereiten und ist häufig genau das, was sich die Terroristen wünschen (siehe Teil I, Kapitel 1).[17]

Muslime, Salafisten, Terroristen

Die Szene, die während der fünften Welle im Blickpunt der Sicherheitsbehörden stehen wird, ist die salafistische. Sie ist der soziale und ideologische Nährboden für die Dschihadisten, die sich al-Qaida und dem Islamischen Staat anschließen. Man findet sie on- und offline, in Universitäten, Gefängnissen, radikalen Moscheen, Islam-Seminaren, Gemeindezentren und Fußgängerzonen. Sie hat in Europa mittlerweile mehrere Zehntausend Anhänger – und gewinnt jeden Tag neue. Wie in anderen Szenen und Gegenkulturen gibt es auch bei den Salafisten unterschiedliche Gruppen und Strömungen – nicht alle tendieren zu Gewalt, doch für einen Teil ist sie die letzte Station vor dem Einstieg in den Terrorismus. Die Aufgabe der Sicherheitsbehörden ist, ihre Anhänger zu beobachten und zu verstehen, wie die Szene funktioniert, welche Personen Einfluss haben und wer von ihnen gefährlich oder gewaltbereit ist. Ebenso wichtig ist die Gewinnung von Informanten und ihr aktiver Einsatz, sodass die »Gefährlichen« innerhalb der Szene an Einfluss verlieren. Repressive Aktionen, die sich gegen die Szene *insgesamt* richten und damit die Position der »Gefährlichen« stärken, sind meist nicht nur ineffektiv, sondern im hohen Maße kontraproduktiv.

Dasselbe gilt für die 99 Prozent der europäischen Muslime, die nicht Teil der salafistischen Szene sind. Sie aufgrund ihrer religiösen Überzeugung zu belästigen oder zu kriminalisieren ist verfassungswidrig und eine enorme Verschwendung von

Zeit, Geld und Ressourcen, die besser darauf verwendet werden sollten, sich mit Salafisten zu beschäftigen. Natürlich gibt es innerhalb muslimischer Gemeinschaften Einstellungen, die zutiefst problematisch sind.[18] Solche Überzeugungen – Antisemitismus, Demokratiefeindlichkeit, die Ablehnung des Gleichheitsprinzips – müssen bekämpft werden, aber dafür sind Gesellschaft und Politik zuständig, nicht die Sicherheitsbehörden und am allerwenigsten die Polizei. Wer Muslime vor allem als potentielle Terroristen und Beobachtungsobjekte behandelt, wie in der Vergangenheit das amerikanische FBI,[19] richtet schweren gesellschaftlichen Schaden an und vergeudet die Chance, sie als Partner zu gewinnen.

Die Zielgruppe, auf die sich das repressive Instrumentarium der Sicherheitsbehörden konzentrieren sollte, sind die Gewaltbereiten und Gefährlichen innerhalb der salafistischen Szene. Hier geht es um Strafverfolgung, das Stören terroristischer Netzwerke und die Verhinderung von Anschlägen. Es ist absurd, dass die Behörden in Deutschland nach wie vor keinen vollen Zugriff auf die Kommunikationsdaten potentiell hochgefährlicher Terroristen erhalten. Auch das ständige Infragestellen der Kooperation mit ausländischen Partnern – speziell den Vereinigten Staaten – macht Terrorismusbekämpfung nicht einfacher, sondern schwerer.[20]

Die Forderungen der Sicherheitsbehörden nach mehr Personal, Geld und neuen Befugnissen sind legitim, doch sie müssen begründet und ihr Einsatz effektiv kontrolliert werden. Auch die Sicherheitsbehörden sollten mehr tun, um einer skeptischen Öffentlichkeit zu erklären, warum mehr Ressourcen und neue Rechte gebraucht werden, was mit ihnen getan und wie ihr Missbrauch verhindert wird. Die fünfte Welle ist deshalb auch eine Herausforderung an die Behörden selbst: Wie offen sind sie gegenüber neuen Ideen? Welche Bereitschaft gibt es, althergebrachte Besitzstände zu hinterfragen? Wie fähig sind sie zur Innovation und Veränderung? Wenn der Eindruck entsteht, es gehe einzig darum, größere und mächtigere Bürokratien zu schaffen, ist niemandem geholfen – am allerwenigsten dem Kampf gegen den Terrorismus.

Prävention

Die Sicherheitsbehörden mit neuem Personal, Geld und Rechten auszustatten – in anderen Worten: die Größe und Befugnisse der Sicherheitsbehörden dem Ausmaß der Bedrohung anzupassen – ist nur eine von zwei Möglichkeiten, mit der Herausforderung der fünften Welle fertigzuwerden. Die umgekehrte Herangehensweise – dafür zu sorgen, dass es weniger Fälle gibt, die auf dem Tisch der Sicherheitsbehörden landen – ist genauso wichtig. Die zwei Ansätze schließen sich nicht gegenseitig aus. Ganz im Gegenteil. Ein moderner, umfassender Ansatz der Terrorismusbekämpfung braucht beides: starke, kompetente und gut ausgestattete Sicherheitsbehörden und ein systematisches, mit ausreichenden Mitteln gefördertes Konzept zur Terrorismusprävention, Intervention und Deradikalisierung. Die Akteure, Zielgruppen, Vorgehensweise und Instrumente sind jeweils unterschiedlich, doch Bekämpfung und Prävention sind zwei Seiten derselben Medaille. Sie müssen von Politik und Gesellschaft mit gleicher Aufmerksamkeit und Energie betrieben werden.

Der ultimative Test, ob es eine Regierung mit der präventiven Terrorismusbekämpfung ernst meint, ist die Existenz – und Umsetzung – einer transparenten, gut finanzierten Strategie. In keinem anderen Politikfeld wäre es akzeptabel, dass verschiedene Akteure und Projekte mehr oder weniger auf sich allein gestellt – ohne Zusammenhang, gemeinsame Zielsetzung und Koordination – an einem wichtigen nationalen Ziel arbeiten. Ginge es um Bildung, Gesundheit oder Infrastruktur, man würde die Regierung der Inkompetenz und Fahrlässigkeit bezichtigen. Doch bei der Präventionspolitik fehlt vielen Staaten nach wie vor Interesse und Bewusstsein. Das ist fatal, denn gerade hier ist es unerlässlich, dass Ressourcen gebündelt, Verdoppelungen vermieden, aus Erfolgen (und Misserfolgen) gelernt sowie zwischen Ministerien und verschiedenen Regierungsebenen koordiniert wird. Genauso wichtig ist Transparenz, denn präventive Terrorismusbekämpfung braucht die Beteiligung von Nichtregierungsorganisationen und freien Trägern, die wissen, wer was tut und wie die eigenen Aktivitäten ins große Ganze passen.

International setzt sich der Präventionsansatz mehr und mehr durch. Die Niederländer waren im Jahr 2004 die Ersten, die eine nationale Präventionsstrategie formulierten – ihnen folgten Großbritannien, Norwegen, Dänemark und Schweden. Außerhalb Europas gibt es Strategien bereits in Australien, Kanada und den Vereinigten Staaten. Besonders Amerika hat unter Präsident Obama die Terrorismusprävention in den Mittelpunkt gestellt: Im Februar 2015 organisierte das Weiße Haus einen globalen Präventionsgipfel, zu dem über 60 Staaten ihre Premier- und Innenminister schickten. Selbst der UN-Generalsekretär hält das Thema für wichtig: Beim G7-Gipfel im Juni 2015 kündigte er einen internationalen Aktionsplan an und forderte Regierungen dazu auf, eigene Strategien und Konzepte zu formulieren.[21] Deutschland ist eines der wenigen Länder, das sich dem Ansatz bislang komplett verweigert: Die Innenminister der Länder lehnten die Forderung nach einem nationalen Präventionskonzept im Sommer 2015 ab – und auch auf Bundesebene gibt es nur wenige Unterstützer. Warum eigentlich?

Bausteine einer nationalen Strategie

Wer die Präventionsstrategien anderer Länder studiert, merkt schnell, dass die wichtigsten Bausteine immer ähnlich sind. Der erste ist Prävention im engeren Sinne. Damit sind alle Programme und Maßnahmen gemeint, die sich nicht an Extremisten und bereits Radikalisierte richten, sondern an für Extremisten »Ansprechbare«. Dazu gehören zum Beispiel junge Leute aus prekären Verhältnissen und sozial schwachen Gegenden, oft – aber nicht immer – mit Migrationshintergrund. Die allermeisten werden niemals zu Extremisten oder eine Straftat begehen, doch sie gehören zur »Zielgruppe«, aus der die Salafisten rekrutieren. Ziel von Prävention ist, ihnen zuvorzukommen: junge Leute für das Thema Extremismus zu sensibilisieren, vermeintliche Argumente auszuräumen, alternative Angebote zu machen, ihr Umfeld zu stärken und sie – hierdurch – gegenüber Rekrutierungsversuchen zu »immunisieren«. Aktivitäten finden statt, wo Jugendliche ihre Zeit verbringen und ansprechbar sind – in der Schule, im Jugendzentrum, auf dem Sportplatz oder im Internet.

Auch Eltern und Lehrer gehören zur Prävention, denn sie haben Einfluss und sind häufig die Ersten, die das Abdriften ihrer Kinder oder Schüler in den Extremismus bemerken. Mit Strafverfolgung und Polizeiarbeit haben solche Programme nichts zu tun und sollten klar von ihnen getrennt sein, denn wer junge Leute kriminalisiert und sie als potentielle Terroristen behandelt, verstärkt dadurch die Ausgrenzungsgefühle, die die Extremisten bei der Radikalisierung zu nutzen versuchen.

Ein zweiter Baustein sind sogenannte Interventionen. Hier geht es um Personen, die bereits radikalisiert sind und kurz davor stehen, Extremisten – oder gar Terroristen – zu werden.

Zweck einer Intervention ist, diese Entwicklung durch intensive – und auf Einzelpersonen zugeschnittene – Programme zu verhindern. Im britischen »Channel«-Programm zum Beispiel setzen sich alle Parteien zusammen, analysieren einen Fall und entscheiden dann, welche Art von Intervention notwendig ist, um die Radikalisierung zu stoppen. Je nach Situation sind dabei Theologen, Psychologen, Lehrer oder Sozialarbeiter gefragt – manchmal auch die Sicherheitsbehörden.[22] In Deutschland wird vor allem auf die Eltern gesetzt. Das Bundesamt für Migration und Flüchtlinge unterhält eine Hotline, die besorgte Eltern mit freien Trägern zusammenbringt.[23] Die Idee ist gut, denn Eltern sind die Bezugspersonen, die oft den größten Einfluss auf bereits Radikalisierte haben: Viele der Syrienkämpfer, die wir innerhalb unserer Forschung beobachten, erzählen davon, dass ihnen die Trennung von der Familie am schwersten gefallen sei.[24] Doch die freien Träger, die mit den Eltern zusammenarbeiten, sind chronisch unterfinanziert und müssen trotz dramatisch gestiegener Fallzahlen um jede Stelle kämpfen.[25]

Der dritte Baustein sind Deradikalisierungs- und Exitprogramme. Auch hier geht es um individuell zugeschnittene Maßnahmen, doch im Gegensatz zur klassischen Intervention richten sich diese an Personen, die bereits bei extremistischen und terroristischen Gruppen Mitglied waren und jetzt aussteigen wollen. Viele der Aktivitäten und Prozesse sind mit denen der Intervention und Elternberatung identisch. Der größte Unterschied liegt in der – zum Teil sehr aufwendigen – Umgestaltung des sozialen Umfelds, denn wer jahrelang bei einer extremistischen Gruppe Mitglied war, hat meist nur noch wenige Freunde oder soziale Kontakte außerhalb der Szene und findet es schwer, sich vom Einfluss anderer Extremisten abzuschotten. In Dänemark,[26] Schweden und Deutschland gibt es bereits Aussteigerprogramme, allerdings auf kleiner Basis und, im

Falle Deutschlands, mit unzureichender Finanzierung.[27] Der systematische Einsatz solcher Programme für desillusionierte Syrienrückkehrer könnte die Sicherheitsbehörden bei ihrer Arbeit mit den wirklich gefährlichen Kämpfern entlasten.[28] Ein weiteres Element ist die Zusammenarbeit mit muslimischen Gemeinschaften, denn sie repräsentieren den Glauben, den die Dschihadisten für sich in Anspruch nehmen und als Rechtfertigung zitieren. In der Theorie sind nichtsalafistische Muslime hierzu ein Gegengewicht, repräsentieren religiöse Vielfalt und erreichen für Extremisten Ansprechbare, zu denen der Staat keinen Zugang hat. Doch in der Praxis gestaltet sich die Zusammenarbeit oft schwierig. Das liegt zum einen daran, dass muslimische Verbände dem Salafismus-Phänomen genauso hilf- und ahnungslos gegenüberstehen wie der Rest der Gesellschaft. Ihre Anführer sind meist ältere Männer, die keinen Einblick in die Lebenswirklichkeit junger Muslime haben und kontroverse Fragen über Identität, Drogen und Sex, die von den Salafisten aktiv angesprochen werden, lieber vermeiden. Sie sind es leid, von der Politik und den Medien für die Taten einer kleinen Minderheit zur Rechenschaft gezogen zu werden und sehen in der öffentlichen Berichterstattung über die Themen Islam, Islamischer Staat und Terrorismus einen Grund für die wachsende Islamfeindlichkeit.

Diese Haltung ist – zum Teil – verständlich, doch begehen die Verbände einen Fehler, wenn sie sich gegen das Thema wehren, denn die Extremisten bedrohen letztlich auch sie und – mit ihnen – Millionen von Muslimen, die in Europa friedlich leben. Eine funktionierende Präventionsstrategie braucht muslimische Gemeinschaften, die sich offensiv und glaubwürdig mit Extremisten auseinandersetzen, und einen Staat, der mit Muslimen nicht nur mittels Innenministerium und »Sicherheitspartnerschaften« kommuniziert, sondern sie als Mitbürger akzeptiert und echte Teilhabe anbietet.

Dazu gehört, dass sich eine nationale Präventionsstrategie mit extremistischen Bedrohungen aus allen Richtungen beschäftigt. Wer sich, wie ursprünglich in Großbritannien, nur auf Muslime und die Bedrohung von Dschihadisten konzentriert,[29] erschwert die Zusammenarbeit mit muslimischen Gemeinschaften. Wichtiger noch: Er verkennt die Gefahr, die europäischen Gesellschaften dadurch droht, dass sich Dschihadisten und Extremisten am rechten Ende des Spektrums gegenseitig hochschaukeln. Dschihadistischer Terrorismus ist schlimm, doch die politische Polarisierung, die aus einer Konfrontation von extremen Muslimen und extremen Rechten resultieren könnte, ist die noch schwerwiegendere strategische Bedrohung. Wer Demokratie und das friedliche Zusammenleben von Menschen unterschiedlicher Herkunft in Europa bewahren will, braucht einen Präventionsansatz, der den Zusammenhang zwischen allen Formen der Radikalisierung versteht.

Pro und contra

Der erste – und vielleicht wichtigste – Einwand gegen eine nationale Präventionsstrategie ist, dass Prävention nicht funktioniert. Doch in Wirklichkeit gibt es jede Menge Belege für das Gegenteil. Erst im Mai 2015 erklärte Charles Farr, der Chef der britischen Anti-Terrorismus-Behörde und ein hartgesottener vormaliger Spion des Auslandsgeheimdienstes MI6, vor deutschem Publikum, dass 70 Prozent der Teilnehmer des britischen Deradikalisierungs-Programms »Channel« nie wieder auffällig würden – eine Riesenentlastung, so Farr, da sich die Sicherheitsbehörden nur noch um die verbleibenden Fälle kümmern müssten.[30] Natürlich ist Effektivität umso schwerer nachzuweisen, je weiter entfernt von der potentiellen Radikalisierung eine Intervention stattfindet: Wer als 13-Jähriger in den Genuss eines Präventionsprogramms kommt, ist in den darauffolgenden Jahren vielen anderen Einflüssen ausgesetzt: Dass er (oder sie) wegen des Programmes *nicht* zum Terroristen wurde, ist schwer nachzuweisen.[31] Doch wer so argumentiert, stellt damit die Präventionslogik insgesamt in Frage und muss erklären, welchen Sinn großangelegte – und lang etablierte – Präventionsprogramme in den Bereichen Alkohol, Drogen, Aids und Jugendgewalt haben.

Ein weiteres Argument zweifelt an der Umsetzbarkeit, denn Terrorismusprävention besteht aus Programmen und Maßnahmen, die in den meisten Staaten über die gesamte Regierung verstreut sind. Dazu kommen unterschiedliche Regierungsebenen – Bund, Länder, Gemeinden – und die Zusammenarbeit mit freien Trägern: ein bürokratischer Albtraum. Doch die Zersplitterung von Kompetenzen und Fördertöpfen ist kein Argument *gegen* eine nationale Präventionsstrategie, sondern *für* sie. Mit Hilfe einer Strategie würde es möglich, alle Akteure an einen Tisch zu bringen, Prioritäten zu setzen, sich Aufgaben zu teilen und Ergebnisse zu vergleichen. Gerade föderal organisierte Staaten wie Deutschland müssten ein Interesse daran haben, dass Bund und Länder ihre Zuständigkeiten klar definieren. In Kanada und Australien funktioniert das – und selbst in Deutschland gibt es bei der Sportgewalt und in anderen Politikfeldern bereits »nationale Konzepte«, wo Bund und Länder effektiv miteinander kooperieren.[32]

Das schwächste Argument ist, dass Terrorismusprävention Geld kostet. Deutsche Behörden geben bereits heute viel Geld für Terrorismusprävention aus – nur ohne Konzept, Koordination und Kontrolle. Bei mindestens drei Bundesministerien – Familie, Inneres und Justiz – existieren Programme und Fördertöpfe. Dazu kommen 16 Bundesländer mit eigenen Initiativen und Programmen sowie eine lange Liste von Landes- und Bundesämtern – von der Bundeszentrale für politische

Bildung, dem Bundesamt für Migration und Flüchtlinge bis hin zum Verfassungsschutz –, die alle für sich in Anspruch nehmen, Präventionsarbeit zu betreiben. Eine nationale Strategie würde zeigen, wie viel Steuergelder schon jetzt in die Terrorismusprävention fließen, was hiervon sinnvoll ist und wo mehr Geld gebraucht wird. Das Fehlen einer solchen Strategie führt dazu, dass Geld verschwendet wird, Synergien ungenutzt bleiben und Initiativen, die gute Arbeit leisten, chronisch unterfinanziert sind. Zusätzliches Geld ist dringend nötig, doch genauso wichtig ist, dass existierendes Geld zielgerichteter ausgegeben wird. Ohne klares Konzept, Überblick und Strategie ist das nicht möglich.

Meine Vermutung ist, dass der Widerstand gegen eine nationale Präventionsstrategie wenig mit solchen Argumenten zu tun hat. Ein effektiver Ansatz verlangt nach Öffnung, Innovation und dem Hinterfragen von bürokratischen Besitzständen – und dazu sind die Verantwortlichen in Deutschland (noch) nicht bereit. Anderswo in Europa war das genauso: Auch dort wurde Prävention lange Zeit nicht ernst genommen. Auch dort gab es jahrelang Lippenbekenntnisse von Politikern und hohen Beamten, die gern über Prävention sprachen, aber wenig dafür taten. Die Einführung nationaler Strategien war fast immer die Folge nationaler Krisen oder terroristischer Anschläge: die Ermordung des Filmemachers Theo van Gogh in den Niederlanden, die Anschläge vom 7. Juli 2005 in Großbritannien oder die Veröffentlichung der Mohammed-Karikaturen in Dänemark.

Dass ein national koordinierter Ansatz zur Terrorismusprävention erst dann als wichtig erkannt wurde, als es bereits zu spät war, ist nicht »typisch deutsch«, aber dennoch ein gravierender Fehler, der sich in den Jahren der fünften Welle rächen wird.

ANHANG

Tabelle 2: Verhältnis zum Islamischen Staat (Stand: 1. August 2015)[31]

Land/Territorium/Region	Gruppe	Hintergrund	Sympathie?	Treue erklärt?	Erklärung akzeptiert?
Ägypten	Ansar Bayt al-Maqdis	Sinai-Provinz des Islamischen Staates.	X	X	X
	Majlis Shura al-Mujahideen fi Aknaf Bayt al-Maqdis	Bekundete im Oktober 2014 Sympathie für Islamischen Staat. Zwischen al-Qaida- und Islamischer-Staat-Unterstützern gespalten.	X		
	Ajnad Misr	Lehnt Kalifat des Islamischen Staates ab.			
Algerien	Jund al-Khalifa	Algerien-Provinz des Islamischen Staates. Trennte sich von al-Qaida im Islamischen Maghreb (AQIM). Seit Mitte 2015 vereint mit Katiba Skikda und AQIM-Splittergruppe Saraya al-Ghuraba, beide im Osten Algeriens.	X	X	X
Gaza	Jaysh al-Ummah fi Aknaf Bayt al-Maqdis	Pro al-Qaida.			

Tabelle 2: Fortsetzung

Land/Territorium/Region	Gruppe	Hintergrund	Sympathie?	Treue erklärt?	Erklärung akzeptiert?
Gaza	Ansar al-Scharia Gaza	Pro Islamischer Staat, aber im Innern zu gespalten, um vom Islamischen Staat als Provinz akzeptiert zu werden.	X	X	
	Jamaat Ansar al-Dawla al-Islamiya fi Bayt al-Maqdis	Pro Islamischer Staat, aber im Innern zu gespalten, um vom Islamischen Staat als Provinz akzeptiert zu werden.	X	X	
Indien/Bangladesch	Tanzim Ansar al-Tawheed fi Bilad al-Hind	Pro Islamischer Staat, aber zu schwach, um vom Islamischen Staat als Provinz akzeptiert zu werden.	X	X	
	Al-Qaida auf dem Indischen Subkontinent	Pro al-Qaida.			
Indonesien	Ikhwan Man Ta'a Allah	Pro Islamischer Staat, aber zu schwach, um vom Islamischen Staat als Provinz akzeptiert zu werden.	X	X	

Tabelle 2: Fortsetzung

Land/Territorium/Region	Gruppe	Hintergrund	Sympathie?	Treue erklärt?	Erklärung akzeptiert?
Irak	Jamaat Ansar al-Islam	90 Prozent der Mitglieder mittlerweile beim Islamischen Staat. De facto mit ihm verschmolzen.	X	X	X
Jemen	AQAP-Abspaltungen	Jemenitische Provinz(en) des Islamischen Staates.	X	X	X
	AQAP	Pro al-Qaida.	X		
Libanon	Unterstützer in Tripoli und Grenzgebieten	Pro Islamischer Staat, aber (noch) keine kohärente Gruppe.	X	X	
	Abdullah-Azzam-Brigaden	Pro al-Qaida.			
	Dschabhat al-Nusra im Libanon	Pro al-Qaida.			
Libyen	Majlis Shura Shabab al-Islam (»Mudschahedin Libyens«)	Jetzt Libyen-Provinz(en) des Islamischen Staates.	X	X	X

Tabelle 2: Fortsetzung

Land/ Territorium/ Region	Gruppe	Hintergrund	Sympa- thie?	Treue erklärt?	Erklärung akzep- tiert?
Libyen	Ansar al-Scharia	Pro al-Qaida, aber Sympathien für den Islamischen Staat und zahlreiche Abtrünnige.			
Maghreb/ Sahel	Al-Qaida im Islamischen Maghreb (AQIM)	Pro al-Qaida.			
	Al-Murabitun	Verbündet mit Ansar Dine. Pro al-Qaida.			
	Mujao	Treueerklärung, aber noch keine Akzeptanz vom Islamischen Staat.	X	X	
Nigeria	Boko Haram	Teil des Kalifats.	X	X	X
	Ansaru	Pro al-Qaida.			
Pakistan/ Afghanistan	Abspaltungen von (pakistanischen) Taliban	Khorasan-Provinz des Islamischen Staates.	X	X	X
	Islamische Bewegung Usbekistan	Treueerklärung. Fusioniert möglicherweise mit Khorasan-Provinz (siehe oben).	X	X	

Tabelle 2: Fortsetzung

Land/ Territorium/ Region	Gruppe	Hintergrund	Sympathie?	Treue erklärt?	Erklärung akzeptiert?
Philippinen	Teile von Abu Sayyaf und Bangsamoro	Treueerklärung, aber (noch) zu inkohärent, um als Provinz in den Islamischen Staat aufgenommen zu werden.	X	X	
Russland/ Kaukasus	Kaukasus-Emirat	Pro al-Qaida.			
Kaukasus	Wilayat Kawkaz	Kaukasus-Provinz des Islamischen Staates. Entstand aus Abspaltungen des Kaukasus-Emirats.	X	X	X
Saudi-Arabien	Wilayat Najd	Saudische Provinz des Islamischen Staates.	X	X	X
Somalia	Al-Shabaab	Pro al-Qaida.			
Sudan	Jamaat al-Itisam bil-Kitab wa al-Sunna	Pro Islamischer Staat, aber weder Treueerklärung noch Aufnahme in den Islamischen Staat.	X		

Tabelle 2: Fortsetzung

Land/ Territorium/ Region	Gruppe	Hintergrund	Sympa- thie?	Treue erklärt?	Erklärung akzep- tiert?
Syrien	Löwen des Kalifats; Omar -al-Schischani-Fraktion von Jaysh al-Muhajireen; Jamaat Ansar al-Islam in Raqqa und Hasaka	Pro Islamischer Staat; in ihm aufgegangen.	X	X	X
	Jabhat Ansar al-Din; Imam-Bukhari-Bataillon; Islamische Turkestan-Partei; Jund al-Sham; Jamaat Jund al-Qawqaz; Jaysh Muhammad in Bilad al-Sham; Jund al-Aqsa	Offiziell neutral, aber in Praxis näher bei al-Nusra (und damit al-Qaida).			
Tunesien	Jund al-Khilafa fi Tunis	Kontingent des Islamischen Staates in Tunesien. Treueerklärung akzeptiert, aber noch keine Provinz.	X	X	X

Anmerkungen

Einleitung

1 David Schanzer, Charles Kurzman und Ebrahim Moosa, »Anti-Terror Lessons of Muslim-Americans«, *National Institute of Justice*, 6. Januar 2010, S. 16.

2 Panetta, zitiert in Craig Whitlock, »Panetta: U.S. ›within reach‹ of defeating al-Qaeda«, *The Washington Post*, 9. Juli 2011.

3 Vgl. Gregor Peter Schmitz, »Author Peter Bergen on Bin Laden's Death: ›The War on Terror Should Be Retired‹«, *Spiegel Online*, 6. Mai 2011.

4 Seth G. Jones, *A Persistent Threat: The Evolution of al Qa'ida and Other Salafi Jihadists* (Santa Monica, CA: RAND 2014), S. 27.

5 Vgl. Anmerkung 7.

6 Siehe Alex P. Schmid, »Terrorism: The Definitional Problem«, *Case Western Reserve Journal of International Law*, 36(2–3) (2004), S. 375–419.

Teil 1 Die vier Wellen des Modernen Terrorismus
1 Anarchismus, Antokolonialismus und Neue Linke

1 David C. Rapoport, »The Four Waves of Rebel Terrorism and September 11«, *Anthropoetics*, 8(1) (2002); http://www.anthropoetics.ucla.edu/ap0801/terror.htm. David. C. Rapoport, »The Four Waves of Modern Terrorism«, in: Audrey Kurth Cronin und James M. Ludes (Hg.), *Attacking Terrorism: Elements of a Grand Strategy* (Washington DC: Georgetown University Press, 2004), S. 46–73.

2 Carlo Pisacane, »On Revolution«, in: Robert Graham (ed.), *An-*

archism: A Documentary History of Libertarian Ideas (Tonawanda, NY: Black Rose Books, 2005), S. 68.

3 Den Begriff »Propaganda der Tat« formulierte allerdings nicht er, sondern ein französischer Anarchist, der im Jahr 1877 einen gleichnamigen Artikel veröffentlichte. Siehe Walter Laqueur, *A History of Terrorism* (New Brunswick, NJ: Transaction, 2002), S. 49.

4 Pjotr Kropotkin, »Expropriation«, in: Graham, *Anarchism*, S. 154.

5 Charles Townshend, *Terrorism: A Very Short Introduction* (Oxford: Oxford University Press, 2002), S. 57.

6 Bruce Hoffman, *Inside Terrorism*, 2. Auflage (New York: Columbia University Press, 2006), S. 5–6.

7 Kropotkin, zitiert in Jean Maitron, »The Era of the Attentats«, in: Walter Laqueur (Hg.), *The Terrorism Reader: A Historical Anthology* (London: Wildwood House, 1979), S. 99.

8 Johann Most, *Revolutionäre Kriegswissenschaft. Ein Handbüchlein zur Anleitung betreffend Gebrauches und Herstellung von Nitroglyzerin, Dynamit, Schießbaumwolle, Knallquecksilber, Bomben, Brandsätzer, Giften usw., usw.* Neudruck der Ausgabe New York 1885 (Berlin: Rixdorfer Verlagsanstalt, 1980).

9 Ibd., S. 56.

10 Johann Most, »Advice for Terrorists«, in: Walter Laqueur und Yonah Alexander (Hg.), *The Terrorism Reader: A Historical Anthology* (New York: New American Library, 1987), S. 100.

11 John Merriman, *The Dynamite Club: How a Bombing in Fin-de-Siecle Paris Ignited the Age of Modern Terror* (London: JR Books, 2009), S. 69–87.

12 Vaillant, zitiert in Alex Schmid und Janny Graaf, *Violence as Communication: Insurgent Terrorism and the Western News Media* (London: Sage, 1982), S. 11.

13 Émile Henry, »A Terrorist's Defence«, in: George Woodcock (Hg.), *The Anarchist Reader* (London: Fontana Press, 1977), S. 195.

14 Ibd., S. 195.

15 Vgl. Martin A. Miller »The Intellectual Origins of Modern Terrorism in Europe«, in: Martha Crenshaw (Hg.), *Terrorism in Context* (University Park, PA: Pennsylvania State University

Press, 1995), S. 39–41, 50, 56–57; David Miller, *Anarchism* (London: J.M. Dent & Sons, 1984), S. 119–23.

16 Wilson, zitiert in Marc Frey, »Selbstbestimmung und Zivilisationsdiskurs in der amerikanischen Außenpolitik, 1917–1950«, in: Jörg Fisch (Hg.), *Die Verteilung der Welt: Selbstbestimmung und das Selbstbestimmungsrecht der Völker* (München: Oldenbourg, 2011), *S. 160.*

17 Vgl. »Atlantic Charter: Declaration of Principles issued by the President of the United States and the Prime Minister of the United Kingdom, 14. August 1941«, *North Atlantic Treaty Organization*; http://www.nato.int/cps/en/natolive/official_texts_16912.htm.

18 Frantz Fanon, *Die Verdammten dieser Erde* (Suhrkamp: Frankfurt am Main, 1966), *S. 72.*

19 Peter R. Neumann und M.L.R. Smith, *The Strategy of Terrorism* (London: Routledge, 2008), S. 73–74.

20 Randall D. Law, *Terrorism: A History* (Cambridge: Polity, 2009), S. 199–212.

21 Ibd., S. 214.

22 Vgl. Alistair Horne, *A Savage War of Peace: Algeria 1954–1962* (Basingstoke: Macmillan, 1977), Kapitel 20.

23 Neumann, *The Strategy*, S. 71.

24 Vgl. Peter R. Neumann, *Britain's Long War: British Strategy in the Northern Ireland Conflict, 1969–98* (Basingstoke: Palgrave Macmillan, 2003), Kapitel 1.

25 Adams, zitiert in Peter R. Neumann, »The Bullet and the Ballot Box: The Case of the IRA«, *Journal of Strategic Studies*, 28(6) (2005), S. 957.

26 Siehe Donatella Della Porta und Mario Diani, *Social Movements: An Introduction* (Oxford: Wiley-Blackwell, 2005), Kapitel 4.

27 »Carlos Marighela: Handbuch des Stadtguerillero« (sic!), *Nadir;* http://www.nadir.org/nadir/initiativ/rev_linke/rli/handbuch.html.

28 Marighella, zitiert in Neumann, *The Strategy*, S. 42.

29 Willam Ayers, *Fugitive Days: A Memoir* (Boston: Beacon Press, 2001), S. 121

30 Ibd., S. 265.

31 Vgl. Bryan Burrough, *Days of Rage: America's Radical Under-ground, the FBI, and the First Age of Terror* (New York: Penguin, 2015), Kapitel 22.

32 Herfried Münkler, »Guerillakrieg und Terrorismus«, in: Wolfgang Kraushaar (Hg.), *Die RAF und der linke Terrorismus* (Hamburg: Hamburger Edition, 2006), S. 91.

33 Vgl. Tobias Wunschik, »Die zweite Generation der RAF«, in: ibd., S. 472–488; Alexander Straßner, »Die dritte Generation der RAF«, in: ibd., S. 489–510.

34 Mussolini, zitiert in Walter Laqueur, *A History of Terrorism* (New Burnswick, Transaction Publishers, 2001), S. 71–72.

35 Vgl. Michael R. Ebner, *Ordinary Violence in Mussolini's Italy* (Cambridge: Cambridge University Press, 2011), S. 26.

36 Donald Sassoon, *Mussolini and the Rise of Fascism* (London: HarperCollins, 2007), S. 20.

37 Steve Bruce, »The problems of ›pro-state terrorism‹: Loyalist paramilitaries in Northern Ireland«, *Terrorism and Political Violence*, 4(1) (1992), S. 67–88.

38 Vgl. Steve Bruce, *The Red Hand: Protestant Paramilitaries in Northern Ireland* (Oxford: Oxford University Press, 1992).

39 Anders Behring Breivik, »2083 – A European Declaration of Independence«, Juli 2011, S. 1412.

2 Die religiöse Welle

1 Hill, zitiert in »Soldiers in the Army of God«, Dokumentarfilm von Daphne Pinkerson und Marc Levin (Los Angeles: HBO, 2000).

2 Hill, zitiert in John-Thor Dahlburg, »Amid Storm, Abortion Foe is Executed«, *Los Angeles Times*, 4. September 2003.

3 Vgl. National Abortion Federation, »Violence Statistics & History«; http://prochoice.org/education-and-advocacy/violence/violence-statistics-and-history/.

4 Bray, zitiert in Mark Juergensmeyer, *Terror in the Mind of God: The Global Rise of Religious Violence*, 2. Auflage (Los Angeles: University of California Press, 2000), S. 23.

5 Neal Horsley, zitiert in »Soldiers in the Army of God«.

6 Bruce Hoffman, »Holy Terror: The Implications of Terror Motivated by a Religious Imperative«, *RAND Corporation*, 1993, S. 2.

7 Rapoport, »The Four Waves«, S. 61.

8 Francois Burgat, *Face to Face with Political Islam* (London: IB Tauris, 2005); Gilles Kepel, *Jihad: The Trail of Political Islam* (London: IB Tauris, 2002).

9 Bernard Lewis, *The Crisis of Islam* (London und New York: Random House, 2003).

10 Roel Meijer, »Introduction«, in: Roel Meijer (Hg.), *Global Salafism: Islam's New Religious Movement* (London: Hurst, 2009); Shadi Hamid, »The Roots of the Islamic State's Appeal«, *The Atlantic*, 31. Oktober 2014.

11 Al-Banna, zitiert in John Calvert, *Sayyid Qutb and the Origins of Radical Islamism* (London: Hurst, 2010), S. 81.

12 Lorenzo Vidino, *The New Muslim Brotherhood in the West* (New York: Columbia University Press, 2010), S. 18–25; Richard P. Mitchell, *The Society of the Muslim Brothers* (Oxford: Oxford University Press), Kapitel 2 und 6.

13 Qutb, zitiert in Calvert, *Sayyid Qutb*, S. 217.

14 Ibd., S. 221–227.

15 Meijer, »Introduction«, S. 3–7.

16 Kepel, *Jihad*, S. 51.

17 Vgl. Joshua Teitelbaum, »The Muslim Brotherhood in Syria, 1945–1958: Founding, Social Origins, Ideology«, *The Middle East Journal*, 65(2) (2011); Itzchak Weismann, »Sa'id Hawwa and Islamic Revivalism in Ba'thist Syria«, *Studia Islamica*, 85 (1997).

18 Vgl. Umar F. Abd-Allah, *The Islamic Struggle in Syria* (Berkeley, CA: Mizan, 1983); Alison Pargeter, *The Muslim Brotherhood: From Opposition to Power* (London: Saqi, 2010), S. 81–82.

19 Guido Steinberg, *Der nahe und der ferne Feind: Die Netzwerke des islamistischen Terrorismus* (München: C.H. Beck, 2005), S. 31.

20 Vgl. Kepel, *Jihad*, S. 137.

21 Thomas Hegghammer, »Abdullah Azzam, the Imam of Jihad«, in: Gilles Kepel und Jean-Pierre Milelli (Hg.), *Al Qaeda in Its Own Words* (Cambridge, MA: Harvard University Press, 2008), S. 81–93.

22 Abdullah Azzam, »The Defense of Muslim Territories Constitutes the First Individual Duty«, in: ibd., S. 107–109.

23 Abdullah Azzam, »Join the Caravan«, in: ibd., S. 120.

24 Azzam, »The Defense«, in: ibd., S. 106.

25 Lawrence Wright, *The Looming Tower: al Qaeda's Road to 9/11* (London: Penguin, 2006), S. 107; Hegghammer, »Abdullah Azzam«, S. 101.

26 Thomas Hegghammer, »The Rise of the Muslim Foreign Fighters«, *International Security*, 35(3) (2010), S. 61.

27 David Malet, *Foreign Fighters: Transnational Identity in Civil Conflicts* (Oxford: Oxford University Press, 2013), S. 167–171.

28 Wright, *The Looming Tower*, S. 102.

29 Ibd., S. 119.

30 Malet, *Foreign Fighters*, S. 172–180; Interview mit dem vormaligen Chef des Secret Intelligence Service in Islamabad, 28. April 2015.

31 Wright, *The Looming Tower*, S. 104–109.

32 Hegghammer, »Abdullah Azzam«, S. 96–97.

33 Zitiert in ibd., S. 31.

34 William McCants und Jarret Brachman, *Militant Ideology Atlas: Research Compendium* (Westpoint, NY: Combating Terrorism Center, U.S. Military Academy, 2006), S. 287.

35 Interview mit dem vormaligen Chef des Secret Intelligence Service in Islamabad, 28. April 2015.

36 Wright, *The Looming Tower*, S. 131–136.

37 Vgl. Mustafa Hamid und Leah Farrall, *The Arabs at War in Afghanistan* (London: Hurst, 2015).

38 Mary Anne Weaver, »Blowback«, *The Atlantic*, 1. Mai 1996.

39 Vgl. Peter R. Neumann, *Old and New Terrorism: Late Modernity, Globalization and the Transformation of Political Violence* (Cambridge: Polity, 2009), S. 38.

40 Vgl. Jason Burke, *Al Qaeda: The True Story of Radical Islam* (London: Penguin, 2003), S. 148–150.

41 Hegghammer, »The Rise«, S. 61.

42 Evan F. Kohlmann, *Al-Qaida's Jihad in Europe: The Afghan-Bosnian Network* (Oxford: Berg, 2004), S. 16–19.

43 Jonathan Bronitsky, *British foreign policy and Bosnia: The rise of Islamism in Britain, 1992–1995* (London: ICSR, 2010), S. 18; http://icsr.info/wp-content/uploads/2012/10/1289583399ICSR-Paper_BritishForeignPolicyPaperandBosnia_JBronitsky.pdf.

44 Zitiert nach Robert Sam Anson, »The Journalist and the Terrorist«, *Vanity Fair*, August 2002.

45 Vgl. Robert Fisk, »Anti-Soviet Warrior Puts His Army on the Road to Peace«, *The Independent*, 6. Dezember 1993.

46 »Bin Laden's Fatwa«, *PBS*. 23. *August 1996*; http://www.pbs.org/newshour/updates/military-july-dec96-fatwa_1996. »Al Qaeda's Second Fatwa«, *PBS*. 23. Februar 1998; http://www.pbs.org/newshour/updates/military-jan-june98-fatwa_1998/.

47 Vgl. »The war of unintended consequences: Four years after 9/11«, *The Guardian*, 12. September 2005.

48 Vgl. Bruce Hoffman und Fernando Reinares (Hg.), *The Evolution of the Global Terrorist Threat: From 9/11 to Osama bin Laden's Death* (New York: Columbia University Press, 2014).

49 Vgl. »Zawahiri's Letter to Zarqawi (English Translation)«, *Combating Terrorism Center at West Point*, undatiert; https://www.ctc.usma.edu/posts/zawahiris-letter-to-zarqawi-english-translation-2.

50 Zitiert in Lawrence Wright, »The Rebellion Within«, *The New Yorker*, 2. Juni 2008.

51 Recherchen von Alexander Meleagrou-Hitchens, 19. Mai 2015.

52 Peter Bergen, »A gripping glimpse into bin Laden's decline and fall«, *CNN*, 11. März 2015.

53 Vgl. »US ›within reach of strategic defeat of al-Qaeda‹«, BBC *News*, 9. Juli 2011.

54 Al-Zawahiri, zitiert in Shiraz Maher und Peter R. Neumann, *Al-Qaeda at the Crossroads: How the terror group is responding to the loss of its leaders & the Arab Spring* (London: ICSR, 2012), S. 9–10; http://icsr.info/wp-content/uploads/2012/10/ICSR_Maher-Neumann-Paper_For-online-use-only1.pdf.

55 Attiyah al-Libi, zitiert in ibd., S. 12.

56 Awlaki, zitiert in ibd., S. 14.

TEIL 2 Die nächste Welle

1 Islamischer Staat

1 Interview mit Abdullah Anas, 8. April 2015.

2 Vgl. Steve Contorno, »What Obama said about Islamic State as a ›JV‹ team«, *Politifact*, 7. September 2014.

3 Vgl. Volker Perthes, zitiert in Thorsten Herdickerhoff, »Neue Grenzen in Nahost«, *Vorwärts*, 18. November 2014, http://www.vorwaerts.de/artikel/neue-grenzen-nahost.

4 Guido Steinberg, *Kalifat des Schreckens: IS und die Bedrohung durch den islamistischen Terror* (München: Knaur, 2015), S. 52–58.

5 Ibd., S. 138.

6 Zitiert in »Zarqawi: Our eyes are on Jerusalem«, *Associated Press*, 26. April 2006.

7 Steinberg, *Kalifat des Schreckens*, S. 53.

8 Vgl. *Iraq Body Count;* https://www.iraqbodycount.org/.

9 »Zawahiri's Letter to Zarqawi (English Translation)«, *Combating Terrorism Center at Westpoint*; https://www.ctc.usma.edu/posts/zawahiris-letter-to-zarqawi-english-translation-2.

10 Derek Harvey und Michael Pregent, »The Lessons of the Surge: Defeating ISIS Requires a New Sunni Awakening«, *New America Foundation*, Juni 2014, S. 2

11 Qassim Abdul-Zarah, »Al-Qaeda Making Comeback in Iraq, Officials Say«, *Associated Press*, 9. Oktober 2012.

12 Michael Weiss und Hassan Hassan, *Inside ISIS. Inside the Army of Terror* (New York: Regan Arts, 2015), Kapitel 9.

13 Vgl. Peter R. Neumann, »Suspects into Collaborators«, *London Review of Books*, 3. April 2014.

14 Vgl. Hassan Hassan, »A jihadist blueprint for hearts and minds is gaining traction in Syria«, *The National*, 4. März 2014.

15 Vgl. Noman Benotman und Roisin Blake, »Jabhat al-Nusra: A Strategic Briefing«, *Quilliam Foundation*, Januar 2013; http://www.quilliamfoundation.org/wp/wp-content/uploads/publications/free/jabhat-al-nusra-a-strategic-briefing.pdf.

16 Vgl. Amir Musawy, Georg Mascolo und Volkmar Kabisch, »Auf der Spur des IS-Anführers al-Baghdadi«, *NDR*, 18. Februar 2015; https://www.ndr.de/nachrichten/investigation/Auf-der-Spur-des-IS-Anfuehrers-al-Baghdadi,baghdadi104.html.

17 Richard Barrett, »The Islamic State«, *The Soufan Group*, November 2014, S. 25.

18 Martin Chulov, »Isis: The Inside Story«, *The Guardian*, 11. Dezember 2014.

19 Andrew Thompson, zitiert in Jessica Stern und J.M. Berger,

ISIS. *The State of Terror* (New York: William Collins, 2015), S. 35.

20 Interview mit Aymenn Jawad al-Tamimi, 1. April 2015.

21 Al-Baghdadi, zitiert in Steinberg, *Kalifat des Schreckens*, S. 78.

22 Ein gutes Beispiel hierfür sind die Dschihadisten in der syrischen Grenzstadt al-Bukamal. Interview mit Aymenn Jawad al-Tamimi, 1. April 2015.

23 Joas Wagemakers, *The Quietist Jihadi: The Ideology and Influence of Abu Muhammad al-Maqdisi* (Cambridge: Cambridge University Press, 2012), S. 60–67.

24 *Shaykh-ul-Islaam Ibn Taymiyyah*, undatierter Blog; https:// shaykhulislaam.wordpress.com/2009/08/13/ruling-on-the-nusayrialawi-sect/.

25 Abu Bakr Naji, *The Management of Savagery: The Most Critical Stage Through Which the Umma Will Pass* (Translated by William McCants) (Boston: John M. Olin Institute, 2006); https:// azelin.files.wordpress.com/2010/08/abu-bakr-naji-the-management-of-savagery-the-most-critical-stage-through-which-the-umma-will-pass.pdf.

26 Weiss, *Inside* ISIS. S. 41.

27 Naji, *The Management of Savagery*, S. 28–50.

28 Interview mit William McCants, 2. März 2015.

29 Ibd.

30 Vgl. Giles Fraser, »To Islamic State, Dabiq is important – but it's not the end of the world«, *The Guardian*, 10. Oktober 2014; John Gray, »Isis: an apocalyptic cult carving a place in the modern world«, *The Guardian*, 26. August 2014.

31 Zarqawi, zitiert in »Why Islamic State chose town of Dabiq for propaganda«, *BBC News*, 17. November 2014.

32 Interview mit William McCants, 2. März 2015.

33 Vgl. McCants, zitiert in Zack Beauchamp, »ISIS is really obsessed with the apocalypse«, *vox.com*, 6. April 2015.

34 Interview mit Aymenn Jawad al-Tamimi, 1. April 2015.

35 »Jihadi John«, zitiert in »Why Islamic«, *BBC News*.

36 Interview mit Aymenn Jawad al-Tamimi, 1. April 2015; Weiss, *Inside* ISIS. S. 154–155.

37 Jürgen Todenhöfer, »›Islamischer Staat‹ – 7 Eindrücke einer

schwierigen Reise«, *Jürgen Todenhöfer,* 22. Dezember 2014; http://juergentodenhoefer.de/7-eindruecke-einer-schwierigen-reise/.

38 Ross Keith, »How Many Fighters Does ISIS Have«, *Vocativ,* 19. Februar 2015; http://www.vocativ.com/world/isis-2/how-big-is-isis/.

39 Interview mit Aymenn Jawad al-Tamimi, 1. April 2015.

40 Barrett, »The Islamic State«, S. 23.

41 David Siddharta Patel, »ISIS in Iraq: What We Get Wrong and Why 2015 Is Not 2007 Redux«, *Middle East Brief,* Januar 2015; http://www.brandeis.edu/crown/publications/meb/MEB87.pdf.

42 Barrett, »The Islamic State«, S. 20.

43 Weiss, *Inside* ISIS, S. 153–165.

44 Interview mit Aziz al-Hamza, 6. Mai 2015.

45 Peter R. Neumann, »Foreign fighter total in Syria/Iraq now exceeds 20,000; surpasses Afghanistan conflict in the 1980s«, *ICS. Insight,* 26. Januar 2015; http://icsr.info/2015/01/foreign-fighter-total-syriairaq-now-exceeds-20000-surpasses-afghanistan-conflict-1980s/.

46 Hegghammer, zitiert in Joshua Holland, »Why Have a Record Number of Westerners Joined the Islamic State?«, *Moyers & Company,* 10. Oktober 2014; http://billmoyers.com/2014/10/10/record-number-westerners-joined-islamic-state-great-threat/.

47 Vgl. Mohammed M. Hafez, »Suicide Terrorism in Iraq: A Preliminary Assessment of the Quantitative Data and Documentary Evidence«, *Studies in Conflict and Terrorism* 29(8) (2006), S. 591–619.

48 Patrick Cockburn, *The Rise of Islamic State: ISIS and the New Sunni Revolution* (London: Verso, 2015), S. 15.

49 Interview mit Aymenn Jawad al-Tamimi, 1. April 2015.

50 Cockburn, *The Rise,* S. 64.

51 Christoph Reuter, »The Terror Strategist: Secret Files Reveal the Structure of the Islamic State«, *Spiegel Online,* 18. April 2015; http://www.spiegel.de/international/world/islamic-state-files-show-structure-of-islamist-terror-group-a-1029274.html.

52 Barrett, »The Islamic State«, S. 31–32.

53 Wegen der westlichen Luftschläge bewegt sich die Gruppe nach

Berichten neuerdings in kleineren Gruppen und in zivilen Fahrzeugen. Siehe Raniah Salloum, »Mit neuer Terror-Taktik zum Erfolg«, *Spiegel Online*, 31. Mai 2015; http://www.spiegel. de/politik/ausland/is-islamischer-staat-mit-neuer-taktik-in-syrien-a-1036435.html.

54 Die westlichen Luftschläge haben dies jedoch für den Islamischen Staat schwieriger gemacht. Vgl. Daveed Gartenstein-Ross, »The Islamic State's Anbar Offensive and Abu Umar al-Shishani«, *War on the Rocks*, 9. Oktober 2014.

55 Reuter, »The Terror Strategist«.

56 90 Prozent der Mitglieder von Ansar al-Sunna, die in Mossul an der Seite des Islamischen Staates gekämpft hatten, sind mittlerweile zu ihm übergetreten; Interview mit Aymenn Jawad al-Tamimi, 1. April 2015.

57 Vgl. Cockburn, *The Rise*, Kapitel 4.

58 Informationsministerium, »Informationspreis«, 11. Mai 2013; Verwaltungsausschuss im Gouvernement Nord-Bagdad, »Warenliste«, undatiert.

59 »The Islamic State«, *Vice News*, 13. August 2014; https://news. vice.com/video/the-islamic-state-part-4.

60 Naji, *The Management of Savagery*, S. 28.

61 Zaid al Fares, »Frontline ISIS. How the Islamic State is Brainwashing Children with Stone Age School Curriculum«, *International Business Times*, 1. September 2014.

62 Abu Rumaysah al Britani, *A Brief Guide to the Islamic State (2015)* (Raqqa: ISIS. 2015).

63 Gilgamesh Nabeel, »The Islamic State's Plan for Universities«, *Al-Fanar*, 25. November 2014.

64 Borzou Daragahi und Erika Solomon, »Fuelling Isis Inc«, *Financial Times*, 21. September 2014.

65 Georg Mascolo, »Der IS sitzt auf dem Trockenen«, *Süddeutsche Zeitung*, 8. April 2015.

66 Charles Lister, »Cutting off ISIS. Cash Flow«, *Middle East Politics & Policy, Brookings Institution*, 24. Oktober 2014.

67 Vgl. »Financing of the Terrorist Organisation Islamic State in Iraq and the Levant (ISIL)«, *Financial Action Task Force Report*, Februar 2015, S. 15–18.

68 Aaron Y. Zelin, »The Islamic State's Model«, *The Washington Post*, 28. Januar 2015; http://www.washingtonpost.com/blogs/monkey-cage/wp/2015/01/28/the-islamic-states-model/.

69 Interview mit Aymenn Jawal al-Tamimi, 1. April 2015.

70 Ibd.

71 Vgl. Ishaan Tharoor, »Islamic State burned a woman alive for not engaging in ›extreme‹ sex act, U.N. official says«, *The Washington Post*, 22. Mai 2015.

72 Das Argument des Islamischen Staates ist, dass er ein Staat ist und somit Dinge tun kann, die einer Gruppe wie al-Qaida niemals zustanden. Interview mit Shiraz Maher, 11. April 2015.

73 Interview mit William McCants, 15. März 2015.

74 Vgl. Sinan Salaheddin, »Islamic State introduces new restrictions to prevent Mosul residents from fleeing city«, *The Globe and Mail*, 13. März 2015.

75 Lizzie Dearden, »Isis advertises 10 jobs in the caliphate including press officers, bomb makers and teachers«, *The Independent*, 10. April 2015.

76 Interview mit einem der Gründer von *Raqqa Is Being Slaughtered Silently*, 6. Mai 2015.

77 Vgl. Sinan Salaheddin, »Islamic State introduces new restrictions to prevent Mosul residents from fleeing the city«, *The Globe and Mail*, 13. Mäz 2015; Jalal Zein Eddine, »ISIS is crumbling in Syria: here's why«, *Now*, 31. März 2015.

78 Issa, zitiert in »Voices from Inside the ›Giant Prison‹ of Raqqa«, *Syria Deeply*, 23. April 2015.

79 Interview mit Aziz al-Hamza, 6. Mai 2015.

80 Issa, zitiert in »Voices from Inside«.

81 Interview mit Aziz al-Hamza, 6. Mai 2015.

2 Auslandskämpfer

1 Aaron Y. Zelin, »European Fighters in Syria«, *ICS. Insight*, 2. April 2013; http://icsr.info/2013/04/icsr-insight-european-foreign-fighters-in-syria-2/.

2 Ibd.

3 Neumann, »Foreign fighter total«.

4 Hegghammer, »The Rise of«, S. 61.

5   Neumann, »Foreign fighter total«.
6   Ibd.
7   Neumann, »Foreign Fighter total«.
8   Behnam T. Said, *Islamischer Staat: IS-Miliz, al-Qaida und die deutschen Brigaden* (München: C.H. Beck, 2014), S. 158–159.
9   Interview mit einem Vertreter des belgischen Inlandsnachrichtendienstes, 14. April 2015.
10 Viele Konvertiten haben ebenfalls einen Migrationshintergrund, also zum Beispiel Russlanddeutsche oder Schiiten, die zum sunnitischen Islam konvertieren. Siehe Interview mit Vertretern des Landesamts für Verfassungsschutz Hamburg, 23. März 2015.
11 Vgl. »Analyse der den deutschen Sicherheitsbehörden vorliegenden Informationen über die Radikalisierungshintergründe und -verläufe der Personen, die aus islamistischer Motivation aus Deutschland in Richtung Syrien ausgereist sind«, Bundesministerium des Innern, undatiert (ca. 2014).
12 Interview mit Melanie Smith, 22. Dezember 2014.
13 Malet, *Foreign Fighters,* Kapitel 1.
14 Vgl. Interview mit Shiraz Maher, 11. April 2015.
15 Ibd.
16 Iftekar Jaman, zitiert in Shiraz Maher, »From Portsmouth to Kobane«, *New Statesman,* 31. Oktober 2014.
17 Mohammed al-Arifi, »Oh Syria, the Victory is Coming«, *YouTube,* 8. Februar 2012; https://www.youtube.com/watch?v=-GE6En9e7dew.
18 Iftekar Jaman, zitiert in »Briton Iftekar Jaman ›killed in fighting in Syria‹, family says«, BBC *News,* 17. Dezember 2013.
19 Mary Anne Weaver, »Her Majesty's Jihadists«, *The New York Times Magazine,* 14. April 2015.
20 Iftekar Jaman, zitiert in Maher, »From Portsmouth«.
21 Interview mit Shiraz Maher, 11. April 2015.
22 Maher, zitiert in Weaver, »Her Majesty's Jihadists«.
23 David Thomson, *Les Français djihadistes* (Paris: Éditions des Arènes, 2014), S. 246–247.
24 Facebook-Seite von Salahuddin Shabazz (Jean-Edouard).
25 Jean-Edouard, zitiert in Thomson, *Les Français djihadistes,* S. 257.
26 Facebook-Seite von Salahuddin Shabazz (Jean-Edouard).

27 Tweets von @AbouAyaat (Jean-Edouard).

28 Ibd.

29 Ibd.

30 Thomson erzählte mir im Mai 2015, Jean-Edouard sei gerade dabei, eine Selbstmordoperation vorzubereiten. E-Mails mit David Thomson, 2. Mai 2015.

31 Vgl. Donatella della Porta, »Recruitment Processes in Clandestine Political Organizations: Italian Leftwing Terrorism«, *International Social Movement Research*, 1 (1988), S. 155–169; Marc Sageman, *Understanding Terror Networks* (Philadelphia: University of Pennsylvania Press, 2004).

32 Interview mit Vertretern des Landesamts für Verfassungsschutz Bremen, 20. April 2015.

33 Hubert Gude, »Muslime gegen Muslime«, *Spiegel Online*, 31. März 2014.

34 Vgl. »Gewaltorientierter Islamismus in Bremen«, *Der Senator für Inneres und Sport*, 16. April 2015.

35 Schreiben des Senators für Inneres und Sport an den Verein »Kultur & Familien Verein e.V.«, 21. November 2014.

36 Interview mit Vertretern des Landesamts für Verfassungsschutz Bremen, 20. April 2015.

37 ARD-Interview mit Ebrahim B., 10. Juli 2015.

38 Ibd.

39 »Hijra to the Islamic State«, *Islamischer Staat*, März 2015.

40 Ibd., S. 5.

41 Interview mit einem Vertreter des belgischen Inlandsnachrichtendienstes, 14. April 2015.

42 Interview mit Schleuser Abdullah, 9. April 2014. Für Ausschnitte aus diesem und anderen Interviews, siehe Ahmet Senyurt, »Die Infrastruktur der Gotteskrieger: Reportage von der türkisch-syrischen Grenze«, *report München*, 22. April 2014; http://www.br.de/fernsehen/das-erste/sendungen/report-muenchen/syrien-grenzgebiet-al-kaida100.html.

43 Vgl. Jan Rübel, »Auf Einkaufstour im Namen des Bösen«, *Yahoo! Deutschland*, 5. November 2014; https://de.nachrichten.yahoo.com/blogs/reingezoomt/auf-einkaufstour-im-namen-des-bösen-084158500.html.

44 »Anklageschrift«, *Der Generalbundesanwalt beim Bundesgerichtshof, Aktenzeichen 2 StE 4/14-8, 23. Mai 2014.*

45 »Hijra to«, *Islamischer Staat*, S. 6.

46 ARD-Interview mit Ebrahim B., 10. Juli 2015.

47 Interviews mit Abdullah, Hischam und Baschir, 9.–11. April 2014.

48 »Hijra to«, *Islamischer Staat.*

49 ARD-Interview mit Ebrahim B., 10. Juli 2014.

50 Interview mit Schleuser Abdullah, 9. April 2014.

51 »Anklageschrift«, *Der Generalbundesanwalt,* S. 54–57.

52 Vgl. Andrew Zammit, zitiert in Michael Safi, »Not all foreign fighters will pose a security threat to Australia, says expert«, *The Guardian*, 15. April 2015.

53 Vgl. »A Window into the Islamic State«, *Dabiq*, Oktober 2014, S. 27–29.

54 Interview mit Aziz al-Hamza, 6. Mai 2015.

55 Steve Rose, »The Isis propaganda war: a hi-tech media jihad«, *The Guardian*, 7. Oktober 2014.

56 Interview mit Aziz al-Hamza, 6. Mai 2015.

57 Vgl. zum Beispiel Anwar al-Awlaki, »The Virtues of Ribaat & The One Who Dies in Ribaat«, *YouTube*, 16. Januar 2015; https://www.youtube.com/watch?v=NQesjA1eats.

58 »The Virtues of Ribat: For the Cause of Allah«, *Dabiq #9*, Mai 2015, S. 8–13.

59 Interview mit Shiraz Maher, 11. April 2015.

60 Interview mit Aymenn Jawad al-Tamimi, 1. April 2015.

61 Interviews mit Baschir und Hischam, 11. April.2014.

62 Vgl. Mohammed M. Hafez, »Suicide Terrorism in Iraq: A Preliminary Assessment of the Quantitative Data and Documentary Evidence«, *Studies in Conflict and Terrorism*, 29(8) (2006), S. 591–619.

63 Interview mit Aymenn Jawad al-Tamimi, 1. April 2015.

64 Dies bestätigt zum Beispiel der Wolfsburger Aussteiger Ebrahim B. Siehe ARD-Interview mit Ebrahim B., 10. Juli 2015.

65 Vgl. Richard Kerbaj, »Soft reception for returning Brits as Isis turns to chick lit«, *The Sunday Times*, 9. November 2014.

66 Jaak Raes, »Lessons Learned from Verviers and European

Co-operation in the Field of Counter-Terrorism«, *Rede beim 12. Symposium des Bundesamtes für Verfassungsschutz, 4. Mai 2015;* http://www.verfassungsschutz.de/de/oeffentlichkeitsarbeit/symposium/symposium-2015.

67 Vgl. Daniel Bax, »Beihilfe zum Dschihad«, *taz,* 5. Oktober 2014.

68 Thomas Hegghammer, »Should I Stay or Should I Go? Explaining Variation in Jihadists' Choice Between Domestic and Foreign Fighting«, *American Political Science Review,* 107(1) (2013), S. 1–15.

69 Jytte Klausen und Adrienne Roach, »Western Jihadists in the Syrian and Iraqi Insurgencies«, *Working Paper #4, The Western Jihadism Project,* August 2014, S. 40–44.

70 Auszug aus einer WhatsApp-Konversation mit einem englischen Kämpfer, 26. August 2014.

71 Vgl. Richard Kerbaj, »Jihadists from UK stuck in Turkey after deserting Isis«, *The Sunday Times,* 5. Oktober 2014.

72 Vgl. »Isis executes 100 deserters in Syria's Raqqa«, *Al Arabiya,* 20. Dezember 2014; http://english.alarabiya.net/en/News/middle-east/2014/12/20/ISIS-executes-100-deserters-in-Syria-s-Raqqa-report.html.

73 Interview mit Aziz al-Hamza, 6. Mai 2015.

74 Interview mit Claudia Dantschke, 23. März 2015.

75 Siehe Jana Simon, »Der Junge, der in den Krieg ging«, *Zeit Magazin,* 22. Mai 2015.

76 Interview mit einem Vertreter des belgischen Inlandsnachrichtendienstes, 14. April 2015.

77 Hegghammer, »Should I«, S. 11.

78 Andrew Zammit, »List of alleged violent plots in Europe involving Syria returnees«, *The Murphy Raid,* 25. Januar 2015; http://andrewzammit.org/2014/06/29/list-of-alleged-violent-plots-in-europe-involving-syria-returnees/.

79 Interview mit Vertretern des Landesamts für Verfassungsschutz Hamburg, 23. März 2015.

80 Daniel Byman und Jeremy Shapiro, »Be Afraid. Be A Little Afraid: The Threat of Terrorism from Western Foreign Fighters in Syria and Iraq«, *Brookings Institution, Policy Paper #34,* November 2014.

3 Unterstützer

1 Tom Wyke, »Radical British Islamist who stabbed football fan in the head with a pen skips bail and joins Islamic State in Syria«, *Daily Mail*, 20. Januar 2015.

2 Stefan Malthaner und Peter Waldmann, »Radikale Milieus: Das soziale Umfeld terroristischer Gruppen«, in: Stefan Malthaner und Peter Waldmann (Hg.), *Radikale Milieus: Das soziale Umfeld terroristischer Gruppen* (Frankfurt am Main: Campus, 2012), S. 11–42.

3 Vgl. Ulrich Kraetzer, *Salafisten: Bedrohung für Deutschland?* (Gütersloh: Gütersloher Verlagshaus, 2014).

4 Eine ähnliche Kategorisierung findet sich in Götz Nordbruch, Jochen Müller und Deniz Ünlü, »Einfache Antworten in schwierigen Zeiten: Was macht salafistische Prediger attraktiv?«, *Interventionen*, Dezember 2013, S. 15–18.

5 Aladin El-Mafaalani, »Salafismus als jugendkulturelle Provokation«, in: ibd., S. 357.

6 Vgl. Sinan Selen, »Foreign Fighters«-Konferenz, *Konrad-Adenauer-Stiftung*, 24. März 2015.

7 Quintan Wiktorowicz, »Anatomy of the Salafi Movement«, *Studies in Conflict and Terrorism*, 29 (2006), S. 207–239.

8 Eine genauere Ausdifferenzierung gibt es zum Beispiel bei Jarret M. Brachman, *Global Jihadism: Theory and Practice* (Abingdon und New York: Routledge, 2009), Kapitel 2.

9 Vgl. Nina Wiedl, »Geschichte des Salafismus in Deutschland«, in: Behnam T. Said und Hazim Fouad (Hg.), *Salafismus: Auf der Suche nach dem wahren Islam* (Freiburg: Herder, 2014), S. 428–431.

10 Nagie, zitiert in Claudia Dantschke, »›Lasst Euch nicht radikalisieren!‹ – Salafismus in Deutschland«, in: Thorsten Gerald Schneiders (Hg.), *Salafismus in Deutschland: Ursprünge und Gefahren einer islamisch-fundamentalistischen Bewegung* (Bielefeld: Transcript, 2014), S. 176.

11 Said, *Islamischer Staat*, S. 154–156.

12 Shiraz Maher und Peter R. Neumann, »German Arrests: The Rise of the Megaphone Jihadists«, *ICS. Insight*, 14. Juni 2012; http://icsr.info/2012/06/icsr-insight-german-arrests-the-rise-of-the-megaphone-jihadists-2/.

13 Jytte Klausen, Eliane Tschaen Barbieri, Aaron Reichlin-Melnick und Aaron Y. Zelin, »The YouTube Jihadists: A Social Network Analysis of Al-Muhajiroun's Propaganda Campaign«, *Perspectives on Terrorism*, 6(1) (2012); http://www.terrorismanalysts. com/pt/index.php/pot/article/view/klausen-et-al-youtube-ji-hadists/html.

14 Nach einigen Berichten hatte Bakri die Gruppe bereits in den 1980ern gegründet, doch wahrscheinlicher ist, dass sie in den 1990ern in London »wiedergegründet« wurde. Siehe Quintan Wiktorowicz, *Radical Islam Rising: Muslim Extremism in the West* (Oxford: Rowman & Littlefield, 2005), S. 106.

15 Owen Bowcott, »Arrest extremist marchers, police told«, *The Guardian*, 6. Februar 2006.

16 »BBC Hardtalk«, BBC, 8. August 2005; https://www.youtube. com/watch?v=223gLcfCj_c.

17 Colin Blackstock, »Taliban ›recruiter‹ questioned«, *The Guardian*, 4. Dezember 2002.

18 Interview mit Raffaello Pantucci, 14. Mai 2015.

19 Die Gruppe verwendete auch den Namen *Forsane Alizza*. Vgl. Peter R. Neumann und Scott Kleinmann, »Toulouse Gunman's Link to UK Extremists«, *ICS. Insight*, 21. März 2012; http://icsr. info/2012/03/icsr-insight-toulouse-gunmans-link-to-uk-extrem-ists/.

20 Ben Taub, »From ISIS to Belgium«, *The New Yorker*, 1. Juni 2015.

21 Vgl. Jytte Klausen, zitiert in »Is preacher Anjem Choudary a radicalising force?«, BBC *News*, 13. Mai 2015; http://www.bbc. co.uk/news/uk-politics-32731177.

22 Fouad Belkacem, zitiert in Taub, »From ISIS«; Interview mit einem Vertreter des belgischen Inlandsnachrichtendienstes, 14. April 2015.

23 Raes, »Lessons Learned«.

24 »Belgian Fighters in Syria and Iraq – April 2015«, *pietervanostaeyen*, 4. Mai 2015; https://pietervanostaeyen.wordpress. com/2015/04/05/belgian-fighters-in-syria-and-iraq-april-2015/.

25 Raes, »Lessons Learned«.

26 Auch wenn ein Vertrauter Choudarys, Abu Waleed, den

Deutschen dabei half, ihren Internetauftritt zu verbessern und ihn in das englische Onlinenetzwerk Salafimedia integrierte. Vgl. Wiedl,»Geschichte des Salafismus«, S. 428.

27 Vgl. Guido Steinberg, *Al-Qaidas deutsche Kämpfer: Die Globalisierung des islamistischen Terrorismus* (Hamburg: edition Körber-Stiftung, 2014), S. 358–362.

28 Vgl. Hendrik Rasehorn,»Ein Dutzend Wolfsburger kämpft für IS«, *Wolfsburger Nachrichten,* 7. November 2014.

29 Vgl. Georg Mascolo,»Deutscher IS-Rekrut: Einer packt aus«, *Süddeutsche Zeitung,* 16. Juli 2015.

30 Wolf Schmidt, *Jung, deutsch, Taliban* (Berlin: Christoph Links, 2012), S. 137.

31 Ibd., S. 136–137.

32 Interview mit einem Vertreter des belgischen Inlandsnachrichtendienstes, 14. April 2015.

33 Vgl. John Scheerhout,»Manchester terror twin who fled to Syria to become a ›jihadi bride‹ shows her support for Islamic State fighters on Twitter«, *Manchester Evening News,* 7. September 2014.

34 Recherchen von Melanie Smith, 8. Mai 2015.

35 Schmidt, *Jung, deutsch,* S. 142–143.

36 Adam Bermingham, Maura Conway et al.,»Combining Social Network Analysis and Sentiment Analysis to Explore the Potential for Online Radicalisation«, *International Conference on Advances in Social Networks Analysis and Mining,* Athen, 20.–22. Juli 2009.

37 Tweet von @ummuthmann, 7. Januar 2015.

38 Tweet von @baqiyah28, 7. Januar 2015.

39 Tweet von @jafarbritaniya, 7 Januar 2015.

40 Tweet von @bint_ibrah3m, 7. Januar 2015.

41 Interview mit Melanie Smith, 19. Mai 2015.

42 Ibd.

43 Anonym,»›Ich geriet an »Millatu Ibrahim«, weil für mich damals alle Muslime gleich waren‹: Bericht einer Aussteigerin aus der Salafismus-Szene in Deutschland«, in: Schneiders, *Salafismus in,* S. 456–457.

44 Tweets von @Bint_Mujahid, Februar 2015.

45 Erin Marie Saltman und Melanie Smith, ›*Till Martyrdom Do Us Part‹: Gender and the* ISIS *Phenomenon* (London: IS. und ICSR, 2015).

46 Interview mit Berna Kurnaz, 20. April 2015.

47 Patrick Kingsley,»Who is behind ISIS's terrifying online propaganda operation?«, The Guardian, 23. Juni 2014.

48 Spencer Ackerman,»ISIS Online Propaganda Outpacing U.S. Counter-efforts, Ex-Officials Warn«, The Guardian, 22. September 2014.

49 J.M. Berger, »How ISIS Games Twitter«, The Atlantic, 16. Juni 2014. Für einen ausführlichen Überblick über die offizielle Internetpräsenz des Islamischen Staates, siehe J.M. Berger und Jessica Stern, ISIS. The State of Terror (New York: Ecco Press, 2015).

50 Vgl. Jarret M. Brachman und Alix N. Levine,»You Too Can Be Awlaki!«, The Fletcher Forum on World Affairs, 35(1) (2011), S. 25–46.

51 Morten S. Hopperstad,»Norsk islamist (25) tiltalt etter skyteepisode i Oslo«, VG Nyheter, 1. Februar 2015;»Slik lever de Norske jihadestene i Syria«, NRK, 31. März 2013.

52 Facebook-Profil von Abul Hakim Ryding, Eintrag vom 29. April 2013.

53 Joseph A. Carter, Shiraz Maher und Peter R. Neumann, Greenbirds: Measuring Importance and Influence in Syrian Foreign Fighter Networks (London: ICSR, 2014), S. 18–28; http://icsr.info/wp-content/uploads/2014/04/ICSR-Report-Greenbirds-Measuring-Importance-and-Influence-in-Syrian-Foreign-Fighter-Networks.pdf.

54 Vgl. John Safran,»Musa Cerantonio: Muslim convert and radical supporter of the Islamic State«, Sydney Morning Herald, 17. Januar 2015.

55 Musa Cerantonio, Facebookseite, 24. Februar 2014.

56 Brachman, Global Jihadism, S. 39.

57 Rayat al-Tawheed, zitiert in John Domokos und Alex Rees, »Jihad, Syria and social media«, The Guardian, 15. April 2014; http://www.theguardian.com/uk-news/video/2014/apr/15/jihad-syria-social-media-video.

58 Interviews mit Shiraz Maher, 11. April 2015, und Aymenn Jawad al-Tamimi, 1. April 2015.

59 Tweet von @ShamiWitness, 21. März 2014.

60 Vgl. Tweet von @Matthew_Barber, 21. August 2014 (und Antworten von Shami).

61 »Shami Witness unmasked: ›I will not resist arrest‹«, *Channel 4 News*, 12. Dezember 2014; http://www.channel4.com/news/police-bangalore-islamic-state-twitter-shami-witness.

62 »Who is Mehdi Masroor Biswas«, *The Times of India*, 13. Dezember 2014.

63 Louis Beam, »Leaderless Resistance«, *The Seditionist*, Februar 1992; http://www.louisbeam.com/leaderless.htm.

64 Vgl. Brachman, »You Too«.

65 Die bedeutendsten Ausnahmen sind die Anschläge in Fort Hood im Juli 2009 und in Boston im Frühjahr 2013. Siehe »Homegrown Extremism, 2001–2015«, *New America Foundation*; http://securitydata.newamerica.net/extremists/analysis.html.

66 »Roshonara & Taimour: Followers of the Borderless Loyalty«, *Inspire*, Winter 2010.

67 Shaky Abu Muhammad al-Adnani ash-Shami, »Indeed Your Lord is Ever Watchful«, *Islamischer Staat*, 22. September 2014.

68 Vgl. Interview mit Nico Prucha, 24. Mai. 2015.

69 Al-Baghdadi, zitiert in »In New Audio Speech, Islamic State (ISIS). Leader al-Baghdadi Issues Call to Arms to all Muslims«, *MEMRI*, 14. Mai 2015; http://www.memrijttm.org/in-new-audio-speech-islamic-state-isis-leader-al-baghdadi-issues-call-to-arms-to-all-muslims.html.

70 »Joué-lès-Tours: Bertrand Nzohabonayo, de rappeur à apprenti jihadiste«, *Le Parisien*, 21. Dezember 2014.

71 Vgl. Angélique Négroni und Jean-Marc Leclerc, »›Bilal‹, l'assaillant des policiers de Joué-lès-Tours, s'était autoradicalisé«, *Le Figaro*, 21. Dezember 2014.

72 »Foreword«, *Dabiq*, Dezember 2014, S. 4.

73 »Foreword«, *Dabiq*, März 2015.

74 Das gilt auch für die Radikalisierung. Vgl. Interview mit Berna Kurnaz, 20. April 2015.

4 Al-Qaida

1 David Kilcullen, *The Accidental Guerrilla: Fighting Small Wars in the Midst of a Big One* (London: Hurst, 2009).

2 Vgl. »Ayman al-Zawahiri: Al-Qaeda will be dissolved to strengthen ISIS«, *Abna.com*, 5. April 2015.

3 Abu Mohammed al-Dschaulani,»Concerning the Fields of al-Sham«, April 2013; http://justpaste.it/jowlaniaprl2013.

4 Vgl. Aymenn Jawad al-Tamimi,»Comprehensive Reference Guide to Sunni Militant Groups in Iraq«, *Jihadology*, 23. Januar 2014; http://jihadology.net/2014/01/23/musings-of-an-iraqi-brasenostril-on-jihad-comprehensive-reference-guide-to-sunni-militant-groups-in-iraq/.

5 Abu Qatada, zitiert in Shiv Malik, Ali Younes, Spencer Ackerman und Mustafa Kahlil,»How Isis crippled al-Qaeda«, *The Guardian*, 1C. Juni 2015.

6 Interview mit Aymenn Jawad al-Tamimi, 1. April 2015.

7 »Control of Urban Territory in Syria: May 20, 2015«, *Institute for the Study of War*, 20. Mai 2015; http://www.understandingwar.org/backgrounder/control-urban-terrain-syria-may-20-2015.

8 Interviews mit Aymenn Jawad al-Tamimi, 1. April 2015, und Aziz al-Hamza, 6. Mai 2015.

9 Interview mit Hischam und Baschir, 11. April 2014.

10 Interview mit Aymenn Jawad al-Tamimi, 1. April 2015.

11 »Archive of Jabhat al-Nusra Billboards and Murals«, *Aymenn Jawad al-Tamimi*, 24. März 2015; http://www.aymennjawad.org/2015/03/archive-of-jabhat-al-nusra-billboards-and-murals.

12 Vgl. David Blair und Richard Spencer,»How Qatar is funding the rise of Islamist extremists«, *The Telegraph*, 20. September 2014.

13 Neumann, zitiert in Weaver,»Her Majesty's«.

14 Abul Taher und Amanda Perthen,»From shop assistant to the British Bin Laden«, *The Mail on Sunday*, 1. Juni 2014.

15 Jabbar, zitiert in ebd.

16 Vgl. Howard Koplowitz,»Al Qaeda Bomb Plot? Obama Urges European Authorities to Beef Up Airport Security«, *International Business Times*, 2. Juli 2014.

17 Al-Dschaulani im Interview auf al-Dschasira, 27. Mai 2015. Vgl. Matt Levitt,»The Khorasan Group Should Scare Us«, *Politico*, 25. September 2014.

18 Vgl. Markus Bickel,»Moderate Terroristen?«, *Frankfurter Allgemeine Zeitung*, 29. Mai 2015.

19 Zur Entstehung von AQAP, siehe Gregory D. Johnsen, *The Last

Refuge: Yemen, al-Qaeda, and America's War in Arabia (New York und London: W. W. Norton, 2013), Kapitel 3.

20 Vgl. Eli Lake, »Meet al-Qaeda's New General Manager: Nasser al-Wuhayschi«, *The Daily Beast*, 8. September 2013.

21 Morten Storm, *Agent Storm: My Life Inside al-Qaeda* (London: Penguin, 2014), S. 286.

22 Ryan Evans, »From Iraq to Yemen: Al-Qaida's Shifting Strategies«, *CTC Sentinel*, 1. Oktober 2010.

23 Al-Wuhayschi, zitiert in Storm, *Agent Storm*, S. 290.

24 Vgl. Alexander Meleagrou-Hitchens und Peter R. Neumann, »Al Qaeda's Most Dangerous Franchise«, *The Wall Street Journal*, 10. Mai 2012.

25 Vgl. Oren Adaki, »AQAP official calls on rival factions in Syria to unite against West«, *Long War Journal*, 1. Oktober 2014; http://www.longwarjournal.org/archives/2014/10/aqap_leader_calls_on.php.

26 Vgl. Gregory D. Johnsen, »This Man Is the Leader in ISIS's Recruiting War Against Al-Qaeda in Yemen«, *Buzzfeed*, 6. Juli 2015.

27 Tweet von @ccx667.

28 »National Strategy for Counterterrorism«, *White House*, Juni 2011, S. 3–5.

29 Vgl. Glenn Kessler, »Spinning Obama's reference to Islamic State as a ›JV‹ team«, *The Washington Post*, 3. September 2014.

30 Al-Maqdisi, zitiert in Malik, »How Isis crippled«.

31 Mit Unterstützung und basierend auf Quellen von Aymenn Jawad al-Tamimi.

32 Virginia Comolli, *Boko Haram: Nigeria's Islamist Insurgency* (London: Hurst, 2015), S. 98–101.

33 Tim Cocks, »Boko Haram too extreme for ›al Qaeda in West Africa‹ brand«, *Reuters*, 28. Mai 2014.

34 Vgl. »Security Council Al-Qaida Sanctions Committee Adds Boko Haram to Its Sanctions List«, *UN Security Council*, 22. Mai 2014; http://www.un.org/press/en/2014/sc11410.doc.htm.

35 Bill Roggio und Thomas Joscelyn, »Discord dissolves Pakistani Taliban coalition«, *Long War Journal*, 18. Oktober 2014; http://www.longwarjournal.org/archives/2014/10/discord_dissolves_pa.php.

36 Bill Roggio, »Pakistani Taliban emir for Bajau joins Islamic State«, *Long War Journal*, 2. Februar 2015; http://www.longwarjournal.org/archives/2015/02/pakistani_taliban_em.php.

37 Khorasan ist ein historischer Name für die Region, die Afghanistan, Pakistan, Teile Irans und Zentralasiens umfasst. Die Khorasan-Provinz des Islamischen Staates ist dabei nicht identisch mit der von den Amerikanern so bezeichneten »Khorasan-Gruppe«, die im Sommer 2014 zu Gast bei al-Nusra war.

38 Thomas Joscelyn, »Pakistani Taliban rejects Islamic State's ›self-professed Caliphate‹«, *Long War Journal*, 27. Mai 2015; http://www.longwarjournal.org/archives/2015/05/pakistani-taliban-rejects-islamic-states-self-professed-caliphate.php.

39 Vgl. Interview mit Michael Semple, BBC *World News*, 4. Juni 2015.

40 Vgl. Brian Fishman und Joseph Felter, »Al-Qa'ida's Foreign Fighters in Iraq: A First Look at the Sinjar Records«, *Combating Terrorism Center at West Point*, 2. Januar 2007.

41 »Al-Qaeda in Libya: A Profile«, *Library of Congress*, August 2012, S. 2; http://fas.org/irp/world/para/aq-libya-loc.pdf.

42 Mohamed Eljarh, »A Snapshot of the Islamic State's Libyan Stronghold«, *Foreign Policy*, 1. April 2015; http://foreignpolicy.com/2015/04/01/a-snapshot-of-the-islamic-states-libyan-stronghold-derna-libya-isis/.

43 Aaron Y. Zelin, »The Islamic State's First Colony in Libya«, *Policywatch 2325, Washington Institute*, Oktober 2014.

44 Siehe Mark Hosenball, »US fears Islamic State is making serious inroads in Libya«, *Reuters*, 20. März 2015.

45 Richard Spencer, »Tunisia attacker trained in Libya at the same time as Bardo Museum terrorists«, *Telegraph*, 30. Juni 2015. Vgl. Aaron Zelin, «The Tunisian-Libyan Jihadi Connection", *ICS. Insight*, 6. Juli 2015.

46 Vgl. James Zogby, »The region disagrees on the Arab Spring's results«, *The National*, 20. Dezember 2014.

47 »Country Reports: Middle East and North Africa Overview«, *U.S. Department of State, Country Reports on Terrorism 2013*; http://www.state.gov/j/ct/rls/crt/2013/224823.htm.

48 Vgl. Karin von Hippel, »The Roots of Terrorism: Probing the Myths«, *Political Quarterly*, 73(3) (2002), S. 25–39.

49 Vgl. Peter King, zitiert in »Peter King: AQAP and ISIS worked together on Paris attacks«, *Breitbart.com*, 17. Februar 2015.

50 Angelique Chrisafis, »Charlie Hebdo attackers: born, raised and radicalised in Paris«, *The Guardian*, 12. Januar 2015.

51 Paul Cruickshank und Barbara Starr, »U.S. working assumption: AQAP ordered Said Kouachi to carry out an attack«, *CNN*, 21. Januar 2015; Thomas Joscelyn, »Paris terrorist reportedly claimed ties to Anwar al-Awlaki, AQ«, *Long War Journal*, 9. Januar 2015.

52 Andrew H. Kydd und Barbara F. Walter, »The Strategies of Terrorism«, *International Security*, 31(1) (2006), S. 49–80.

53 Vgl. Faith Karimi, Ashley Fantz und Catherine E. Shoichet, »Al Shabaab threatens malls, including some in U.S.; FBI downplays threat«, *CNN*, 22. Februar 2015.

54 Ibd.

55 Stig Jarle Hansen, Vortrag bei »Jihadist Insurgencies«-Konferenz, London, 28. Mai 2015.

5 Terrorismusbekämpfung

1 Vgl. Hayes Brown, »How Obama Decided to Make Terrorist Recruitment His U.N. Priority«, *thinkprogress.org*, 24. September 2014.

2 Siehe »Resolution 2178 (2014)«, *United Nations Security Council*, 24. September 2014; http://www.securitycouncilreport.org/atf/cf/%7B65BFCF9B-6D27-4E9C-8CD3-CF6E4FF96FF9%7D/s_res_2178.pdf.

3 Carl von Clausewitz, *Vom Kriege*, 2. Auflage (Berlin: Ullstein, 1999), S. 683.

4 Vgl. Peter R. Neumann, *Old and New Terrorism: Late Modernity, Globalisation and the Transformation of Political Violence* (Cambridge: Polity Press, 2009).

5 Interview mit einem Vertreter des belgischen Inlandsnachrichtendienstes, 14. April 2015.

6 Thomas Friedman, »The Arab Quarter Century«, *The New York Times*, 9. April 2013; »How Luther Went Viral«, *The Economist*, 17. Dezember 2011.

7 Vgl. Aaron David Miller, »5 Reasons the U.S. Cannot Defeat ISIS«, *Woodrow Wilson Center blog*, 6. Juni 2015.

8 Siehe Jamie Dettmer, »Bring Back Mubarak!«, *Daily Beast*, 22. Januar 2013.

9 Vgl. Jean-Pierre Filiu, *From Deep State to Islamic State: The Arab Counter-Revolution and Its Jihadi Legacy* (London: Hurst 2015).

10 Vgl. Neumann, »Suspects into«.

11 Matthew Holehouse, »Britain must talk to dictator Assad to defeat Isil, says former head of the Army«, *The Telegraph*, 22. August 2014.

12 Siehe Daniel Pipes, »Wait out the war in Syria«, *The Washington Times*, 21. August 2012.

13 Alberto Fernandez, *U.S.-Islamic World Forum*, Doha ˜Katar), 2. Juni 2015.

14 Vgl. Anonymous, »The Mystery of ISIS«, *New York Review of Books*, 13. August 2015.

15 Rory Carroll, »McCain urges ground troops against Isis: ›They're winning, and we're not‹«, *The Guardian*, 12. Oktober 2014.

16 Vgl. Neumann, *The Strategy*, S. 69–70.

17 Vgl. Peter R. Neumann (Hg.), *Radicalization – Volume II: Issues and Debates* ˜London und New York: Routledge, 20˜5), Teil 7 (»Conflict, Repression and Counterterrorism«).

18 Vgl. Katrin Brettfeld und Peter Wetzels, »Muslime in Deutschland: Integration, Integrationsbarrieren, Religion sowie Einstellungen zu Demokratie, Rechtsstaat und politisch-religiös motivierter Gewalt«, *Universität Hamburg und Bundesministerium des Innern*, Juli 2007; Munira Mirza, Abi Senthilkumaran und Zein Ja'far, »Living Apart Together: British Muslims and the Paradox of Mulitculturalism«, *Policy Exchange*, Mai 2007.

19 Vgl. »Illusion of Justice: Human Rights Abuses in US Terrorism Prosecutions«, *Human Rights Watch*, 21. Juli 2014; http://www.hrw.org/node/126101.

20 Vgl. Peter R. Neumann, »Algorithmen und Agenten«, *Internationale Politik*, November/Dezember 2014.

21 Vgl. Ban Ki-moon, »Secretary-General remarks at G7 Working Session on Terrorism«, *United Nations*, München, 8. Juni 2015; http://www.un.org/sg/statements/index.asp?nid=870€.

22 »Channel Duty Guidance: Protecting vulnerable people from being drawn into terrorism«, *Home Office*, 23. Oktober 2012; https://www.gov.uk/government/uploads/system/uploads/attachment_data/file/425189/Channel_Duty_Guidance_April_2015.pdf.

23 Interview mit Daniel Köhler, 23. März 2015.

24 Vgl. Carolyn Hoyle, Alexandra Bradford und Ross Frenett, *Becoming Mulan? Female Western Migrants to* ISIS (London: Institute for Strategic Dialogue, 2015), S. 16.

25 Bei der Bremer Beratungsstelle *kitab* zum Beispiel sind zwei Halbzeitkräfte für mehr als 150 Fälle in ganz Norddeutschland zuständig. Interview mit Berna Kurnaz, 20. April 2015.

26 Vgl. »Prevention of radicalisation and extremism: Action Plan«, *The Danish Government*, September 2014; http://www.justitsministeriet.dk/sites/default/files/media/Pressemeddelelser/pdf/2015/SJ20150422125507430%20%5BDOR1545530%5D.PDF.

27 Interviews mit Daniel Köhler und Claudia Dantschke, beide am 23. März 2015.

28 Interview mit Judy Korn, 24. März 2015.

29 Randeep Ramesh, »Anti-terror strategy is seen as intrusive and secretive by many Muslims«, *The Guardian*, 9. März 2015.

30 Charles Farr, »Terrorismusabwehr und Deradikalisierung aus britischer Sicht«, *Rede beim 12. Symposium des Bundesamtes für Verfassungsschutz*, 4. Mai 2015; http://www.verfassungsschutz.de/de/oeffentlichkeitsarbeit/symposium/symposium-2015

31 Siehe Peter R. Neumann, »Preventing Violent Radicalization in America«, *Bipartisan Policy Center*, Juni 2011, S. 21–24; http://bipartisanpolicy.org/wp-content/uploads/sites/default/files/NSPG.pdf.

32 Interview mit dem Bremer Innensenator Ulrich Mäurer, 20. April 2015. Siehe »Nationales Konzept Sport und Sicherheit«, *Ständige Konferenz der Innenminister und -senatoren der Länder*, 28. Oktober 2011.

Namen und Organisationen

Adams, Gerry (*1948): irischer Nationalist. Anführer des politischen Flügels der Irisch-Republikanischen Armee.

Adnani, Abu Mohammed al- (*1977): syrischer Dschihadist und Sprecher des Islamischen Staates.

Ägyptische Islamische Gruppe: ägyptische Dschihadgruppe. Absorbierte Afghanistankämpfer nach Ende des Konflikts in den 1980er Jahren.

Ahrar al-Scham: salafistische Rebellengruppe in Syrien. Teil der Syrischen Islamischen Front.

Al-Qaida: dschihadistisches Terrornetzwerk. Gegründet von Osama Bin Laden.

Al-Qaida auf der Arabischen Halbinsel (AQAP): al-Qaida-Filiale im Jemen.

Al-Qaida im Irak (AQI): al-Qaida-Filiale im Irak. Vorgänger des Islamischen Staates im Irak (ISI).

Al-Qaida im Islamischen Maghreb (AQIM): al-Qaida-Filiale in Nordafrika und dem Sahel.

Anas, Abdullah (*1958): algerischer Islamist. Vormaliger Auslandskämpfer und Weggefährte Azzams in Afghanistan.

Ansar al-Scharia: dschihadistische Gruppen in Tunesien und Libyen. Entstand nach dem Arabischen Frühling. Name wird auch von AQAP verwendet.

Arafat, Jassir (1929–2004): palästinensischer Nationalist. Anführer der Palästinensischen Befreiungsorganisation PLO.

Arifi, Mohammed al- (*1970): saudi-arabischer Salafist und populärer Prediger.

Army of God: amerikanisches Netzwerk christlicher Fundamentalisten. Verantwortlich für Anschläge auf Abtreibungskliniken.

Asiri, Ibrahim Hassan al- (*1982): saudischer Dschihadist. Bombenbauer von AQAP.

Aum Shinrikyo: japanische Endzeitsekte. Verübte im Jahr 1995 einen Giftgas-Anschlag auf die Tokioter U-Bahn.

Awlaki, Anwar al- (1971–2011): amerikanisch-jemenitischer Dschihadist und Prediger. Schloss sich im Jahr 2009 AQAP an.

Ayers, Bill (*1944): amerikanischer Linksextremist. Anführer der Weathermen.

Azzam, Abdullah (1941–1989): palästinensischer Dschihadist. Mobilisierte während der 1980er Jahre arabische Auslandskämpfer für den Afghanistan-Konflikt.

Baader, Andreas (1943–1976): deutscher Linksextremist. Mitbegründer der Roten Armee Fraktion.

Baghdadi, Abu Bakr al- (*1971): irakischer Dschihadist. »Kalif« und Anführer des Islamischen Staates.

Bakr, Haji (ca. 1958/64–2014): irakischer Dschihadist. Militärstratege des Islamischen Staates in Syrien.

Banna, Hassan al- (1906–1949): ägyptischer Islamist. Gründer der Muslimbruderschaft.

Bin Laden, Osama (1957–2011): saudischer Dschihadist. Gründer und langjähriger Anführer al-Qaidas.

Boko Haram: dschihadistische Gruppe aus dem Nordosten Nigerias. Schloss sich 2015 dem Islamischen Staat an.

Breivik, Anders (*1979): norwegischer Rechtsextremist. Verübte im Juli 2011 einen Anschlag auf ein Regierungsgebäude und ein Freizeitlager der Jugendorganisation der norwegischen Arbeiterpartei.

Coulibaly, Amedy (1982–2015): französischer Dschihadist. Führte im Januar 2015 eine Geiselnahme in einem koscheren Supermarkt in Paris durch. Leistete Treueeid auf den Islamischen Staat.

Cuspert, Denis: siehe Deso Dogg.

Deso Dogg (*1975): deutscher Dschihadist und vormaliger Rapper. Syrischer Auslandskämpfer. Bürgerlicher Name ist Denis Cuspert.

Dschabhat al-Nusra: al-Qaida-Filiale in Syrien.

Dschaulani, Abu Mohammed al- (ca. *1975): syrischer Dschihadist. Anführer von Dschabhat al-Nusra.

Freie Syrische Armee: Dachorganisation nichtsalafistischer syrischer Rebellen.

Nationale Befreiungsfront (Front de libération nationale; FLN): nationalistische Aufstandsgruppe. Kämpfte erfolgreich für die Unabhängigkeit Algeriens von Frankreich.

Bewaffnete Islamische Gruppe (Groupe islamique armé; GIA): algerische Dschihadgruppe. Kämpfte während der 1990er Jahre gegen die algerische Regierung.

Guevara, Ernesto »Che« (1928–1967): argentinischer Marxist. Kämpfte in Kuba an der Seite von Fidel Castro.

Hamas: palästinensisch-islamistische Aufstandsbewegung. Filiale der Muslimbruderschaft.

Hill, Paul (1954–2003): amerikanischer christlicher Fundamentalist. Abtreibungsgegner und Anhänger der Army of God.

Hisbollah: libanesische schiitische Miliz. Kämpft in Syrien derzeit an der Seite Baschar al-Assads.

Irisch-Republikanische Armee (IRA): nationalistische Aufstandsgruppe in Nordirland. Kämpfte für die Vereinigung der Provinz mit der Republik Irland.

Islamischer Staat (IS): Nachfolgeorganisation des Islamischen Staates im Irak und (Groß-)Syrien (ISIS). Erklärte sich im Sommer 2014 zum Kalifat.

Islamischer Staat im Irak (ISI): Nachfolgeorganisation von al-Qaida im Irak (AQI). Vorgänger von ISIS.

Islamischer Staat im Irak und der Levante (ISIL): Andere Bezeichnung
für ISIS.

Islamischer Staat im Irak und (Groß-)Syrien (ISIS): Nachfolgeorganisation vom Islamischen Staat im Irak (ISI). Benannte sich Mitte 2014 in Islamischer Staat (IS) um.

al-Dschihad/al-Jihad: dschihadistische Gruppe in Ägypten. Auch Name des von Azzam während des Afghanistan-Konflikts in den 1980ern herausgegebenen Magazins.

Kämpfende Vorhut: Dschihadistische Gruppe in Syrien. Kämpfte in den 1970er und frühen 1980er Jahren gegen die syrische Regierung.

Khomeini, Ruhollah (1902–1989): iranischer Revolutionsführer und geistiges Oberhaupt Irans von 1979 bis 1989.

Khorasan: Netzwerk von al-Qaida-Mitgliedern aus Pakistan, die Teil von al-Nusra sind. Auch Name der pakistanischen »Provinz« des Islamischen Staates.

Koënigstein, François-Claudius (1859–1892): französischer Anarchist. Nannte sich Ravachol. Verantwortlich für eine Serie von Anschlägen gegen Justiz und Polizei.

Kouachi, Chérif (1982–2015) und Saïd (1980–2015): französische Dschihadisten. Verübten im Januar 2015 einen Anschlag auf das Satiremagazin *Charlie Hebdo*. Trainierten mit AQAP.

Kropotkin, Pjotr (1842–1921): russischer Anarchist und Revolutionstheoretiker.

Madschlis Schura Schabaab al-Islam: Filiale des Islamischen Staates im libyschen Derna.

Maqdisi, Abu Mohammed al- (*1959): jordanischer Dschihadist. Einflussreicher Ideologe und Unterstützer al-Qaidas. Mentor von al-Zarqawi.

Marighella, Carlos (1911–1969): brasilianischer Kommunist. Revolutionstheoretiker und Anführer der Brasilianischen Kommunistischen Partei.

Meinhof, Ulrike (1934–1976): deutsche Linksextremistin. Mitbegründerin der Roten Armee Fraktion.

Most, Johann (1846–1906 : deutsch-amerikanischer Anarchist.

Muslimbruderschaft: im Jahr 1928 in Ägypten gegründete islamistische Organisation.

Mussolini, Benito (1883–1945): italienischer Faschist und italienischer Diktator von 1922 bis 1943.

Naji, Abu Bakr (*1961): ägyptischer Dschihadist und Autor von *The Management of Savagery* (»Management der Barberei«).

Narodnaja Wolja: anarchistische Terrorgruppe in Russland. Ermordete Zar Alexander II.

Nemmouche, Mehdi (*1986): französischer Dschihadist und vormaliger Syrienkämpfer. Angeklagt wegen Anschlag auf das Jüdische Museum in Brüssel im Mai 2014.

Nzohabonayo, Bertrand (*1994): französischer Dschihadist. Verübte im Dezember 2014 einen Anschlag auf eine Polizeistation in einem Vorort von Tours. Anhänger des Islamischen Staates.

Palästinensische Befreiungsorganisation (Palestine Liberation Organization; PLO): Dachorganisation palästinensischer Aufstandsgruppen.

Pisacane, Carlo (1818–1857): italienischer Anarchist. Formulierte das Konzept der Propaganda der Tat.

Ramdane, Abane (1920–1957): algerischer Nationalist. Militärstratege und Kommandeur der FLN.

Ravachol: siehe François-Claudius Koënigstein.

Rote Armee Fraktion (RAF): linksextremistische deutsche Terrorgruppe. Verübte zwischen 1970 und 1997 Anschläge.

Qutb, Mohammed (1919–2014): ägyptischer Dschihadist. Propagierte im saudischen Exil die Ideen seines Bruders Sayyid.

Qutb, Sayyid (1906–1966): ägyptischer Muslimbruder. Formulierte die ideologischen Grundlagen des revolutionären Dschihadismus.

Schischani, Abu Omar al- (*1986): georgischer Dschihadist und wichtiger Kommandeur des Islamischen Staates.

Shabaab, al-: dschihadistische Gruppe in Somalia. Erklärte sich im Februar 2012 zur Filiale al-Qaidas.

Siba'i, Mustafa al- (1915–1964): syrischer Islamist. Anführer der syrischen Muslimbruderschaft.

Suri, Abu Mussab al- (*1958): syrischer Dschihadist und Revolutionsstratege.

Syrische Islamische Front: Dachverband salafistischer Rebellengruppen in Syrien.

Taimiya, Ibn (1263–1328): syrischer Theologe, der unter Salafisten bis heute einflussreich ist.

Tehrik-i-Taliban (TTP): Netzwerk dschihadistischer Gruppen in Pakistan. Wird auch »pakistanische Taliban« genannt.

Wahhab, Mohammed ibn 'Abd al- (1703–1792): arabischer Religionsführer und Schöpfer der »wahhabistischen« Glaubensdoktrin.

Weathermen: amerikanische Terrorgruppe in den 1970er Jahren.

Wuhayschi, Nasir al- (1976–2015): jemenitischer Dschihadist. Gründer und Anführer von AQAP.

Zarqawi, Abu Musab al- (1966–2006): jordanischer Dschihadist und Gründer von al-Qaida im Irak (AQI).

Zawahiri, Ayman al- (*1951): ägyptischer Dschihadist und Nachfolger Bin Ladens als Anführer von al-Qaida.

Zedong, Mao (1893–1976): chinesischer Revolutionsführer und Anführer der Chinesischen Kommunistischen Partei.

Dank

Dieses Buch wurde an einem Dutzend Orte geschrieben: im Schnellzug von Boston nach New York, in Hotellobbys in Singapur, Saudi-Arabien und Katar, am Rande der Münchner Sicherheitskonferenz, im Café des Europäischen Parlaments in Brüssel, auf Flügen nach Oslo und in die Schweiz, während Gerichtsverhandlungen in Nordirland und Schottland, im Leseraum der theologischen Fakultät der McGill-Universität in Montreal und – natürlich – an meinem Schreibtisch zu Hause in London. Dass es fertig wurde, ist nicht mein Verdienst, sondern das einer großen Zahl von Kollegen und Freunden, die mich bei der Recherche und beim Schreiben unterstützt haben.

Mein größter Dank geht an Aymenn Jawad al-Tamimi, einem jungen Kollegen mit enzyklopädischem Wissen über den globalen Dschihad, den ich zu jeder Uhrzeit mit Fragen über den Islamischen Staat belästigen durfte. Besonderer Dank gebührt auch meinen Kollegen und Mitarbeitern am *International Centre for the Study of Radicalisation and Political Violence* (ICSR), meinem Institut am King's College in London, die mit Nachforschungen geholfen und mir den Rücken freigehalten haben. Dazu gehören Shiraz Maher, Joseph Carter, Aaron Zelin, Alexander Meleagrou-Hitchens, Melanie Smith, Nick Kaderbhai und Katie Rothman. Genauso wichtig waren Studenten und vormalige Studenten: am King's College Samar Batrawi, Camille Rives, Andrew Ehrhardt, Haakon Sørvald und Viraj Solanki; an der Georgetown-Universität David Sterman; und am SciencesPo in Lyon Ronald Hudak. Vielen Dank auch an Pieter van Ostaeyen aus Belgien und Thomas van Linge aus Amsterdam.

Auch sollte ich die Förderer erwähnen, die die Forschungen meines Instituts zum Thema Dschihadismus möglich gemacht haben. Dazu gehören Brett Kubicek von Public Safety Canada, der seit zwei Jahren unsere Recherchen zu den syrischen Auslandskämpfern unterstützt, und Michael Hanssler von der Gerda-Henkel-Stiftung sowie Nadia Schadlow von der Smith-Richardson-Foundation, die uns bereits im Jahr 2011 ermöglichten, die Auswirkungen des Arabischen Frühlings auf die dschihadistische Bewegung zu untersuchen.

Zu meinen Unterstützern in Deutschland gehörten Georg Mascolo, Julian Reichelt, Volkmar Kabisch, Georg Heil, Florian Flade, Yassin Musharbash, Michael Manske, Behnam Said und Daniel Heinke. Vielen Dank auch an Tim Gürtler und Adrian Oroz von der Münchner Sicherheitskonferenz sowie Eveline Metzen von der Atlantikbrücke. Ebenso wichtig waren meine Eltern, die sich das Manuskript mehrmals durchgelesen haben, alle Interviewpartner und die Lektoren Moritz Kienast und – ganz besonders – Ulrike von Stenglin bei Ullstein, die den gesamten Entstehungsprozess des Buches von Anfang bis Ende – und mit großem Enthusiasmus – begleitet hat. Für alle Fehler, die sich trotzdem eingeschlichen haben, bin ich allein verantwortlich.

Register

Bagdad 11, 67, 81, 92, 96
Baghdadi, Abu Bakr al- 74, 76, 81-
  85, 87 f., 91, 98-101, 111, 162,
  168 f., 171, 177, 179, 180 ff., 194
Baidoa 166 f., 171
Bakr, Haji 93 ff.
Bakri, Omar 142, 145
Balkan 64, 110
Bangladesch 10, 114, *209*
Bangsamoro 184
Banna, Hassan al- 51 f., 54
Beam, Louis 158
Belgien 110 ff., 123, 131, 13 f.3,
  144 f., 191
Bengasi 182
Berlin 145
Bin Laden, Osama 9 f., 59-68, 70,
  73-78, 84, 88, 130, 167, 174 f.,
  177 ff., 180, 188, 194
Bismarck, Otto von 23
Biswas, Mehdi Masroor s. Shami
  Witness
Boko Haram 10, 98, 180, *211*
Bosnien 63 f., 130
Boston 68
Brachman, Jarret 156
Brasilien 36, 86
Bray, Michael 47 f.
Breivik, Anders 43 f.
Bremen 120
Bruce, Steve 43
Brüssel 134, 144, 191
Bucca 81, 91
Byman, Daniel 134

Carter, Joseph 136
Castro, Fidel 36
Cerantonio, Musa 155 f.
Charlie Hebdo 159, 164, 184 ff.
China 20, 74, 110, 118

Choudary, Anjem 142-145, 153
Choudhry, Roshonara 149 f., 160
Churchill, Winston 29
Clausewitz, Carl von 190
Cockburn, Patrick 93, 95
Coulibaly, Amedy 191
Cuspert, Denis siehe Deso Dogg

Dabiq (Online-Magazin) 88 f., 103,
  126 f., 129, 151, 158, 163 f.
Damaskus 57, 79, 85, 92
Dänemark 110 f., 120, 164, 175,
  193, 206, 208, 206
Dara 169
Derna 180
Deso Dogg 127, 145
Deutschland 14, 23, 25, 29, 35, 40 f.,
  90, 107, 110 f., 113, 120 f., 123,
  125, 127, 131, 133, 140 f., 145-
  148, 150, 166, 198, 200, 202-206
Dijon 164
Din, Nur ad- 77
Dinslaken 15, 145
Dschabhat al-Nusra (»Unterstüt-
  zerfront«) 80 f., 158, 168-174,
  216, *213*
Dschaulani, Abu Mohammed al-
  76, 79-82, 84, 88, 168 f., 175 f.
Düsseldorf 123 f.

Ensslin, Gudrun 40

Fanon, Frantz 29 ff., 38, 190
Farr, Charles 204
Fernandez, Alberto 193
Finnland 110 f.
Frankfurt am Main 35, 123, 134,
  145, 149
Frankfurter Schule 35
Frankreich 14, 21, 23, 26 f., 29-32,

Bildnachweise

S. 25: Wikimedia
S. 39: FBI
S. 53: k. A.
S. 58: mymfb
S. 78: Wikimedia
S. 82: k. A.
S. 116: k. A.
S. 118: Facebook
S. 143: By http://www.flickr.com/photos/snapperjack/ [CC
BY-SA 2.0 (http://creativecommons.org/licenses/by-sa/2.0)],
via Wikimedia Commons
S. 163: Facebook
S. 176: k. A.
S. 180: privat, undatierte Passbilder

Trotz intensiver Bemühungen war es nicht möglich, alle
Rechteinhaber zu ermitteln. Wir bitten diese, sich an den Verlag zu wenden.